TY.
EST DIRIGÉE PAR
GASTON MIRON
AVEC LA COLLABORATION DE

ALAIN HORIC
JACQUES LANCTÔT
JEAN ROYER

CONTEURS
CANADIENS-FRANÇAIS
(1936-1967)

Conteurs canadiens-français (1936-1967)

Anthologie colligée par
Adrien Thério

TYPO

Éditions TYPO
Une division du groupe
Ville-Marie Littérature
1000, rue Amherst, bureau 102
Montréal, Québec
H2L 3K5
Tél. : (514) 523-1182
Télécopieur : (514) 282-7530

Maquette de couverture : Zirval Design
Photo de la couverture : Adrien Thério
Mise en pages : Édiscript enr.

Distribution :
LES MESSAGERIES ADP
955, rue Amherst
Montréal, Québec
H2L 3K4
Tél. : (514) 523-1182
Interurbain sans frais : 1 800 361-4806

Édition originale :
Adrien Thério, *Conteurs canadiens-français (époque contemporaine)*,
Montréal, Librairie Déom, 1965.

Dépôt légal : 2e trimestre 1995
Bibliothèque nationale du Québec
Bibliothèque nationale du Canada

Avant-propos de la quatrième édition

La première édition de Conteurs canadiens-français *remonte à 1965. Elle portait en sous-titre : « Époque contemporaine ». En fait, cette « époque contemporaine » commençait en 1936 avec un récit d'Albert Laberge et se terminait en 1964 avec une nouvelle de Jean Hamelin. Elle rassemblait vingt-trois auteurs et trente récits. Lors de la deuxième édition, en 1970, j'ai ajouté cinq nouveaux auteurs, soit François Hertel, Jacques Renaud, Roch Carrier, Madeleine Ferron et Suzanne Paradis. L'anthologie se terminait alors en 1967. Rien d'autre n'a alors été modifié. En 1976, l'éditeur (Déom) faisait une nouvelle édition sans me consulter. Il s'agissait donc purement et simplement d'une réimpression de la version de 1970. Pour cette quatrième édition, j'ai conservé intact l'avant-propos original puisqu'il nous éclaire un peu sur les raisons que j'avais, à cette époque, de colliger les textes en question. En 1965, comme je le signale dans l'avant-propos, seuls deux auteurs sur les vingt-trois étaient décédés. En 1994, ce n'est plus tout à fait la même chose. De plus, au fil des ans, la plupart de ces écrivains ont continué à publier. J'ai donc cru bon, cette fois, de refaire les notes biographiques de chacun ainsi que les bibliographies sommaires qui précèdent le ou les textes de chaque auteur.*

D'un autre côté, depuis la première édition de cette anthologie, il s'est publié au pays plusieurs anthologies de contes, nouvelles ou récits. Pour mieux situer le lecteur, j'ai bon cru bon de faire une liste de ces anthologies publiées au Québec et au Canada anglais. J'ai délibérément mis de côté plusieurs anthologies qui contenaient contes ou nouvelles mais aussi poèmes, extraits de romans, de pièces de théâtre, d'essais. On trouvera cette bibliographie à la fin de l'avant-propos de 1965.

Dans l'avant-propos de la première édition, j'ai essayé de donner une définition du conte et de la nouvelle ou du moins de montrer ce qui distingue l'un de l'autre. Je sais, par ailleurs, que ces questions sémantiques n'embarrassent plus les critiques littéraires d'aujourd'hui. Il paraît que la nouvelle, c'est tout simplement le récit bref. Si c'est juste, tout conte ou court récit devient une nouvelle. En fait, une revue de la nouvelle a même publié, il y a quelques années, un numéro qui ne contenait que des textes d'une page… Personnellement, j'aurais vu là de courts récits plutôt que des nouvelles. Cela veut dire que vouloir faire des distinctions trop subtiles aujourd'hui entre conte et nouvelle s'avère inutile. À ce compte, ce livre pourrait bien s'intituler Nouvellistes québécois 1936-1967 *ou encore* Conteurs québécois 1936-1967. *Je crois cependant qu'il vaut mieux conserver le titre original puisque, en 1965, nous étions encore des Canadiens français. Je préfère toujours le mot conteur au lieu de nouvelliste même si, dans certains cas, il s'agit de nouvelles. D'ailleurs, les droits de reproduction que j'ai obtenus pour publier ces récits indiquent qu'ils doivent paraître dans un livre qui s'intitule* Conteurs canadiens-français.

La réédition de ce recueil suit de près la publication, en 1993, d'un ouvrage paru aux éditions Fides intitulé Anthologie de la nouvelle au Québec *et dont l'auteur est*

François Gallays. C'est un titre qui en ratisse large. La couverture quatre nous apprend qu'il s'agit de nouvelles publiées au Québec entre 1936 et 1984. Faut-il comprendre qu'aucun écrivain québécois n'a publié de nouvelles avant 1936? Si on y regarde d'un peu plus près, on s'aperçoit que les dates 1936-1984 sont un peu trompeuses. En effet, après la nouvelle d'Albert Laberge qui ouvre le livre et date de 1936, l'auteur laisse un blanc de vingt-cinq ans pour atterrir à 1961. Il ne se serait donc publié aucune nouvelle valable au Québec entre 1936 et 1961. En s'en tenant à la conception que M. Gallays se fait de la nouvelle, il serait facile de trouver un bon nombre d'excellentes nouvelles publiées au Québec pendant cette période. Mais c'est presque une chance que M. Gallays n'ait pas touché à cet espace de temps. S'il l'avait fait, la réédition de cette anthologie n'aurait plus le même intérêt.

Des vingt-trois conteurs qui prenaient place dans la première édition de Conteurs, *M. Gallays n'en a retenu que cinq. Il me semble pourtant qu'Alain Grandbois, Roger Lemelin, Jean-Jules Richard, Adrienne Choquette, Jean Hamelin sont d'abord et avant tout des nouvellistes. Ce ne sont pas les seuls de cette époque. Le livre de M. Gallays est beau et il porte un beau titre. Malheureusement, il couvre tout au plus la moitié du territoire qu'il prétend occuper.*

Je remercie XYZ de m'avoir invité à préparer cette quatrième édition de Conteurs canadiens-français. *Cela me permet de remettre en valeur des textes qui, selon moi, sont très importants dans le corpus québécois du conte et de la nouvelle.*

ADRIEN THÉRIO
5 août 1994

Avant-propos de la première édition (1965)

Il n'existe, à l'heure actuelle, aucune anthologie de
la prose canadienne-française. Plusieurs anthologies de
la poésie sont nées au cours des dernières années, mais il
semble que personne n'ait encore pensé à réunir en un
volume les meilleurs textes de nos prosateurs. La tentative la plus récente, en ce sens, est celle de Mgr Camille
Roy, qui a été faite à l'usage de nos collèges. Elle présentait aussi bien la poésie que la prose. Le XIXe siècle a été
plus fécond à cet égard. Le Foyer canadien a publié, en
1864, deux volumes de Littérature canadienne. De même
M. James Huston avait réuni en quatre volumes, en 1848,
les textes les plus représentatifs des écrivains du temps
sous le titre général : Répertoire national. Ces œuvres et
d'autres que je passe sous silence sont encore très utiles
aux chercheurs et à tous ceux qui s'intéressent à notre
histoire littéraire.

Dans le domaine du conte, la première tentative
d'anthologie remonte, si je ne m'abuse, à 1853. Cette
année-là, M. Huston publiait chez Jannet, à Paris, ses
Légendes canadiennes qu'on avait pu lire auparavant
dans le Répertoire national. À peu près cinquante ans
plus tard, M. E.-Z. Massicotte faisait paraître chez Beauchemin Conteurs canadiens-français du XIXe siècle. Ce
volume qui ne porte pas de date présente plusieurs

conteurs intéressants, dont Philippe Aubert de Gaspé, fils, Philippe Aubert de Gaspé, père, Faucher de Saint-Maurice, Benjamin Sulte, J.-C. Taché, Louis Fréchette et Louvigny de Montigny pour ne nommer que les plus connus. En 1910, Beauchemin publiait un autre volume de Contes canadiens illustré par Henri Julien. Deux noms nouveaux y font leur apparition: Paul Stevens et A.-D. De Celles. La plupart des Contes et récits canadiens d'autrefois que M. Guy Boulizon présentait au public en 1961, provenaient de ces deux sources.

Si le roman canadien-français contemporain se porte assez bien, le conte se porte peut-être mieux. Il serait souhaitable que nous possédions une bonne anthologie du roman canadien-français, sinon de la prose canadienne-française. C'est une entreprise d'envergure que d'autres tenteront un jour. En attendant cette anthologie et surtout à cause du nombre imposant de conteurs qui se sont fait connaître depuis quelques années, j'ai cru qu'une anthologie de contes canadiens-français contemporains serait bien reçue du public. Je sais d'avance que mon choix ne remportera pas tous les suffrages. Je crois tout de même que le présent volume donne une bonne idée de l'importance du conte au Canada français depuis vingt-cinq ans.

On pourra me reprocher de ne pas toujours avoir choisi les textes les plus représentatifs des conteurs inclus dans ce recueil. C'est que pour y arriver, il eût fallu publier un volume de six cents pages. J'ai voulu m'en tenir à des récits assez courts qui conviennent mieux à une définition toujours approximative du conte et j'ai dû pour cela laisser de côté la nouvelle. Je sais que de l'un à l'autre genre, la différence est parfois très minime, mais il me semble qu'il y en a tout de même une. La nouvelle se rapproche toujours beaucoup plus du roman que le conte, et par la longueur du récit et par la facture. Voyons ce que les dictionnaires pensent de la nouvelle. Quillet: « Sorte de court roman ou de long conte »; Littré: « Sorte de roman très court... »; Larousse: « Récit appartenant au genre du roman dont il se distingue par la brièveté ». Le conte maintenant. Quillet: « Récit assez court d'aventures imaginaires »; Littré: « Récit de quelque anecdote, de quelque aventure »; Larousse: « Récit court d'aventures imaginaires ». Il reste encore après ces définitions, beaucoup de place pour des distinctions subtiles. Disons, en tout cas, que si le présent volume renferme aussi bien des nouvelles que des contes, le préfacier n'a délibérément retenu, dans le cas des nouvelles, que celles qui se rapprochaient le moins du roman. Je ne crois pas que cette façon de concevoir l'ouvrage actuel mette le lecteur sur une fausse piste, car j'ai tâché de garder de chaque conteur des textes qui s'accordent avec sa personnalité d'écrivain.

Des vingt-trois auteurs dont les récits forment la matière de cette anthologie, deux seulement sont décédés. Ce sont Albert Laberge et Ringuet. Ils appartiennent cependant à la période contemporaine, car Laberge a publié son dernier livre en 1955 et Ringuet en 1954. Le premier roman de Ringuet remonte à 1938, mais le livre dont j'ai tiré les contes pour cette anthologie est de 1946. La Scouine d'Albert Laberge date de 1918, mais l'auteur attendra près de vingt ans pour nous donner Visages de la vie et de la mort, son premier livre de nouvelles. Son deuxième, La fin du voyage, est paru en 1942. Sauf Le notaire de Laberge qui appartient à Visages de la vie et de la mort (1936), tous les contes que le lecteur trouvera ici couvrent la période qui va de 1942 à 1964.

Il serait assez téméraire de vouloir faire une classification et de déterminer dans quelle mesure ces écrivains *se rapprochent par les thèmes ou les procédés d'écriture. C'est plutôt des différences qui éclatent à première vue. Malgré ces différences, il existe de l'un à l'autre quelque parenté littéraire. Certains contes appartiennent au genre naturaliste ou réaliste ; d'autres au genre fantastique, poétique, fantaisiste, humoristique. Et c'est peut-être par leur diversité qu'ils expriment le mieux, dans une certaine mesure, la mentalité canadienne-française. L'exotisme même joue ici son rôle, car plusieurs auteurs situent l'action de leurs récits dans des pays étrangers.*

Y a-t-il une commune mesure entre les contes du dix-neuvième siècle et ceux de la période contemporaine ? C'est un sujet qui pourrait faire l'objet d'une longue étude. D'une façon générale, les conteurs du XIXe se sont surtout attachés à raconter des légendes, des récits fabuleux où le surnaturel jouait un rôle assez considérable. Les conteurs d'aujourd'hui ont à peu près complètement délaissé cette conception pour s'attacher à des faits qui appartiennent à la réalité même s'ils la transforment à leur façon. Quelques-uns s'inspirent parfois du folklore, mais ils savent l'adapter au monde d'aujourd'hui. En fait, en passant de l'une à l'autre école de conteurs, nous avons l'impression de traverser plus d'un siècle. C'est dire que l'évolution de la littérature au Canada français n'a pas été rapide seulement en poésie, mais dans tous les domaines où l'imagination tient une place importante. C'est un pays nouveau qui apparaît dans les récits contemporains, un pays qui respire au rythme du monde moderne.

L'un des premiers buts de cette anthologie, c'est de mieux faire connaître nos écrivains, nos conteurs, le Canada français, à l'étranger sûrement, mais d'abord chez nous. Ce livre a été conçu pour le grand public, mais il devrait rendre service, par la même occasion, aux étudiants de nos collèges. S'ils apprennent ici à aimer quelques-uns de nos écrivains, ils voudront certainement en savoir davantage à leur sujet. Non seulement pourront-ils recourir aux livres que ces auteurs ont déjà publiés, mais ils pourront encore suivre leur carrière, car sauf les deux que j'ai mentionnés plus haut, presque tous les autres sont en train de consolider l'œuvre commencée.

Monsieur E.-Z. Massicotte avait jugé bon de compléter son ouvrage sur les Conteurs canadiens-français du XIXᵉ siècle *d'un lexique de vingt-six pages, pour expliquer les termes canadiens utilisés dans son recueil. Je crois qu'il est parfaitement inutile de suivre son exemple, car même si un lecteur français rencontrait quelques expressions nouvelles, le contexte devrait en éclairer le sens. Est-ce là une preuve que la langue de nos écrivains tend à se raffiner ? Disons qu'elle tend plutôt à se normaliser, ce qui est, après tout, dans l'ordre des choses.*

ADRIEN THÉRIO

Principales anthologies de contes, nouvelles et récits publiées au Canada et au Québec

XIXᵉ siècle

BOIVIN, Aurélien, *Le conte fantastique québécois au XIXᵉ siècle*, Montréal, Fides, 1987, 440 p.

BOULIZON, Guy, *Contes et récits canadiens d'autrefois*, Montréal, 1961, 184 p. (illustrations de E.-J. Massicotte).

COLLECTIF, *À la mémoire d'Alfred Lusignan*, Montréal, Desaulniers et Leblanc éditeurs, 1892, 330 p.

COLLECTIF, *Contes canadiens*, Librairie Beauchemin, 1919, 95 p. (illustrations de H. Julien).

COLLECTIF, *Les lutins*, Montréal, Librairie Beauchemin, 1919.

COLLECTIF, *Contes d'autrefois*, Montréal, Beauchemin, 1946, 274 p.

GRAVEL, Ludger, *Recueil de légendes illustrées*, Montréal, C.-O. Beauchemin et fils, 1896, 144 p.

HARE, John, *Contes et nouvelles du Canada français, 1778-1859*, Ottawa, Éditions de l'Université d'Ottawa, 1971, 192 p.

HUSTON, James, *Légendes canadiennes*, Paris, Éditions P. Jannet, 1853, 303 p.

MALCHELOSSE, Gérard, *Des contes*, Montréal, Éditions G. Ducharme, 1925, 124 p.

MASSICOTTE, E.-Z., *Conteurs canadiens-français du XIXe siècle*, Montréal, C.-O. Beauchemin et fils, 1902, 330 p.; deuxième série, Montréal, Éditions Beauchemin, 1913, 139 p.; troisième série, Montréal, Éditions Beauchemin, 1924, 123 p.

XXe siècle

BESSETTE, Gérard, *De Québec à Saint-Boniface. Récits et nouvelles du Canada français*, Toronto, MacMillan, 1968, 286 p.

BREARLY, Katherine et Rose-Blanche MCBRIDE, *Nouvelles du Québec*, Scarborough, Ontario, Prentice-Hall of Canada, 1970, 228 p.

COLLECTIF, *Contes et récits d'aujourd'hui*, Montréal / Québec, XYZ éditeur / Musée de la Civilisation, 1987, 69 p.

ÉMOND, Maurice, *Anthologie de la nouvelle et du conte fantastique québécois au XXe siècle*, Montréal, Fides, 1987, 276 p. (Bibliothèque québécoise).

GALLAYS, François, *Anthologie de la nouvelle au Québec*, Montréal, Fides, 1993, 427 p.

GOUANVIC, Jean-Marc, *Les années-lumière. Dix nouvelles de science-fiction*, Montréal, Logiques, 1988, 305 p.

LORD, Michel, *Anthologie de la science-fiction québécoise contemporaine*, Montréal, BQ, 1988, 265 p.

MOLLICA, Anthony, *Joie de vivre*, Vancouver / Calgary / Toronto / Montréal, Copp Clark Publishing, 1976, 218 p.

POTEET, Maurice et André VANASSE, *Des nouvelles du Québec*, Montréal, Valmont éditeur, 1986, 136 p.

SPEHNER, Norbert, *Aurores boréales I. Dix nouvelles de science-fiction parues dans Solaris*, Longueuil, Le Préambule, 1983, 231 p.

THÉRIO, Adrien, *Conteurs canadiens-français. Époque contemporaine*, Montréal, Librairie Déom, 1965, 322 p.; 1970, 377 p.; 1976, 322 p.

THÉRIO, Adrien, *Conteurs québécois, 1900-1940*, Ottawa, Les Presses de l'Université d'Ottawa, 1988, 229 p.

En traduction anglaise

COHEN, Matt et Wayne GRADY, *Intimate Strangers. New Stories from Quebec*, Toronto, Penguin Books, 1986, 203 p.

COLOMBO, John Robert, *Other Canadas. An Anthology of Science Fiction and Fantasy*, Toronto / Halifax / Montréal / Vancouver, McGraw-Hill Ryerson Limited, 1979, 360 p.

HANCOCK, Geoff, *Magic Realism*, Toronto, Aya Press, 1980, 200 p.

HANCOCK, Geoff, *Invisible Fictions. Contemporary Stories from Quebec*, Toronto, Anansi, 1987, 437 p.

STRATFORD, Philip, *Stories from Quebec*, Toronto / New York / Cincinnati / Londres / Melbourne, Van Nostrand Reinhold Ltd, 1974, 175 p.

Je remercie M. Michel Lord pour l'aide apportée dans la préparation de cette bibliographie.

Albert Laberge

Albert Laberge (1871-1960) est né à Beauharnois. Études au Collège Sainte-Marie et à l'Institut Le Blond de Brumath. Reporter sportif, critique d'art, romancier et conteur.

La Scouine (roman), Édition privée [Montréal, Imprimerie Modèle], 1918. Édition à 60 exemplaires.

Visages de la vie et de la mort (nouvelles), Édition privée [Montréal, Imprimerie Modèle], 1936.

Peintres et écrivains d'hier et d'aujourd'hui, Montréal, Édition privée, 1938.

La fin du voyage (nouvelles), Montréal, Édition privée, 1942.

Scènes de chaque jour (anecdotes et nouvelles), Montréal, Édition privée, 1942.

Le destin des hommes (nouvelles), Montréal, Édition privée, 1950.

Fin de roman (nouvelles), Montréal, Édition privée, 1951.

Images de la vie (anecdotes et nouvelles), Montréal, Édition privée, 1952.

Le dernier souper (nouvelles), Montréal, Édition privée, 1953.

Propos sur nos écrivains (critiques), Montréal, Édition privée, 1954.

Anthologie d'Albert Laberge, préparée par Gérard Bessette, Montréal, Cercle du Livre de France, 1972.

Le notaire

Monsieur Anthime Daigneault dit Lafleur était maître de poste de son village, marchand général et horticulteur. Son père avait été notaire et les habitants de la paroisse, qui avaient vu grandir le fils, l'appelaient lui-même notaire, lui appliquant le qualificatif qu'ils avaient toujours donné au vieux tabellion. C'était un homme plaisant, aimant à causer et d'humeur égale. Il marchait sur ses cinquante ans; au premier coup d'œil, on ne lui en eût pas donné plus de quarante, mais lorsqu'on lui parlait et qu'il ouvrait la bouche pour répondre, une bouche sans dents, il donnait l'impression d'être plus âgé qu'il n'était. Monsieur Daigneault était veuf depuis plus de vingt ans, sa femme étant morte de tuberculose au bout de cinq ans de ménage, après avoir langui pendant deux longues années. Il ne s'était pas remarié, sa première expérience ne lui ayant pas laissé de bons souvenirs. Deux servantes, deux vieilles filles, entretenaient sa maison et l'aidaient aux travaux de son parterre, le plus beau du comté et son orgueil. Françoise, âgée de quarante et un ans, était entrée à son service à l'âge de dix-huit ans. Elle avait pris soin de sa femme malade et elle était restée dans la maison après la mort de celle-ci. C'était une grosse et forte brune, très solide, à figure plutôt bestiale, mais travaillante et très dévouée. Elle se réservait les travaux pénibles : elle faisait la lessive, lavait les planchers, rentrait le bois dans la maison, bêchait le jardin à l'automne, posait les doubles fenêtres et accomplissait une foule de besognes plutôt du domaine des hommes. C'était une très bonne pâte de fille. Elle retirait un maigre salaire, mais malgré cela elle faisait des économies et, à l'automne, aux environs de la saint Michel, des cultivateurs venaient lui payer des intérêts ou lui demander de l'argent à emprunter. L'autre servante, Zéphirine, était une cousine de la défunte femme du notaire. Lorsque ses parents, des fermiers, étaient morts, elle avait continué d'habiter la maison paternelle avec son frère Joachim, mais celui-ci s'était marié un an plus tard et, ne pouvant s'entendre avec sa belle-sœur, Zéphirine songeait à s'en aller, mais où ? Elle ne le savait pas. Sur les entrefaites, elle avait rencontré monsieur Anthime Daigneault et lui avait raconté son embarras.

— Viens-t'en rester à la maison, lui avait dit monsieur Daigneault, bonhomme. Tu aideras à Françoise, mais les gages ne seront pas forts.

Et Zéphirine avait fait sa malle et était arrivée un samedi après-midi. Il y avait quinze ans de cela. C'était elle qui s'occupait de la cuisine, et le notaire, bien qu'il n'eût pas de dents, faisait de fameux repas, car devant son fourneau, elle était un peu là.

Monsieur Daigneault menait une existence calme et paisible. Il dirigeait son magasin, causait avec les clients, écoutait leurs histoires et, parfois, à l'automne, à l'époque des paiements, leur prêtait de l'argent. Les portes du magasin fermées, il se réfugiait dans son jardin et s'occupait de ses fleurs. C'était là sa famille. Il sarclait, arrosait, taillait, émondait, arrachait, transplantait et il était heureux.

Il avait deux commis honnêtes et zélés qui le servaient bien et faisaient prospérer son commerce. Le bureau de poste était installé dans un coin du magasin. Le notaire s'en occupait lui-même. C'était lui qui, derrière le guichet, distribuait les lettres et les gazettes au public. Toutefois, il aimait bien qu'on lui témoignât des égards et qu'on lui dît bonjour. Souvent, l'été, des lettres moisissaient dans les casiers parce que des citadins, passant la belle saison dans la localité, négligeaient de le saluer en allant réclamer leur courrier. Simplement, vous lui demandiez :

— Des lettres pour monsieur Bédard ?

— Il n'y a rien, vous répondait-il sèchement, même s'il y avait plusieurs plis à votre adresse.

De la civilité, il voulait de la civilité. Ça ne coûte pas cher, la civilité.

Et monsieur Daigneault, ses deux commis et ses deux servantes vivaient heureux dans la paix et la tranquillité.

Or, il arriva que le vieux curé du village, devenu infirme, fut mis à sa retraite. Son remplaçant, monsieur Jassais, quarante ans environ, se signala dès son arrivée dans la paroisse par ses sermons contre l'impureté. Tous les dimanches, en toutes occasions, il tonnait contre ce vice qui semblait lui inspirer une vive horreur. C'était un homme grand et robuste que ce curé. Un colosse avec une grosse face rouge, sanguine, de petits yeux noirs très vifs et d'épaisses lèvres pendantes. À l'entendre, on aurait cru que les hommes et les femmes forniquaient nuit et jour, dans les maisons, les granges, les champs, en tous lieux, et non seulement entre eux, mais avec leurs bêtes. Et ainsi l'acte de la chair cessait d'être un geste naturel pour devenir un péché monstrueux, répugnant, bestial, excrémentiel, digne des pires tourments de l'enfer éternel. Lorsqu'il prêchait, lorsqu'il condamnait l'impureté avec des éclats de voix et des gestes désordonnés, le visage du prêtre devenait écarlate, apoplectique. Par suite de leur violence, ses prédications jetaient le trouble dans les cerveaux, perturbaient les esprits et éveillaient de malsaines curiosités.

— Il pense donc rien qu'à ça, disait la Antoinette Rouge, la couturière du village

— Il doit avoir le feu quelque part, ajoutait le mari.

— À parler comme ça, il souffle sur les tisons pour allumer le feu, déclarait une vieille voisine qui avait l'expérience de la vie.

Or, un soir de juillet, après souper, le notaire était à arracher quelques mauvaises herbes dans son jardin, à côté de sa maison, pendant que la robuste Françoise était occupée à arroser les fleurs. Le curé vint à passer. Courbé entre les plants de géranium, le notaire se redressa en entendant un pas lent et lourd sur le trottoir en bois. Apercevant le prêtre, il le salua. Ce dernier s'arrêta, appuya son corps épais et puissant sur la clôture qui bordait le parterre.

— Vous n'arrêtez donc jamais de travailler, monsieur Daigneault ?

Alors, celui-ci, badin :

— Bien, monsieur le curé, ça chasse les mauvaises pensées.

— Justement, reprit le prêtre, je voulais vous entretenir d'une chose que je ne peux approuver. Vous vivez avec deux femmes dans votre maison. Je ne dis pas que vous commettez le mal, mais ça ne paraît pas bien. Il faudrait vous marier.

Le notaire restait trop surpris pour répondre. Machinalement, il s'essuyait le front avec la paume de la main.

— C'est grave ce que vous dites là, monsieur le curé. Forcer les gens à se marier quand ils n'en ont pas envie, c'est un peu raide et ça peut avoir des conséquences regrettables. Puis, comme vous venez de le dire, je ne fais pas le mal.

— Je n'en doute pas, mais c'est là un exemple pernicieux et je me trouve dans l'obligation de vous parler comme je fais.

— Mais, monsieur le curé, je me trouve très bien comme je suis. Ça fait vingt ans que ma femme est morte et je n'ai jamais pensé à me remarier. Puis j'ai jamais entendu dire que quelqu'un se scandalisait parce que j'ai deux servantes dans ma maison.

— Vous ne pouvez savoir ce que le monde pense ou suppose. Faites ce que je vous dis. Mariez-vous.

— Oui, oui, mais une femme qui nous convient, ça se trouve pas comme une jument qu'on veut acheter. Puis, si elle a des défauts cachés, on peut pas la retourner. Faut la garder.

— Oui, tout ça c'est vrai, riposta le curé, mais vous êtes l'un des principaux citoyens de la paroisse et il faut que vous soyez au-dessus de tout blâme. Faut vous marier.

— Dans tous les cas, j'vas y penser, monsieur le curé.

Et la puissante masse noire se redressa, le prêtre regagnant lentement son presbytère de sa démarche lourde et balancée pendant que le notaire le regardait s'éloigner, suivant des yeux le dos noir en dôme, aux robustes épaules qui faisaient des bosses à la soutane.

Or, jamais monsieur Daigneault n'avait eu le moindre désir coupable à l'égard des deux vieilles filles qui vivaient sous son toit. Sa passion, c'était son jardin, ses fleurs. Si les vers ne rongeaient pas ses rosiers, si ses dahlias produisaient des fleurs rares, quasi inédites, il était enchanté. Mais le notaire resta perplexe. Certes, il avait toujours écouté les recommandations de son ancien curé et il les avait trouvées sages, mais celui-ci voulait l'obliger à se marier. Ça, c'était une autre paire de manches. De quoi allait-il se mêler, ce nouveau curé? «Ça m'paraît qu'il veut tout révolutionner en arrivant. Mais il n'y a rien qui presse. Attendons», se dit le notaire à lui-même.

Et il attendit. Des semaines s'écoulèrent, puis, un soir, le curé repassa.

— Eh bien, monsieur Daigneault, quand venez-vous mettre les bans à l'église?

— Vous allez un peu vite, monsieur le curé. Je ne connais pas personne et je ne veux pas m'atteler avec quelqu'un qui va ruer, se mater et me donner toutes les misères du monde. Faut penser à ça.

— Vous ne connaissez personne? Mais prenez l'une des deux femmes qui sont dans votre maison! Vous les connaissez, celles-là.

Le notaire resta abasourdi.

«Mais si je me marie avec l'une des deux vieilles filles, songea-t-il, c'est alors que les gens pourront jaser, supposer des choses, penser à mal, tandis que maintenant»... Mais le notaire se contenta de se dire ces choses à lui-même, gardant ses réflexions pour lui.

C'est qu'il était un catholique convaincu qui allait à la grand-messe chaque dimanche et à confesse trois ou quatre fois par an. Il n'avait pas de principes arrêtés, mais le curé en avait pour lui et les autres, et ce qu'il disait faisait loi.

— S'il faut se marier, on se mariera, répondit-il simplement.

Tout de même, l'idée d'épouser l'une de ses bonnes lui paraissait plutôt baroque et n'était pas de nature à lui donner des idées réjouissantes.

Cependant, il pensait à ce que lui avait dit le curé.

Pendant plusieurs jours, il fut songeur, taciturne, ce qui fut remarqué de ses employés et des clients qui venaient au magasin.

— Il y a quelque chose qui le tracasse, disait-on.

Aux repas, il regardait longuement Zéphirine et Françoise, ses deux servantes. Des plis barraient son front. Laquelle prendre?

Les deux femmes avaient constaté son air étrange et en causaient entre elles.

— Il est curieux, il paraît troublé, disait Zéphirine.

— Oui, depuis quelque temps, il est tout chose, répondait Françoise.

À quelque temps de là, alors que Françoise arrosait les plates-bandes de fleurs après souper, le notaire, qui rôdait dans son jardin, s'approcha d'elle et, à brûle-pourpoint:

— Qu'est-ce que tu dirais, Françoise, de se marier?

La grosse fille aux fortes hanches et aux seins puissants dans sa robe d'indienne bleue se redressa stupéfaite. Elle regardait le notaire avec une expression ahurie.

«Bien sûr qu'il a l'esprit dérangé», se dit-elle.

Et, comme elle était devant lui à le regarder sans répondre, monsieur Daigneault reprit:

— Tu n'as jamais pensé à te marier?

— Ben, j'vas vous dire, personne ne m'a jamais demandée.

— Mais je te demande, moi. Veux-tu te marier?

Françoise était bien certaine que monsieur Daigneault était devenu fou.

— Je veux bien, répondit-elle quand même.

— C'est bon. Dans ce cas-là, on publiera dans quinze jours. Puis, je te donnerai de l'argent et tu iras en ville t'acheter une belle robe et un chapeau.

Maintenant Françoise se demandait si c'était elle ou le notaire qui avait perdu la boule. Elle rentra à la maison.

— Le notaire a l'esprit dérangé ben sûr, déclara-t-elle naïvement à Zéphirine. Il m'a demandée en mariage.

Zéphirine parut stupéfaite.

— Il n'avait pourtant pas l'air d'un homme qui pense au mariage. Jamais j'aurais cru qu'il était amoureux de toi ni de personne. Et qu'est-ce que tu as dit?

— Ben, le notaire m'a demandée et j'ai dit oui.

Le lendemain, monsieur Daigneault annonça qu'il partait pour Montréal. Il reviendrait le soir. Là-bas, il alla voir un dentiste pour se faire faire un râtelier. Il fallait bien se meubler la bouche pour se marier.

À quelques jours de là, ce fut Françoise qui prit le train, un matin. Elle revint avec une robe de soie bleu marine, un chapeau, des bottines et un corset... Un corset! Elle n'en avait jamais porté auparavant, mais quand on se marie!...

La publication des bans de monsieur Anthime Daigneault dit Lafleur avec Françoise Marion, sa servante, causa tout un émoi dans la paroisse. Comme bien on pense, les commentaires furent variés.

Le mariage eut lieu. Le notaire étrennait un beau complet gris et son râtelier, et Françoise, sa robe bleue et son corset.

Monsieur Daigneault était l'ami de la paix et du confort, aussi jugea-t-il inutile de se déranger et de se fatiguer pour faire un voyage de noces.

D'ailleurs, pour l'importance du sentiment qui entrait dans cette affaire!...

Le midi, les nouveaux mariés prirent donc le dîner à la maison en compagnie de quelques voisins. Et, pour ne pas froisser Zéphirine en prenant des airs de dame et en se faisant servir, Françoise mit un tablier et l'aida à mettre les couverts. Monsieur Daigneault ne put guère apprécier le repas, car son râtelier lui était plus nuisible qu'utile. Quant à Françoise, elle se sentait horriblement incommodée dans son corset neuf.

La journée se passa, très calme. Dans l'après-midi, monsieur Daigneault voulut aller faire un tour au magasin.

— Ben, j'te dis, j'croyais qu'il avait l'esprit dérangé quand il m'a demandée pour le marier, répétait Françoise à Zéphirine en lui racontant pour la vingtième fois la proposition du notaire dans le jardin.

Le soir, vers les dix heures, les nouveaux mariés montèrent à leur chambre, là où la première Mme Daigneault était morte il y avait vingt ans. Monsieur Daigneault enleva son râtelier, le regarda un moment, l'essuya avec son mouchoir, l'enveloppa dans une feuille de papier de soie et le serra dans un coffret, à côté d'un collier, de boucles d'oreilles et autres reliques ayant appartenu à sa défunte. Françoise dégrafa son corset, respira longuement et se frotta voluptueusement les côtes et les hanches avec ses poings. Elle aperçut à son doigt le large anneau d'or qu'elle avait reçu le matin à l'église et elle sourit en regardant du côté de son mari. Reprenant le corset qu'elle avait déposé sur une chaise, elle le remit soigneusement dans sa boîte et le déposa au fond d'un tiroir de la vieille commode. Et le notaire et son ancienne servante se mirent au lit.

(*Visages de la vie et de la mort*)
(*Anthologie d'Albert Laberge*
de Gérard Bessette)

Mame Pouliche

Ah! ce qu'elle en avait vidé des crachoirs dans sa vie, mame Pouliche!

Et ce qu'elle en avait ingurgité des doses de parégorique! Faut bien essayer de se consoler, n'est-ce pas, d'oublier ses misères? Pour sûr, il y en a qui font pire.

Depuis près de quarante ans, elle faisait chaque jour le ménage dans les bureaux d'une grande compagnie d'assurance qui occupait un étage entier d'un vaste édifice. Le personnel comptait une soixantaine de personnes, hommes et femmes. Il y avait une dizaine de bureaux privés et une grande salle. Chaque fin d'après-midi, mame Pouliche et son assistante se rendaient au travail après le départ des employés et faisaient le plus gros du nettoyage. Ensuite, elles revenaient le matin avant l'arrivée des commis, pour terminer leur besogne. Balayer, laver, essuyer, épousseter, vider les paniers et les crachoirs, nettoyer la chambre de toilette, c'était le rite. Mame Pouliche exerçait ce métier depuis l'âge de vingt-quatre ans.

Mme Pouliche, c'était une longue perche, maigre et grise. Elle avait des cheveux gris, des yeux gris, ronds, à fleur de tête et une peau grise et sèche, grise de la couleur des linges avec lesquels elle essuyait les bureaux. On ne pouvait s'imaginer que cette peau eût jamais été jeune et fraîche. Elle donnait l'impression d'avoir toujours été

grise. Avec ça, un nez plat, écrasé, et une voix de crécelle.
Non, elle n'était ni belle, ni tentante, ni faite pour exciter
les désirs, mame Pouliche. Lorsqu'on la voyait passer
avec son seau et son balai, on pouvait dire qu'elle avait le
physique de son emploi.

D'une façon frappante, elle avait les manières d'une
poule, mame Pouliche, très ressemblantes. Le matin,
avant d'entrer dans le bureau du gérant où il y avait un
tapis, elle se frottait les pieds sur le plancher, en glissant,
comme la poule qui gratte avec une patte, puis avec
l'autre, pour découvrir dans la terre, dans la poussière, un
grain de blé, un vermisseau, un insecte.

Pendant près de quarante ans, sa vie avait passé à
balayer les planchers, vider les crachoirs et nettoyer les
latrines. Évidemment, c'est plus agréable d'être em-
ployée de magasin, serveuse de restaurant ou sténogra-
phe, mais on ne choisit pas toujours son mode de gagner
sa vie. Le plus souvent, on prend ce que l'on trouve. Dans
la vingtaine, elle avait travaillé dans une manufacture de
chaussures, mais cette besogne la rendait malade. À la
pension où elle habitait, logeait aussi la femme de peine
de l'assurance en question. Celle-ci, âgée et peu solide,
avait demandé à se faire aider. Mame Pouliche avait été
engagée. L'autre était morte quelques mois plus tard et
l'assistante lui avait succédé, avait pris le titre et la charge
de femme de ménage tout comme une autre prend le titre
de reine en montant sur le trône.

Ça faisait bien des années de cela, mais aucune ne lui
rappelait un événement spécial, car toutes se ressem-
blaient, s'étaient écoulées de la même manière: vider des
crachoirs, nettoyer des latrines et se droguer à l'élixir
parégorique. À la vérité, elle s'était mariée et c'était là
qu'elle avait pris son nom de mame Pouliche, mais ce
mariage n'avait jamais été bien sérieux et la pauvre

femme aimait mieux ne pas y penser, car il lui avait
apporté plus d'ennuis que d'agréments. Vers ses trente
ans, elle avait fait la connaissance de M. Pouliche, un
petit vieux grêle d'une cinquantaine d'années, qui vivo-
tait du revenu d'une salle qu'il louait un soir par semaine
ou par mois à des sociétés, des clubs, des organisations
qui y tenaient leurs réunions. Lui-même avait fondé un
club musical dont il était directeur. La femme de peine
l'avait rencontré à plusieurs reprises alors qu'il portait
son uniforme de chef d'orchestre : un petit veston à boutons de métal et une casquette à galons d'or. Pour dire la
vérité, il n'avait pas du tout la mine d'un don Juan, d'un
séducteur, M. Pouliche. Même, il avait un petit air insi-
gnifiant, plutôt niais, mais la casquette et le veston à
ornements dorés avaient fait impression sur la femme de
trente ans. Un soir, elle l'avait vu dirigeant ses musiciens
à une réunion où il remplissait un engagement. Il aimait
les petits airs : Et digue et digue don.

Son bâton battait la mesure, légère, légère, légèrement . . .

C'était bien difficile de le prendre au sérieux,
M. Pouliche, avec sa musique de la faridondaine, la fari-
dondé, mais tel quel, il ne déplaisait pas à la femme de
peine et, lorsqu'il demanda un jour de l'épouser, elle
accepta et elle devint mame Pouliche. Alors, avec les
quelques cents piastres d'économies qu'elle possédait, ils
se mirent chez eux. Dire qu'il était bien fringant, M. Pouliche, ce serait exagérer. Mame Pouliche s'était attendue à
autre chose. Réellement, elle était déçue, elle n'en avait
pas pour son argent, car c'était elle qui payait pour tout,
qui subvenait aux charges de la vie commune. Tout son
salaire y passait, jusqu'au dernier sou. Et pas de compen-
sations. Lui, il se laissait vivre. Leur union durait bien
depuis six mois lorsqu'il se produisit un événement à

sensation. Avertie par on ne sait qui, la police fit un jour
une descente à la salle de M. Pouliche lors d'une répétition musicale. Ce qu'elle vit en entrant, on ne le sut que
vaguement, car le procès eut lieu à huis clos, mais
M. Pouliche fut condamné à trois ans de pénitencier pour
«outrages aux mœurs et à la morale», disait le jugement.
Avec ces goûts-là, ce n'était pas étonnant qu'il fût si peu
fringant, se disait mame Pouliche. Elle devint veuve
l'année qui suivit. Son nom de mame Pouliche, ce fut tout
ce que son mari lui laissa. Elle garda le petit logis qu'elle
avait meublé et prit son assistante en pension. De cette
façon, les dépenses étaient diminuées.

Et tous les jours c'était la même besogne, le même
programme : balayer, laver les planchers, vider les crachoirs et nettoyer les latrines. Naturellement, elle ne trouvait pas la vie drôle. Alors, pour se réconforter, elle avait
recours à l'élixir parégorique. Mais bien du temps s'était
écoulé avant qu'elle eût découvert ce précieux dictame.

Fallait connaître le métier, fallait l'avoir exercé, fallait avoir passé par là pour savoir comme c'est malpropre
les hommes. Pires que des pourceaux. Ainsi, il y en avait
un qui avait pris le rhume et qui toussait. Alors, au lieu de
se servir de son crachoir, par pure malice, pour l'humilier,
pour lui rendre sa tâche plus répugnante, il étoilait le
plancher de gros crachats visqueux qu'elle était forcée de
nettoyer. Mais ça c'était rien. Fallait voir quelles saletés
ils entassaient dans la chambre de toilette. Il y en avait
qui, délibérément, pour l'embêter, jetaient sur le parquet
le papier dont ils s'étaient servis. Ils en jetaient tellement
que cela formait comme une litière et, cette litière, ils
l'arrosaient copieusement. Par plaisir, par méchanceté,
pour lui causer des ennuis, pour lui rendre son travail plus
pénible, plus sale. En ouvrant la porte, vous auriez dit une
étable avec le purin. Ces gens-là, de vrais animaux. Oui,

des répugnants, tous ces hommes. Après avoir déposé leur fumier, ils se plaisaient à tracer sur les murs des inscriptions qui attestaient de l'esprit ordurier de chacun. Des ordures, ils ne pensaient qu'à ça. Ils avaient beau avoir de l'instruction, être vêtus comme des messieurs, au fond, ils n'avaient l'idée qu'à l'ordure. Un jour, elle avait trouvé dans l'une des cabines son portrait à elle, un portrait à poil, dessiné en quelques traits, mais très ressemblant et très drôlement fait. L'auteur de cette farce l'avait représentée tenant son balai et la façon dont elle empoignait le manche était d'un comique à se tordre.

Chaque soir et chaque matin, elle était bien dégoûtée, mame Pouliche, lorsqu'elle retournait chez elle. Un jour, en entrant, elle avait dit à son assistante:

— J'ai pas le goût de souper, je suis trop écœurée.

Alors, l'assistante — à ce moment-là, c'était Mélanie — avait répliqué:

— J'vas vous donner quelque chose qui va vous faire du bien.

Puis, elle était allée à sa chambre et en était revenue avec une fiole. Dans un peu d'eau sucrée, elle avait versé une cuillerée à thé de sa préparation.

— Prenez ça, avait-elle dit en tendant le verre.

L'autre y avait porté les lèvres. Ça goûtait un peu l'anisette. Pas désagréable. Alors, elle avait avalé sa liqueur. C'était vrai que ça faisait du bien. Ça la stimulait. Et elle oubliait les crachoirs et les ordures de la chambre de toilette.

— Qu'est-ce que c'est, ça? demanda-t-elle un moment plus tard.

—C'est de l'élixir parégorique. C'est pas dangereux, ça coûte pas cher et ça fait du bien.

Les deux femmes se mirent à table, prirent une tasse de thé et quelques aliments. Oui, c'était vrai qu'elle avait les manières d'une poule, mame Pouliche. Au lieu de prendre une franche bouchée avec sa fourchette, elle donnait de petits coups dans son assiette, comme la poule qui picore, qui donne du bec, à droite, à gauche. Elle pignochait, saisissant du bout de son outil un brin de viande, de salade, de spaghetti, jamais une vraie bouchée.

Maintenant, après sa dose de parégorique, mame Pouliche éprouvait un grand apaisement, elle sentait ses nerfs calmés et, assise sur sa chaise, elle se laissait doucement aller au sommeil qui s'appesantissait sur elle. Ce soir-là, elle se coucha tôt et passa une bonne nuit. Le lendemain matin, en revenant de son travail, elle arrêta chez le pharmacien et acheta un flacon de parégorique. Alors, elle prit comme ça l'habitude d'en prendre trois fois par jour. Pas une grosse dose évidemment. Une cuillerée à thé dans un peu d'eau sucrée. Ce que ça lui faisait du bien ! C'était miraculeux. Une vraie panacée. L'alcool la stimulait, puis amenait le sommeil.

Quand on gagne sa vie à vider des crachoirs, à nettoyer des latrines, une pareille liqueur, ça vous soulage. Pour sûr que Mélanie lui avait rendu un fameux service en lui faisant connaître cette préparation.

Dans l'année, il y a les jours ordinaires et il y a les jours exceptionnels, les fêtes par exemple. Dans l'existence de mame Pouliche, en plus des jours ordinaires, il y avait chaque hiver une journée exceptionnelle : la journée de la Grande Saleté, le lendemain de la soirée du personnel de l'assurance. C'était de tradition. Une fois par an, patrons et employés se rencontraient et festoyaient dans une réunion sociale qui avait lieu dans les bureaux mêmes de la compagnie. On dansait, on faisait de la musique, on s'amusait, on mangeait et on buvait (car il y avait toujours un plantureux buffet) et l'on vomissait aussi. La première fois que mame Pouliche était arrivée pour faire

le ménage le lendemain d'une de ces soirées, elle était
restée stupéfaite, dégoûtée devant ce qu'elle avait trouvé.
Seigneur Jésus! jamais de sa vie, elle n'avait vu pareille
saleté. Ces gens-là avaient mangé et bu comme des pourceaux et ils avaient rejeté ce qu'ils n'avaient pu digérer.
Les latrines étaient dans un état repoussant. L'on avait
vomi non seulement dans le bassin des cabinets, mais sur
le siège. Même les murs étaient éclaboussés. Et l'on respirait là une odeur forte, surie, qui faisait lever le cœur.
Dans certains bureaux privés, les crachoirs étaient rem-
plis de dégobillis, d'autres d'urine. Réellement, il semblait que l'on s'était efforcé de faire toutes les saletés
possibles. Maintenant, il lui fallait nettoyer tout cela.
Alors, avec la vadrouille, les seaux, les brosses, elle et
son assistante avaient travaillé une partie de l'avant-midi,
avaient passé des heures à enlever ces ordures.

Chaque année, c'était la même chose. Plus exactement, c'était pire, car on aurait dit que les gens cherchaient
à se surpasser dans l'ordure, à lui donner plus d'immondi-
ces à enlever. Oui, une fête pour les autres; pour elle, une
répugnante corvée. Mais il lui fallait gagner sa vie, sa
pitance, et elle lavait, nettoyait tous ces vomissements. Ah!
elle en vidait de beaux crachoirs ces lendemains de saute-
rie et de beuverie. Après ce spectacle, après cette besogne,
elle restait écœurée pour le reste de la journée. Le midi,
elle n'osait se mettre à table, tellement elle avait dans le
nez cette odeur de nourriture renvoyée. Alors, pour oublier,
pour se remettre, elle prenait une dose de parégorique. Pas
une cuillerée à thé, bien sûr. Une grande cuillerée à soupe
et même un peu plus. Fallait se purger l'esprit de toutes ces
saletés. Bientôt, elle tombait dans une torpeur, puis elle
dormait, mais souvent elle avait des rêves pénibles.

Avec le temps, elle en voulait davantage, de sa
panacée. Elle en prenait de fortes doses. Fallait ça pour la

soutenir dans sa repoussante besogne. Alors, elle ne mesurait plus par cuillerées, elle versait généreusement et avalait.

Chaque matin, elle se levait, s'habillait à la hâte, prenait le tramway et descendait en ville pour aller vider ses crachoirs, nettoyer les cabinets. Cela, tous les jours, d'une semaine à l'autre, d'un mois à l'autre, d'une année à l'autre. Et cela durerait jusqu'à sa mort.

Sa vie, ce n'était pas un morne désert, aride et monotone, car dans le désert il y a l'étendue illimitée, la grandeur sauvage, les mirages, les puissants souffles du vent, et parfois une oasis fraîche et fleurie. Sa vie, c'était plutôt comme une longue, pauvre et sordide rue, sans arbres et sans fleurs, aux laides maisons uniformes, peuplées de figures hostiles, ironiques, taquines.

Mais elle avait son élixir parégorique.

Le parégorique, c'était son ami, son soutien, sa consolation. C'était son appui, son réconfort, son viatique.

Toute la misère de sa pitoyable vie fondait, toute la laideur de sa pauvre existence de paria s'effaçait lorsqu'elle prenait le précieux dictame, lorsqu'elle avalait la drogue bénie.

Ah! s'il n'y avait pas à portée de la main pareil cordial, comment pourrait-on supporter les maux et les calamités de chaque jour?

Les seules joies qu'elle avait connues, mame Pouliche, elle les devait au parégorique.

Elle avait l'impression d'être sur la terre pour laver des planchers, vider des crachoirs, nettoyer des latrines remplies de saletés et d'ordures.

Et elle vieillissait, elle devenait plus grise. Ses cheveux se faisaient plus gris, sa peau plus grise, ses yeux plus ternes. Elle ne maigrissait plus : elle se desséchait. C'était un squelette habillé de peau.

À vider des crachoirs, à nettoyer des latrines, elle gagnait sa pitance, mame Pouliche. Tous les jours la même routine et ça ne changerait jamais. Jamais il ne lui arriverait un héritage ou un de ces heureux hasards qui vous permettent de prendre votre tablier, de le lancer dans la poubelle, d'envoyer votre métier à tous les diables et de vous la couler douce. Elle, la chance n'était pas de son côté. Ainsi, pendant treize mois et demi, elle avait participé, sans jamais rien gagner, au tirage hebdomadaire organisé par l'un des commissionnaires. Alors, lasse de toujours payer et de ne rien recevoir, elle avait abandonné la partie.

— Non, c'est fini. J'en ai assez de donner mon argent aux autres, avait-elle répondu lorsque le garçon lui avait offert un billet comme d'habitude.

Alors, en badinant, celui-ci avait répliqué :

— Vous avez tort. Vous gagneriez cette semaine.

Puis, se tournant vers l'assistante de mame Pouliche, une nouvelle qui en était à sa première semaine :

— Tiens, vous prenez le billet et vous allez voir si vous ne décrochez pas le prix.

Alors l'autre avait pris le coupon, payé vingt-cinq sous et avait gagné le tirage. Pour son début, elle avait encaissé quatorze piastres.

— Pis moi, j'ai payé vingt-cinq cents pendant plus de treize mois et j'ai jamais retiré un sou, commentait amèrement mame Pouliche en regardant son assistante qui, toute épanouie, comptait ses billets.

Pas de chance.

Un jour, dans le tramway, elle s'était fait voler le salaire qu'elle venait de recevoir. Elle s'en retournait chez elle le samedi avant-midi et elle avait mis son enveloppe dans sa sacoche. À un coin de rue, deux voyageurs montèrent dans la voiture : un monsieur élégamment mis qui alla s'asseoir à sa droite et une femme quelconque, à sa gauche. L'homme tenait à la main un magazine illustré qu'il se mit à feuilleter négligemment lorsqu'il se fut installé. Les dessins étaient très osés, scabreux même. Le voyageur les regardait d'un air détaché. D'une main nonchalante, il tournait une page, puis une autre. Un peu curieuse, mame Pouliche s'allongeait le cou et guignait, sans en avoir l'air, les illustrations folichonnes. Pendant ce temps, sa voisine de gauche descendit sans qu'elle s'en rendît compte puis, à l'arrêt suivant, son voisin se leva et sortit lentement, tenant sa revue. Madame Pouliche le suivait des yeux. Lorsque la voiture se fut remise en marche, la femme de peine ramena ses deux mains sur ses genoux et constata soudain que la sacoche, qu'elle tenait au bras gauche, avait disparu. Ainsi, elle s'était laissée aller à regarder des gravures polissonnes et elle avait perdu son salaire. Oui, pendant six jours, elle avait vidé des crachoirs, nettoyé des cabinets d'aisances pour se faire filouter son enveloppe.

Un jour, en faisant le ménage, mame Pouliche trouva dans le bureau du gérant un billet de banque de cinq piastres que l'on avait apparemment échappé. Foncièrement honnête, elle se rendit plus à bonne heure à son travail le lendemain.

— Voici ce que j'ai ramassé sur le plancher, dit-elle en tendant l'argent au personnage.

— Je me demandais où je l'avais perdu, répondit l'autre en prenant le billet. Fouillant dans sa poche, il en sortit une pièce de vingt-cinq sous qu'il lui remit.

— C'est peu, mais c'est de bon cœur, fit-il.

— Merci, c'était pas à moi et je ne pouvais le garder, déclara mame Pouliche.

À quelques mois de là, la femme de peine demanda une augmentation de salaire.

—Je vais soumettre votre requête aux administrateurs, répondit le gérant. Lorsque ceux-ci se réunirent, il leur fit part de la demande de mame Pouliche.

—Qu'est-ce que vous en dites ? interrogea l'un des directeurs en regardant le gérant.

—Bien, je crois que ce serait commettre une extravagance, ce serait jeter l'argent par la fenêtre. Elle n'en a pas besoin. Il y a quelque temps, elle a trouvé un cinq piastres et l'a remis au propriétaire !

Alors, devant pareille simplicité, les autres se mirent à rire.

—Bon, vous direz que la compagnie ne peut dans le moment accorder d'augmentation de salaire, expliqua le directeur, réglant ainsi la question.

Il y a des hommes qui se disent : « Moi, cette année, j'ai vendu cent automobiles, cent cinquante radios, j'ai posé trois cents semelles de chaussures », ou bien : « Moi, j'ai placé deux cents pains chaque jour, cent cinquante pintes de lait. » Puis, il y en a qui pensent en eux-mêmes : « Moi, j'en ai bu des bouteilles de bière dans ma vie. » D'autres calculent mentalement le nombre de femmes qu'ils ont eues. Ça, c'est des pensées qui n'ont rien d'affligeant. Mame Pouliche, elle, ce qu'elle pouvait se dire, c'est qu'elle en avait vidé des crachoirs, plus que n'importe quelle autre femme de la ville.

Ses assistantes avaient eu plus de chance qu'elle. Elles s'étaient casées, si l'on peut dire. Rose, sa première, une grande et jolie blonde, ancienne couturière que ses yeux trahissaient, dont la vue faisait défaut, avait pris ce métier de femme de peine parce qu'il lui fallait travailler pour vivre, mais elle s'était mariée au bout de six mois. Mélanie, la deuxième, une brune qui arrivait chaque matin la figure fardée, avait trouvé un petit vieux pour l'entretenir. Émilienne qui lui avait succédé avait été à la

tâche pendant treize ans, puis elle était morte, emportée
par la pneumonie. Finies ses misères à celle-là. Mame
Drapeau, abandonnée par son mari, avait travaillé pendant dix ans, puis son fils maintenant grand, lui avait dit:
« C'est moi qui vais gagner maintenant et te faire vivre. »
Alors, depuis ce temps, elle se reposait. Quant à la Bourrette, une grosse veuve, son assistante actuelle, acoquinée
avec un chômeur séparé de sa femme, c'était une pâte
molle qu'elle s'était souvent promis de renvoyer, car elle
était lente, négligente, il fallait toujours pousser sur elle
pour la faire marcher. Non, ça ne pourrait pas durer
comme ça. Faudrait la remplacer.

Mais ces femmes, elles vivaient, tandis qu'elle…

Avec les années, elle devenait plus grise, plus maigre, plus laide avec ses yeux gris à fleur de tête, vides
d'expression.

Il vint un jour où ça faisait trente ans qu'elle faisait le
ménage dans ce grand bureau d'assurance. Elle connaissait tout le personnel. Il y en avait qui étaient des jeunes
gens lorsqu'elle était entrée là et aujourd'hui ils étaient
grands-pères. Ces gens-là faisaient parfois des voyages,
quelques-uns même étaient allés en Europe, ils possé-
daient des automobiles, ils étaient bien vêtus, ils faisaient
une belle vie… Toi, vide des crachoirs, la vieille !

Pour se consoler, pour oublier, pour accomplir sans
trop de dégoût sa tâche quotidienne, elle s'administrait de
rudes doses de parégorique. Après cela, elle plongeait
dans une torpeur dont elle s'éveillait la tête lourde, l'air
égaré, hébétée.

Elle n'avait plus d'appétit, ne mangeait pas. Elle
n'avait de goût que pour son parégorique. Et maigre à
faire peur. Puis, la nuit, elle faisait de mauvais rêves, des
rêves pénibles, harassants. Ce n'était donc pas assez
d'avoir de la misère le jour, fallait en avoir la nuit.

Toujours elle tirait au collier, mais il y avait des heures où c'était plus difficile. Ses forces diminuaient. Puis le cœur semblait détraqué, comme une vieille pompe qui refuse de pomper. À certains moments, il lui semblait qu'elle allait s'affaisser, s'écraser au plancher. Mais malgré tout, beau temps, mauvais temps, malade ou pas malade, elle vidait ses crachoirs, nettoyait les latrines.

Et, la tâche terminée pour le moment, elle avalait d'amples rasades de parégorique.

Un matin, elle se leva en retard pour se rendre à son travail. Ensuite, elle manqua par quelques secondes le tramway qu'elle devait prendre et dut attendre cinq minutes pour le suivant. C'est toujours ainsi. À l'édifice, comme la chose se produisait souvent, le préposé à l'ascenseur n'était pas encore arrivé. « Sa femme était couchée sur sa queue de chemise et il n'a pas pu se lever », fit tout haut mame Pouliche, furieuse de ces contretemps. Alors elle prit les escaliers, mais elle soufflait péniblement, fortement, le cœur lui battait et elle était à bout d'haleine lorsqu'elle arriva à son étage. Naturellement, la Bourrette était en retard, elle aussi, cette paresseuse. Jamais à temps, celle-là. Collée à son chômeur. Il faudrait pourtant lui donner son congé et en prendre une autre. Ça allait mal. Personne ne pouvait donc se lever à l'heure ? Maudit ! qu'elle était de mauvaise humeur, mame Pouliche ! En hâte, elle se rendit à son armoire, enleva son vieux manteau gris, élimé, froissé, à collet en fourrure de rat d'égout, son chapeau déteint, déformé, cabossé, les accrocha et mit son tablier, prit sa brosse, son linge à essuyer les bureaux et son seau à vider les crachoirs. Son trousseau de clés cliquetant et ballant à sa ceinture, elle se dirigea en toute hâte vers le bureau de l'assistant-gérant, toujours l'un des premiers arrivés. Fébrilement, elle ouvrit la porte, fit quelques pas, puis, foudroyée par une syncope, croula au plancher, heurtant et renversant en même temps le vase aux saletés dont le contenu se répandit sur le prélart. Elle gisait là, morte, mame Pouliche, morte à la tâche, sa vieille tête grise et sa figure grise baignant dans l'eau sale, dans le jus du crachoir, un bout de cigare à côté de la bouche...

(*La fin du voyage*)
(*Anthologie d'Albert Laberge*
de Gérard Bessette)

François Hertel

François Hertel [Rodolphe Dubé] (1905-1985), est né à Rivière-Ouelle. Études classiques au Collège de Sainte-Anne-de-la-Pocatière et à Trois-Rivières. Études philosophiques et théologiques. Ordonné prêtre en 1939 (jésuite). Professeur, poète, romancier, conteur, essayiste, philosophe, M. Hertel a dirigé à Paris la maison d'édition La Diaspora française et les revues *Rythmes et couleurs* et *Radiesthésie magazine*.

Les voix de mon rêve (poèmes), Montréal, Éditions Albert Lévesque, 1934.

Leur inquiétude (essai), Montréal, Éditions Jeunesse, 1936.

Le beau risque (roman), Montréal, Éditions Fides, 1939.

Mondes chimériques (contes), Montréal, Éditions Bernard Valiquette, 1940.

Pour un ordre personnaliste (essai), Montréal, Éditions l'Arbre, 1942.

Strophes et catastrophes (poèmes), Montréal, Éditions l'Arbre, 1943.

Anatole Laplante, curieux homme (récits), Montréal, Éditions l'Arbre, 1944.

Six femmes, un homme (roman), Paris, Éditions de l'Ermite, 1949.

Un Canadien errant (récits), Paris, Éditions de l'Ermite, 1950.

Mes naufrages (poèmes), Paris, Éditions de l'Ermite, 1951.

Ô Canada, mon pays, mes amours (essais), Paris, Éditions de la Diaspora française, 1959.

*Jérémie et Barabba*s (nouvelles), Paris, Éditions de la Diaspora française, 1959.

Journal philosophique et littéraire, Paris, Éditions de la Diaspora française, 1961.

Poèmes, Paris, Éditions de la Diaspora française, 1966.

Louis Préfontaine, apostat, Montréal, Éditions du Jour, 1967.

Souvenirs et impressions du premier âge, du deuxième âge, du troisième âge, Montréal, Éditions Stanké, 1977.

Le solitaire

C'était un solitaire qui aimait beaucoup sa solitude. Il l'avait choisie; il l'avait ornée. C'était une belle solitude, solide, substantielle. Une solitude parmi les êtres. Pas une de ces solitudes sordides, au coin d'un bois, dans un ermitage. Une solitude d'hôtel, avec des voisins à droite et à gauche. Les portes des placards grinçaient, les éviers coulaient et tout cela accusait, précisait la solitude du locataire de la chambre du milieu. C'était une chambre d'hôtel quelconque, à Paris, dans le cinquième arrondissement, en coin avec l'église Notre-Dame. Melchior était seul; il était heureux. Il n'avait de souci de personne, de responsabilité de personne. Il se donnait sans cesse sa parole d'honneur que c'était ça la vie, que le bonheur consistait dans la solitude.

Au restaurant qu'il fréquentait, il y avait beaucoup de solitaires. Des célibataires qui vivaient en chambre et qui faisaient l'éloge de la solitude. Melchior était devenu le philosophe de la solitude. Il l'analysait, la disséquait, en démontait toutes les pièces, qu'il déclarait toutes en or.

❏

Un jour, Melchior rencontra dans l'escalier de l'hôtel sa nouvelle voisine de droite, une danseuse du Châtelet.

C'était une toute jeune fille, très jolie, avec des yeux
bruns, un beau visage ovale, une chevelure noire qui lui
tombait sur les épaules. Elle était surtout gracieuse. Elle
montait les escaliers comme une reine. Le solitaire ne fut
pas le dernier à remarquer cette belle enfant. Quoiqu'il
fût un solitaire, il n'était pas un saint, loin de là. Toutefois
ses rares aventures ne venaient plus troubler sa solitude.
À son hôtel, personne ne connaissait rien de sa vie.

Un soir, vers les dix heures, Melchior était dans sa
chambre. Il toussait beaucoup à cette époque. Chaque
fois que son mauvais rhume explosait en toux, il entendait tousser de l'autre côté du mur. La dixième fois que
cela se produisit, intrigué, il se mit en tête de faire des
expériences. Il toussa pour la onzième fois. De l'autre
côté du mur, un onzième bruit analogue à celui de la toux
se fit entendre. Il expérimenta de nouveau. Toujours un
bruit quelconque répondait à ceux qu'il émettait de son
côté. Après avoir fait du bruit, il se taisait, il demeurait
immobile. De l'autre côté du mur, il sentait le même
silence s'appesantir. Il faisait de nouveau du bruit. Une
nouvelle réponse sonore se faisait entendre. Il en vint
bientôt à conclure à un système de signaux, à un langage
secret. Se trompait-il? Son imagination lui montait-elle la
tête? Il n'avait jamais remarqué que cette fille fît attention à lui. De son côté, il l'avait tout au plus saluée dans
l'escalier.

Il poursuivit son manège jusque vers les onze heures; toujours le même résultat. Puis, il se mit au travail et
il oublia tout. Le lendemain midi, il croisa la jeune fille
dans l'escalier. Il la salua comme la veille. Elle lui répondit du même signe de tête inattentif. Il en conclut qu'il
s'était trompé.

Le lendemain soir, il était à sa table de travail. Vers
les dix heures, tout à coup, il entendit que cela toussait

dans la chambre de droite. Il toussa. Ça répondit. Il
essaya de se remettre au travail ; mais ses oreilles étaient
tendues malgré lui vers l'autre chambre. Rien à faire.
Plus moyen de travailler. Il finit par sortir. Il rentra à
minuit. Il y avait de la lumière à la fenêtre de sa voisine.
Il ouvrit son placard qui émit un grincement. L'instant
d'après, il entendit le même grincement de l'autre côté.
Agacé, il ne put s'empêcher de s'écrier à haute voix :
« Merde ! ». Et il eut l'impression d'entendre un rire
étouffé de l'autre côté du mur. Puis, il resta un long
moment debout, sans bouger, à écouter. De l'autre côté
du mur, pas un bruit. Il crut sentir que l'autre personne
était debout en face de lui, derrière le mur. Il se désha-
billa, à la fois ému et bourru et se coucha. Un instant
après qu'il eut tourné le commutateur, celui de la chambre de droite se ferma. Il se dit : « Bon, il ne faut plus que
j'écoute, dormons ! » Chaque fois qu'il se tournait dans
son lit, il croyait entendre un mouvement analogue dans
la chambre voisine.

  Une heure s'écoula. Il ne dormait pas. Il entendait
toujours un bruit quelconque lui répondre, au moindre
geste bruyant qu'il accomplissait

  « Je deviens halluciné », se dit-il. Passons à l'attaque,
faisons la preuve. Il se prit à frapper légèrement sur le
mur. Deux coups d'abord. Il crut entendre deux coups
légers de l'autre côté. Et, tout à coup, il comprit que le
mur seul le séparait de sa voisine. Son lit, à lui, était contre le mur. Le lit de l'autre lui sembla exactement paral-
lèle au sien. Il n'y avait donc que ce mur entre lui et la
télégraphiste. Il se mit à l'appeler la télégraphiste. « C'est
le nom qu'elle portera pour moi à l'avenir », décida-t-il.
Le système des deux coups s'étant montré concluant, il y
alla de trois coups et il crut entendre que la preuve par
trois s'accomplissait. Toutefois, tout cela était si léger, si

indistinct, si discret, qu'il demeurait encore dans l'incerti-
tude. C'est le hasard, pensait-il. Il finit par s'endormir. Le
lendemain matin, il s'éveilla, vers les dix heures. Il ne put
s'empêcher de sourire à la pensée de son manège de la
veille. «Que je suis gosse», se dit-il. Il se leva, se lava,
s'habilla et descendit prendre son café au bistro voisin.
Tout à coup, il aperçut, assise à une table, fraîche comme
une rose, le regard absent, sa danseuse. Il lui fit un léger
signe de tête. Elle répondit sagement à ce geste d'amitié,
sans un sourire, sans un froncement de sourcil. Lui, il
s'était senti gêné en sa présence. Elle était si naturelle
qu'il se dit: «Quel idiot je suis! Heureusement qu'elle ne
s'est aperçue de rien!»

Il se mit à observer de plus près sa gamine de voisine. Elle était rudement belle. Ce qui lui plut surtout en
elle, ce fut cet air de mystère qu'il lui découvrit soudain.
Dès qu'un homme découvre du mystère dans une femme,
il est bien menacé d'en être amoureux.

— Ce mystère est d'ailleurs en moi, songea-t-il.
C'est moi et moi seul qui suis responsable de ces pseudo-
signaux. Tout cela est le fruit du hasard, de mon imagination exaltée. Cette calme et sage enfant, au regard distrait,
qui ne m'observe même pas du coin de l'œil, est bien
incapable de fantaisies semblables.

❏

Tout à coup, il se leva. Il avait terminé son café. Juste
au même instant la jeune fille en fit autant. «Diable de
hasard!» se dit-il. Il se sentit gauche et embarrassé. La
jeune fille ne semblait pas avoir remarqué la coïncidence.
Elle s'en allait sagement, le long des quais, sans détourner la tête. Il la suivit du regard. Elle disparut sans s'être
retournée, sans s'être doutée de rien. Il rentra chez lui et

se remit au labeur. Il venait à peine de reprendre contact
avec son atmosphère, après une heure de travail pénible,
qu'il entendit la porte voisine s'ouvrir. La jeune fille rentrait. «Je ne vais pas faire l'idiot de nouveau», se dit-il.
Et il tenta de se concentrer. Pourtant, rien n'y fit. Son
oreille demeurait attentive au moindre bruit qui se produisait de l'autre côté du mur. Le jour, c'était plus difficile. Il
tendait l'oreille davantage. Ça devenait de l'hallucination.
Le bourdonnement monotone de la grande ville, avec ses
éclats brusques, ses vrombissements de moteurs, ne
l'empêchait pas de fouiller avec ardeur, d'une oreille
anxieuse, le secret de la chambre voisine. Il lui semblait,
à certains moments, qu'on cherchait à attirer son attention. Il se mit à répondre, toujours discrètement. Il y alla
de trois coups de pipe sur son bureau. Il entendit distinc-
tement trois coups à peu près identiques de l'autre côté
du mur. Il répéta l'expérience deux fois, trois fois. Toujours le même résultat.

À la fin, exaspéré, troublé, il prit son chapeau et sortit. Il se prit à arpenter lentement le trottoir, en direction
de la Seine. Tout à coup, il se retourna brusquement, pour
être bien en face de la fenêtre de celle qu'il commençait
de considérer comme une complice. Avait-elle tout
prévu? Elle était en effet à la fenêtre; mais elle regardait
si loin de lui, par-delà la Seine, vers des horizons vagues,
qu'il fut convaincu qu'elle n'avait même pas remarqué
son geste. Il affecta de considérer attentivement les hautes
et vieilles maisons de la rue; puis il repartit les mains
dans les poches, à la fois furieux et énervé.

❏

— Mais enfin, est-ce que je vais devenir amoureux
de cette fille? J'étais si heureux d'être seul. Voilà que je

ne puis être en paix chez moi, dès qu'elle est de l'autre côté du mur.

Le soir venu, il rentra chez lui comme d'habitude; la danseuse travaillait ce soir-là. Elle travailla sans relâche pendant plus d'une semaine. Il retrouva sa solitude et le sommeil. La jeune femme lui parut rentrer vers les deux heures du matin. Il ne remarqua plus rien. «Bon. C'est fini. Tant mieux!» se disait Melchior. Toutefois, il ne pouvait s'empêcher de regretter cette curieuse aventure. «Je me serai monté la tête», se répétait-il, quand il venait à repenser à la chose.

Il y avait bien dix jours que tout lui paraissait fini, quand, un soir de relâche au Châtelet, tout recommença. Les bruits se firent entendre plus stridents. «Cette fois, se dit-il, c'est une toux authentique! La pauvre petite doit être enrhumée.» Il répondit consciencieusement à chaque accès de toux; puis, tout à coup, il s'enhardit. «J'ai un excellent sirop. Je vais le lui porter. Je verrai bien quelle tête elle fera.» Il était vers les onze heures. Il se lève, prend la bouteille, sort de sa chambre, frappe chez sa voisine. Une voix étonnée lui répond: «Qui est là?»

— C'est votre voisin.

— Un moment, je m'habille.

L'instant d'après, il était sur les lieux du mystère. Dans sa robe de chambre, l'enfant était longue, mince, pâle, belle à souhait. Elle se tenait d'ailleurs sur le pas de la porte et avait l'air vaguement inquiet.

— Qu'y a-t-il, monsieur?

— Permettez-moi d'entrer un instant. Je suis votre voisin. Vous semblez enrhumée. Je vous apporte un excellent sirop dont je ne me sers plus.

— Ah! Vous êtes le locataire d'à côté. Très heureuse de vous connaître. Vous êtes Monsieur...?

— Melchior, écrivain, mademoiselle. Et vous?

— Rolande Pétillot, danseuse.

— Je sais que vous êtes du Châtelet. Le patron de l'hôtel me l'a dit.

— Je vous remercie de votre sirop. J'ai en effet une toux fort vilaine.

Entre temps elle avait refermé la porte et s'était assise sur le lit, sur ce lit qui était à quelques centimètres de celui de Melchior. Lui, il se tenait debout, sa bouteille à la main.

— Asseyez-vous donc un instant.

— Merci. Moi aussi, je suis souvent enrhumé. Je dois vous déranger beaucoup.

— Oh, non ! Je n'ai jamais entendu le moindre bruit de votre côté. Pour ma part, je m'excuse. J'ai dû vous empêcher de travailler ce soir. Vous êtes écrivain, n'est-ce pas ?

— Oui.

— C'est un beau métier. Écrivez-vous sur la danse ?

— Parfois. J'irai vous voir danser au Châtelet. Mais bonsoir, mademoiselle. Prenez ce sirop et guérissez-vous promptement. Je retourne à mon travail. Excusez-moi de vous avoir dérangée, peut-être.

— Bonsoir et merci. Vous ne m'avez pas dérangée du tout.

❑

Voilà Melchior rendu chez lui. Il ne comprend plus rien. Cette fille a vingt ans à peine. Elle est simple d'allure et semble très franche. Mais alors, ces bruits insolites, ce langage télégraphique qui troublent sa solitude de travailleur, c'est donc pure imagination de sa part ? Il écoute. Il n'entend rien. Il tente l'épreuve par trois. « Pan ! Pan ! Pan ! » De l'autre côté du mur, il a l'impression comme d'une cuiller qui frappe sur un verre. «Ding! Ding! Ding!» Il répète l'expérience. Puis, brusquement, il revient à deux coups. Il va à quatre, à cinq. Toujours la même réponse. La preuve par deux, par quatre, par cinq. «Mais, elle en a du culot cette gosse. Ne m'a-t-elle pas dit, il y a un instant, qu'elle n'avait jamais entendu le moindre bruit de mon côté? Elle disait ça avec une tranquillité, une assurance. Et toujours ce regard franc, ce regard d'innocence. J'y perds mon latin.»

«Il faut que j'en aie le cœur net dès demain», se jure-t-il. Le lendemain matin, il s'arrangea pour descendre quelques instants après la danseuse. Il la vit s'acheminer vers le même bistro que d'habitude. C'était ce qu'il espérait. Il la suivit et il alla résolument à la table où elle s'installait.

— Mademoiselle, vous permettez que nous prenions le petit déjeuner ensemble?

— Volontiers, monsieur Melchior.

— Et ce rhume?

— Il va beaucoup mieux. Vous avez dû remarquer que je n'ai presque plus toussé.

— En effet, fit Melchior, en rougissant légèrement. J'espère que vous ne vous êtes pas privée de tousser pour ne pas me déranger, n'est-ce pas? J'adore qu'on tousse.

Il s'était efforcé de mettre beaucoup de naturel dans le ton avec lequel il débitait cette niaiserie.

— Ah! vraiment. Alors, pourquoi m'avez-vous apporté du sirop?

— Pour vous entendre tousser de plus près.

— Voilà une galanterie digne des Précieuses!

Plus Melchior s'efforçait de pénétrer le mystère de sa vie, plus elle devenait impénétrable. Il tenta à plusieurs reprises, au cours de la conversation, de faire des allusions, d'ailleurs fort voilées, à leur intimité sans parole, elle ne comprit décidément rien.

Soudain, il eut l'impression qu'elle lui faisait du pied. Il retira son pied, avec d'infinies précautions. Un instant plus tard, la conversation se continuant, il sentit qu'il lui faisait du genou. Il ne s'excusa pas. Elle ne bougea pas. Peu à peu, oh! imperceptiblement, il accentua la pression. Elle répondait: c'était à ne pas y croire. À ce moment en effet, ils échangeaient fort calmement des propos dans le genre de ceux-ci:

— «Le Châtelet est un bien grand théâtre. Il est fort vieux, mais si pittoresque. Sans doute le Sarah-Bernhardt est beaucoup plus joli; mais le Châtelet, ça comporte un passé, etc.»

Ils finirent par terminer leur café. Melchior s'en alla travailler. La belle resta sur place. Elle n'avait pas cessé un instant d'être calme, rieuse. Elle affichait une parfaite maîtrise d'elle-même. Sa figure ne trahissait aucun indice de quelque connivence que ce soit. Seuls ses genoux et son pied semblaient s'exprimer; mais Melchior n'osait pas croire à ce qui lui arrivait. Cette forme de coquetterie, à laquelle il refusait encore de se rendre, lui paraissait tellement subtile, habile, transcendante quoi, qu'il était piqué au vif. Il faut que je conquière cette belle impudente, se dit-il.

Plus il réfléchissait d'ailleurs, plus il se perdait en conjectures.

«Tout cela, se répétait-il, est de l'imagination exaltée. Je deviens fou, il n'y a pas à dire.»

❏

Le manège dura quinze jours. Le soir, Melchior correspondait par la voie des ondes sonores, avec sa belle voisine. Le matin, il lui faisait du pied et du genou au bistro, tout en parlant de choses indifférentes. Il la taquinait gentiment, lui faisait les compliments d'usage auxquels elle répondait avec un sourire particulièrement naturel. Il avait complètement perdu le goût de la solitude. Il ne travaillait plus guère chez lui. Sa chambre solitaire était sans cesse hantée par une ombre... sonore.

❏

Un soir, il invita sa voisine à dîner. Ils allèrent à la Grenouille. C'est un restaurant où il y a beaucoup de monde et une atmosphère spéciale. Ils attendaient leur tour en causant. Elle était tout près de lui. Il eut l'impression bien nette qu'elle lui faisait de l'épaule. En effet, elle s'appuyait pratiquement sur lui. Il tenta de lui prendre la main. Elle la retira négligemment. Il se dit que c'était ou par hasard, ou parce qu'elle ne voulait pas de cette intimité. Il n'insista pas.

Ils s'attablèrent. Après le troisième verre de vin blanc, un peu gris lui-même et voyant sa compagne plus expansive que d'habitude, il risqua cette phrase qui pouvait tout gâter:

— Avez-vous l'impression qu'il se passe quelque chose entre nous? Je m'exprime mal, reprit-il, avez-vous conscience d'une forme ou d'une autre de connivence entre nous?

La jeune fille parut interloquée. Melchior eut l'impression de s'être adressé à elle en chinois. Elle ouvrit deux grands yeux étonnés et lui dit:

— Je ne comprends pas du tout à quoi vous pouvez faire allusion. Je suis une petite fille qu'il vous plaît de faire bavarder. Vous êtes un homme mûr qui s'ennuie peut-être un peu. Nous sommes de bons copains.

— Mais enfin, le soir, dans ma chambre, j'ai parfois l'impression...

— Vous avez l'impression de quoi?

— Du diable, si je le sais…

À ce moment précis, elle lui faisait du genou, la garce. Elle venait justement de recommencer à lui faire du genou. Il s'entendit dire :

— Je donne ma langue au chat.

Ils parlèrent d'autre chose et se firent du genou toute la soirée.

❏

De guerre lasse, amoureux fou, voyant que sa partenaire se refusait décidément à comprendre quoi que ce soit sur le plan des choses avouées, alors que l'inavouable se poursuivait de plus belle, Melchior se décida à la demander en mariage.

— Oui, répondit-elle, après un instant de réflexion. Pourquoi à ce moment-là s'était-elle détournée ? Est-ce un sourire de triomphe que Melchior avait cru découvrir sur ses lèvres ? Tout cela demeura confus.

Six mois plus tard, ils s'épousaient. Ce fut la fin d'une belle carrière de solitaire. Maintenant qu'ils cohabitaient, ils ne se faisaient plus de signaux. Le mari se sentait tout au plus gêné, lorsque par hasard il toussait devant sa femme. Une fois ou l'autre, il l'avait regardée en souriant à ces moments-là. Elle n'avait pas bronché. Elle ne comprenait évidemment pas, ou elle avait oublié. Pour sa part, il s'accommodait fort agréablement de sa nouvelle vie. Ils étaient très amoureux l'un de l'autre. Jamais il ne saurait au juste à quoi s'en tenir sur l'affaire des signaux. D'ailleurs, il ne s'en préoccupait plus. Il avait renoncé à comprendre les mystères. Au nombre des plus profonds, il plaçait l'âme de la femme.

(Jérémie et Barabbas)

Félix Leclerc

Félix Leclerc (1914-1988) est né à La Tuque. Après des études classiques à Ottawa, il devient annonceur de radio à Québec d'abord, ensuite à Trois-Rivières. Poète, conteur, fabuliste, dramaturge. Il chante une de ses chansons en 1939 à Radio-Canada. Ce sera le commencement d'une longue carrière comme chansonnier mais aussi comme écrivain.

Adagio (contes), Éditions Fides, Montréal, 1943.

Allégro (fables), Éditions Fides, Montréal, 1944.

Andante (poèmes), Éditions Fides, Montréal, 1944.

Pieds nus dans l'aube (roman), Éditions Fides, Montréal, 1947.

Moi mes souliers (*Journal d'un lièvre à deux pattes*), Amiot-Dumont, Paris, 1955.

Le fou de l'île (roman), Éditions Denoël, Paris, 1958.

Le hamac dans les voiles (contes), Éditions Fides, Montréal, 1959.

Théâtre de village, Éditions Fides, Montréal, 1960.

Chansons pour tes yeux, Éditions Robert Laffont, Paris, 1968.

Cent chansons, Éditions Fides, Montréal, 1970.

Carcajou ou le diable des bois (roman), Éditions du Jour/Éditions Robert Laffont, Montréal, Paris, 1973.

Mes fils (chansons), Mont Saint-Hilaire, 1981.

Le choix de Félix Leclerc dans l'œuvre de Félix Leclerc, Les Presses laurentiennes, Notre-Dame-des-Laurentides, 1983.

Le hamac dans les voiles

Le Ruisseau-à-Rebours, vagabond ruisseau froid,
commençait dans les monts, sous les grands pins velus
où sont les caches d'ours.

En jouant, pirouettant, culbutant sur lui-même,
il dégringolait de vallon en vallon,
arrivait au village en éclatant de rire
sur un lit de cailloux.

Il jasait sous le pont, se sauvait au rapide,
léchait quelques perrons, frôlait les deux quais rouges
et rejoignait la mer.

❏

À marée basse, l'océan le buvait ; à marée haute, elle
le vomissait.

Comme bien d'autres ruisseaux, son lit était de poussière de roche, ses bords de mousse verte, et son plafond
de grands jeux de soleil.

Les femmes l'appelaient lavoir ; les hommes, puits.

C'était le bain des filles, le boulevard des libellules,
le fleuve des feuilles mortes et, à cause de son agitation,
de sa vie, de son clair mouvement, le désennui de ceux
qui n'allaient pas au large.

Sous les petites baies d'écume circulaient des truites de la couleur du fond, que les enfants taquinaient le soir à la brunante avec des lignes à bouchons.

Le village portait le nom de ce gamin de ruisseau: À Rebours.

Un village de pêcheurs, aéré comme une barge, doux comme un temps doux, si tranquille que l'unique gendarme, oisif tout le long de l'année, s'y ennuyait à mourir, et que l'herbe poussait dans l'allée des pompiers.

Un village où l'on imagine mal la guerre, où les chevaux marchaient autant à gauche qu'à droite dans les ruelles zigzagantes.

Un village où des mots savoureux comme «beausir», «calmir», «barachois», «nordir», étaient de mode; où l'on disait: «un poisson navigue», «espérez-moi», «la douceur» pour le sucre, où les hommes vêtus comme les paysans se tenaient unis par les trous de misère et l'espérance; où l'on se méfiait des promesses qui passent comme des courants d'air.

Là, les hommes se fiaient à eux-mêmes, n'achetaient presque rien et se fabriquaient tout, jusqu'aux clous de bois. Ils aiguisaient leurs hameçons sur les pierres de la grève et se lavaient les mains dans le sable.

Le soleil du Ruisseau-à-Rebours sortait de la mer le matin et se couchait le soir dans les nids d'albatros.

Les maisons couleur d'espace, quelques-unes ramassées sur les buttes ou appuyées aux roches, d'autres debout au milieu des vallées, face et corps au vent, semblaient ne jamais se perdre de vue, comme des sœurs. Elles étaient séparées par des morceaux de jardins, des clôtures chargées de filets humides, des vigneaux (lits de broche où sèche la morue), par des carcasses de barges, la proue en l'air, le flanc pourri, sombrées dans la vieillesse.

C'est au bord de ce village, dans la maison voisine du phare, qu'est venue au monde Thalia l'amoureuse, la fille de Nérée, plus belle que le matin, forte, droite, têtue, hâlée par le nordais, taillée dans la lumière, fraîche comme la fleur et plus gracieuse qu'elle, qui dès l'âge de quinze ans, d'un seul coup de cheveux, d'un glissement de l'œil, faisait tourner les têtes et se mordre le cœur, les garçons et les hommes.

Voici ce qu'on dit d'elle au Ruisseau-à-Rebours, quand les pêcheurs au large, bien ancrés entre les deux abîmes, chacun derrière sa boîte, les lignes descendues, se décident à parler. Quand le soir sur les grèves, les anciens se promènent pour oublier l'époque où ils manquaient de pain, ils pensent à Thalia. Quand les femmes se bercent, se taisent et se rappellent, en taillant des manigots pour leurs hommes...

Elle avait passé son enfance, son adolescence et sa jeunesse dans la barge de son père Nérée, qui portait le nom de sa mère : *Fabie*.

La barge de Nérée pouvait accommoder un équipage de huit hommes. Huit pêcheurs avec Nérée étaient à l'aise sur la *Fabie*.

Ronde, bien bâtie, tête baissée, dos aplati, flanc bien offert aux souffles, combien de fois les pêcheurs l'avaient vue s'éloigner par là-bas vers Anticoste.

Elle savait tirer des bordées, danser, plonger, nager et surtout, comme une poitrine, savait bercer Thalia, sa dompteuse.

Nérée était un vieux pêcheur qui aimait les chansons, les histoires, les rimes, un des seuls qui, l'hiver, prenait un livre pour lire, comprenait la musique, les sermons du curé, écoutait la débâcle, les rapides, les pluies, comme des voix d'ancêtres qui lui dictaient la vie. Pour sa fille il rêvait... C'était un ouvrier qui lançait des vagues de soleil au ciel, pour s'amuser; comme la mer souffle des paquets de chimères sur les quais.

Dans les longues patrouilles de silence sur la houle, il avait trop rêvé. Il croyait que les princes habitaient dans les îles, s'informaient aux pétrels où étaient les beautés.

C'était un faiseur de barges aussi, qui savait jouer du compas, du marteau, de la scie, du pied de roi, de la hache et de l'équerre. Sur son établi il composait des coques, rabotait le cèdre vert et parmi les copeaux surgissait une quille, une proue, un mât. Des barres au crayon rouge, des coins bien arrondis, des bons coups de varlope, du lissage où il glissait la paume de sa main, du frottage au sablé, des fioritures parfois qu'il gossait au canif quand l'ouvrage lui plaisait, voilà qui était Nérée, le faiseur de barges.

— Hop là, montons ! criait-il à Thalia lorsqu'elle était gamine.

Et Thalia grimpait sur le dos de son père, traversait le quai, envoyait des sourires, saluait les hommes qui lui tiraient les tresses et lui pinçaient les jambes, entrait sur la *Fabie*, aidait l'équipage à démêler les crocs, à trancher le hareng, à hisser les voiles. Les hommes en étaient fous.

Léonidas, le jeune en chandail, à la barre, le meilleur pêcheur de la côte, aux yeux couleur de tabac, au cou bien attaché sur de fortes épaules, l'assoyait près de lui, lui prêtait son ciré, l'appelait capitaine. Et Thalia, muette, les narines ouvertes et l'œil dans l'infini pointait vers Anticoste où, au dire de son père, habitaient des pêcheurs riches, avec des barges blanches, des filets de lin et des câbles de soie, où les gerbes d'eau lançaient des perles de mer.

Léonidas savait, mais espérait quand même, et sentait ses chagrins s'écraser, se vider comme des éponges, quand Thalia la belle jetait les yeux sur lui.

« Marche, vogue ma barge, nous arrivons, nous arrivons.
Tout à l'heure dans les vagues tu te reposeras.
La pêche sera forte et si gros les poissons
qu'il faudra les suspendre au faîte du grand mât. »

Ainsi chantait Nérée, le faiseur de barges et de rimes,
tandis que la *Fabie* voguait vers Anticoste.

Ils approchèrent de la fameuse île. En riant, Nérée
passa les jumelles à Thalia et lui dit :

— Regarde.

Elle vit des barges blanches et des pêcheurs habiles,
coiffés de mouchoirs rouges, dans des câbles de soie.

Léonidas aussi regarda vers l'île, puis il baissa les
yeux, vaincu. Thalia souriait, les narines battantes.

— Hop là, montons !

Mais Thalia, pour la première fois de sa vie, au lieu
de grimper sur le dos de son père, n'avait pas bougé et
avait rougi. Lui, s'était retourné. Thalia était une jeune
fille que le printemps ouvrait.

Elle allait seule maintenant, les cheveux en chignon,
les coudes sur le corps, sans courir comme avant.

Sur le quai, les hommes à son passage mettaient le
doigt à leur casquette en reculant.

Quand il n'y avait pas de pêche, les soirs d'étoiles, la
Fabie ancrée seule dans la baie, s'agitait, clapotait, appelait. Thalia furtivement, par le sentier du pic, répondait à
l'appel, se glissait vers la grève, sautait dans une chaloupe et venait.

Sur le dos de la nuit, dans d'imaginaires voyages,
maintes fois la *Fabie* emporta sa maîtresse.

En mer cette année-là, Léonidas le jeune était distrait. Il manquait ses poissons, lançait mal sa pesée, soupirait aux nuages, mêlait les hameçons. Les hommes de
l'équipage se moquaient de lui.

À un retour de pêche, un midi, Nérée vit le jeune homme couché sur le ponton, la face dans son coude, qui pleurait.

Le même soir, rendu à terre, Nérée avait dit à Thalia :

— Tu ne viendras plus en mer.

— Je mourrai ! répondit-elle. Maintenant il est trop tard !

Mais le bonhomme fit à sa tête et partit sans Thalia.

C'était un lundi, quatre heures du soir. Cent barges et plus s'apprêtaient à s'éloigner. La mer était houleuse, trépidante, l'air rempli d'iode et de sel.

Quand Nérée sauta sur la *Fabie*, tout l'équipage lui tourna le dos.

Alphée, son vieux voisin, lui demanda :

— Et Thalia ?

— Elle ne viendra plus, répondit Nérée.

— Pourquoi ?

— C'est une femme maintenant, fit le père en poussant sur l'homme avec ses yeux en colère.

Alphée ne répliqua point. Il s'en fut dans la direction de Léonidas, où étaient les hommes et dit à voix haute :

— S'il n'y avait pas d'enfants dans la barge, Thalia serait avec nous.

Léonidas avait bougé l'ancre avec son pied, mais il s'était retenu.

— Je ne suis plus un enfant, prononça-t-il calmement, et je suis prêt à le montrer à qui veut bien l'apprendre.

Alphée haussa les épaules et marmotta :

— J'espère qu'il ne nous arrivera pas malheur. Elle protégeait la barge.

Le départ se fit.

De sa fenêtre, Thalia les vit s'éloigner : cent barges, toutes voiles ouvertes, une à la suite de l'autre comme des mouettes, là-bas vers Anticoste, où les pêcheurs sont riches, les goélettes blanches et les câbles en soie.

Le soir fut mauvais. La nuit fut pire encore. Une tempête s'éleva. Plusieurs barges retournèrent dès la première barre du jour.

La *Fabie* rentra le surlendemain avec une maigre pêche et une voile déchirée.

En route Alphée avait dit à Nérée:

— Thalia nous portait chance. Pourquoi ne pas l'amener?

— Elle est trop belle pour des morutiers comme vous autres, elle n'épousera pas Léonidas. Je la garde pour un pêcheur d'Anticoste. Je la cacherai.

Voilà quelle était la folie de Nérée. Il disait à Léonidas:

— Voyons, réfléchis. Tu es un homme de semaine et c'est un homme de dimanche qu'il faut à Thalia, tu le sais. Quand elle passe dans les mouillures du jardin, les fleurs se courbent!

Il rêvait et rimait pendant que sa fille, Thalia l'amoureuse, se languissait, pendant que l'équipage s'ennuyait au large. Décidément elle avait jeté un sort sur la *Fabie*, la pêche restait petite.

— Bâtis-lui un hamac dans les voiles, si tu ne veux pas que nous la regardions, ta fille! avait crié Alphée un soir de colère, alors que la pêche ne venait point. Il nous la faut ici dans la *Fabie*, entends-tu, Nérée?

Un hamac dans les voiles!

Léonidas avait levé les yeux et tout de suite entre les deux mâts, il avait vu en esprit se balancer dans les haubans un gros hamac en toile grise, avec des glands verts qui pendaient à la tête.

Nérée s'était mis à rire en traitant ses hommes de fous! Mais le hamac dans les voiles lui hanta le cerveau.

Et un jour…

Nérée, le faiseur de barges, grimpa un matin dans les cordages et suspendit le hamac en toile grise.

Plusieurs curieux vinrent examiner le rêve. Le bonhomme disait aux gens :

— C'est pour l'observation, la vigie. On a vu des animaux étrangers au large. Thalia sera l'étoile. Thalia nous guidera.

Et Thalia l'amoureuse, la poitrine oppressée par la joie, entra sur la *Fabie*, regarda sa prison qui se balançait dans le ciel et y grimpa comme vers la liberté.

L'équipage s'habitua à ne la voir qu'aux repas.

Les hommes reprirent leur gaieté, Nérée ses rimes et Léonidas qui était surveillé, pêchait du côté de l'ombre, pour observer à fleur d'eau le hamac avec sa tête de sirène que la vague essayait d'engloutir.

Le soir, à la dernière barre du jour, quand l'équipage tendait le filet pour prendre le hareng et se laissait dériver, Léonidas sifflait à la lune et, vers minuit, il tirait les filets. Les poissons d'argent étaient pris par les nageoires dans les mailles d'argent. Léonidas avait les mains pleines d'argent. En regardant le firmament, il criait pour que tous le comprennent :

— Je suis plus riche que ceux d'Anticoste.

Et Nérée répliquait :

— C'est de l'eau phosphorescente, eux, c'est de l'or solide.

Et rien ne venait des voiles. On eût dit que le hamac était vide, que Thalia s'était envolée par une trouée de nuages, avec les goélands à fale jaune.

Un matin que Nérée dormait, Léonidas grimpa dans les cordages. Il voulait savoir s'il était aimé.

Alphée cria :

— Descends !

Thalia, la tête hors du hamac, murmura :

— Monte !

Nérée se réveilla en sursaut, regarda en l'air et aperçut Léonidas qui approchait du hamac.

Il prit une gaffe et, en criant de toutes ses forces, coupa les cordages.

Comme un grand oiseau gris, le hamac tomba lentement, tournoya, et des gerbes d'eau pleines de perles se mirent à hurler.

❑

Aujourd'hui Nérée ne vogue plus depuis longtemps.

La *Fabie* pourrit sur la grève parmi le varech brun, les raisins noirs, les étoiles roses, les crabes roux, les crapauds et les vomissures de la mer. Des cailloux verts roulent près de son flanc et parlent comme des voix.

Tous les jeunes de la côte savent la légende de Thalia l'amoureuse et jamais, depuis ce temps, ils n'amènent les filles en mer. Mais plus d'un garçon pêche du côté de l'ombre, pour voir un hamac à la surface, entre les voiles.

Personne ne parle d'Anticoste. On évite de regarder de ce côté, où sont les goélettes blanches avec des câbles de soie…

(*Andante*)

Yves Thériault

Yves Thériault (1915-1983) est né à Québec. Études à l'École Notre-Dame-de-Grâce à Montréal et au Mont Saint-Louis. Annonceur à la radio, scripteur, réalisateur; publiciste, cinéaste à l'Office national du film. Boursier du gouvernement français en 1950. Prix de la province de Québec en 1954 avec *Aaron* et en 1958 avec *Agaguk*. Prix France-Canada en 1961. Prix Camille-Roy en 1961. Membre de la Société royale du Canada en 1959. Prix du Gouverneur général en 1959. Prix David en 1979.

Contes pour un homme seul, Montréal, Éditions de l'Arbre, 1944 ; Montréal, Éditions H.M.H., 1965.

La fille laide (roman), Montréal, Éditions Beauchemin, 1950.

Le dompteur d'ours (roman), Montréal, Cercle du Livre de France, 1951.

Aaron (roman), Québec, Institut littéraire du Québec, 1944.

Agaguk (roman), Québec, Institut littéraire du Québec, 1958.

Les commettants de Caridad (roman), Québec, Institut littéraire du Québec, 1961.

Ashini (roman), Montréal, Éditions Fides, 1961.

Le vendeur d'étoiles (contes), Montréal, Éditions Fides, 1961.

Le ru d'Ikoué (roman), Montréal, Éditions Fides, Montréal, 1963.

La rose de pierre (contes), Montréal, Éditions du Jour, 1964.

L'île introuvable (contes), Montréal, Éditions du Jour, 1968.

Mahigan (roman), Montréal, Leméac, 1968.

Tayaout, fils d'Agaguk (roman), Montréal, Éditions de l'Homme, 1969.

Œuvre de chair (récits), Montréal, Éditions Stanké, 1975.

La quête de l'ours (roman), Montréal, Éditions Stanké, 1980.

La femme Anna et autres contes, Montréal, VLB éditeur, 1981.

La fleur qui faisait un son

Quand pour la première fois le Troublé en parla, on se gaussa de lui dans le hameau.

Tant que l'idée semblait étrange, et pas du tout de celles qui sont les vraies idées, propres à croire.

Mais on se dit que c'était le Troublé, et que l'idée ne valait que ça.

Puis les nuits vinrent qui étaient les nuits de pêche, les nuits longues et bleues, avec toutes les étoiles et le chant doux qui monte du fond de la mer, alors on oublia bien que le Troublé avait ouï le son d'une fleur.

Mais lui ne l'oublia pas.

Il retrouva Daumier qui se fit sérieux pour l'entendre.

Daumier-le-Plaisant qui a le rire facile, mais qui souvent s'attarde aux dires du Troublé.

— Je te dis moi que c'était bien le son de la fleur. Elle s'était penchée vers le soleil, et je l'ai entendue qui gémissait d'aise.

— Comment faisait-elle le son ? demanda Daumier.

— En long, comme une complainte, mais pas comme nos chants à nous. Plutôt comme les soirs d'automne, les soirs de vent, quand les petits vents crient entre la voix des grands. Un drôle de son. Moi je n'en connais point de pareil.

Daumier ne rit pas, lui pourtant si prêt au plaisir.

Il ne rit pas encore le lendemain quand le Troublé courut au village, chercha Daumier et lui dit :

— Elle a fait le son encore, ce matin.

Daumier vit bien que l'extase était sur le visage du Troublé, et il se dit que ce devait être bien beau son qui ainsi puisse faire jouir l'homme.

— C'est le chant d'une grande flûte de roseau. Et quand il fait, c'est comme si le dedans de mes os fondait. Et il me semble que je ne suis plus ici, aux temps d'aujourd'hui, mais bien loin en arrière, dans d'autres mondes, plus loin en arrière que mon grand-père, et que son grand-père à lui. Au commencement de tout.

Daumier voulut bien entendre le son.

— Je suis seul à te croire, les autres se gaussent.

Mais le Troublé fut indulgent.

— Les autres ont la pêche à penser.

— N'empêche que je te dirais d'où vient le son, si je l'entendais.

— Il vient de la fleur.

— Laisse-moi l'entendre.

Daumier et le Troublé restèrent longtemps au-dessus de la fleur.

Parfois Daumier demandait :

— Entends-tu le son ?

Mais le Troublé faisait chut du doigt, et continuait la vigie patiente.

Puis il se releva.

— Elle ne le fait qu'au matin, quand le soleil revient. On dirait que c'est pour l'accueillir. Il faudrait attendre à demain, à l'aube.

C'était une grande fleur jaune sur une tige grêle. De loin elle avait la forme d'une longue femme maigre et sans poitrine. Une de ces femmes à la grande élégance, aux yeux immenses et à la chair ardente.

De près on voyait bien que c'était une simple fleur.

Elle était sur une plate-bande au pied d'une haie, dans le chemin qui mène à la cabane du Troublé.

Le soir, qui était pluvieux et de mauvaise pêche, Daumier voulut dire aux autres, en prenant les rasades qui passent le temps oisif :

— J'ai vu la fleur du Troublé.

Et Lorgneau demanda :

— Celle qui fait un son ?

— Justement celle-là.

Alors on rit si fort dans le cabaret que Daumier dut bien faire comme les autres et se joindre au grand rire.

D'autant plus que le vin enivrant lui rappelait que pour lui, Daumier, la fleur n'avait pas fait le son.

Alors il rit avec tout le monde.

Plus fort que les autres, car il est Daumier-le-Plaisant, qui a le rire facile et du ventre.

Il vint quelquefois à Daumier du remords de ce rire, mais il but et chanta tout de même.

Si bien qu'à l'aube, il ne s'était pas encore couché ; alors il alla vers la Grand'Courbe.

Passé la Sablière, justement là où était la fleur.

Il voulait être seul, et y être à l'aube, pour entendre le son.

Il avait vu ce qui était sur le visage du Troublé. C'était grande aise et jouissance. Et si le son faisait ainsi jouir le Troublé, que serait-ce donc pour Daumier, qui n'est pas un pauvre déséquilibré !

Longtemps, penché sur la fleur, il écouta. Tout au long de l'aurore, pendant que le ciel se changeait ses couleurs, passait du gris au rose, puis au rose mêlé de bleu, puis au grand bleu plein de soleil d'un matin clair.

La fleur suivit le jour. Elle partit de son point de sommeil, vers le couchant, et oscilla lentement vers le levant, d'où jaillirait le soleil.

Puis le soleil vint, et la fleur frémit.

Daumier se dit que ce serait le chant alors, et il se tendit les nerfs, à écouter.

Mais la fleur se gava de soleil et se tut.

Juste à ce moment déboucha du sentier le Troublé qui venait au son.

— Qu'est-ce que tu fais ici, Daumier ?

— J'épie pour le son.

— Et il est venu ?

— Non, il n'est pas venu.

Le Troublé regardait la fleur, d'un air songeur. Et il regardait aussi Daumier, parfois.

Dans le matin qui en était un bien clair, tout rempli de soleil, il y avait le grand silence bruyant de la mer et des champs, et des choses qui font le bruit de vivre tout en ne faisant, chacune d'elle, aucun bruit qui compte vraiment.

Rien que du bleu de ciel immense, du vert de plantes et de feuilles, et derrière la dune, invisible, la mer qui fait son souffle de femelle en travail.

Le Troublé ne dit rien longtemps.

Puis il s'assit auprès du Daumier accroupi.

— C'est bien étrange, qu'il dit...

... comment fait la vie. Moi je ne sais rien des choses qui sont ton plaisir. Et voilà que j'aime bien cette fleur. Et ça me fait du drôle ici...

Il montrait le ventre, le bas de l'estomac, le milieu du corps.

— C'est du drôle que je ne comprends pas. J'aime la fleur, et je voudrais...

— Tu voudrais quoi ?...

Le Troublé ne continua pas, il fit seulement le geste de vouloir tenir entre ses doigts, étouffer, briser.

Puis il partit en courant vers sa cabane.

Et chose que Daumier entendit sans le croire d'abord, la fleur fit le son. Un long son triste, comme une plainte, comme si elle ne voulait pas que le Troublé s'en aille.

Et Daumier aussi courut, mais dans l'autre direction, pour fuir le son et la fleur, et le Troublé qui charmait les plantes.

Le soir, au hameau, vint le Troublé.

Bien triste, les yeux hagards.

Il rejoignit Daumier.

— Dis, Daumier, toi qui sais tout…

(Mais le Daumier faisait non de la tête, car il ne savait pas tout. Savait-il pourquoi la fleur faisait un son et aimait le Troublé, il semble ?)

— … Dis-moi pourquoi j'ai mal ici quand j'aime, et que je veux serrer, ou briser, avec mes mains ?

Daumier ne dit rien.

— Tu ne le sais pas ?

— Fiche-moi la paix.

Le Troublé fut marri, et s'en retourna.

À Lorgneau, Daumier dit :

— La fleur du Troublé fait bien un son, je l'ai entendu.

— Tu dis ça comme si c'était chose de mort. C'est le son qui te fait ça ?

Et Lorgneau riait en dessous.

— Non, c'est pas le son. Il est plus beau que tous les autres sons, même ceux que fait Théobald qui joue le violon les soirs de veillée.

— Plus beau ?

(Car Lorgneau est grand danseur, et aime bien le violon, vous pouvez me croire.)

— Bien plus beau.

— Rien que ça !

Lorgneau souriait.

Après tout, bonnes gens, il fallait l'avoir entendu, ce son, pour savoir sa beauté. Hors le Troublé, seul Daumier l'avait entendu.

— Tout de même, si le son est beau, tu fais visage long, Daumier.

— Oui, je fais visage long. Je pense au Troublé.

Daumier raconta à Lorgneau que la fleur avait fait le son triste quand le Troublé était parti. Il lui dit aussi que le Troublé voulait serrer, et briser, quand il ressentait le mal d'amour.

— Bien sûr, et c'est normal. On aime en serrant.

Et il faisait le geste d'aimer comme aimerait Lorgneau-la-Brute.

En répétant à chaque mouvement du corps, et à chaque serrement de bras.

— Tu vois, c'est serrant.

Et il riait.

Daumier l'arrêta d'un geste.

— Tu ne comprends pas. C'est pas des bras, c'est pas comme ça. C'est avec les mains, pour briser, pour étouffer, pour tuer.

Lorgneau comprit enfin.

— Ah, il fallait le dire. Pour tuer... C'est plus grave. Ça pourrait mener loin.

— Ça pourrait mener loin.

Daumier cracha par terre et dans la poussière cela fit comme un petit tas gélatineux qu'il écrasa du pied.

— J'ai de l'amitié pour le pauvre, et cela m'inquiète qu'il soit ainsi. Et puis, il y a la fleur, et le son.

Mais Lorgneau avait cessé de s'intéresser. Il compatit encore un peu, pour la forme, mais en ajoutant qu'il a bien assez de ses misères sans encore prendre parti pour les misères du Troublé.

Et comme ça tant que Daumier, bien dégoûté de l'égoïsme, s'en alla.

Le lendemain, vers midi, il y eut grand bruit dans le hameau, car le Troublé venait sur le chemin, en criant.

Daumier sortit, et vit que le Troublé tenait d'une main ce qui restait de la fleur aux beaux sons, et que de l'autre il arrachait toutes les fleurs le long de la route, en hurlant des mots que seul Daumier comprenait, car le Troublé disait :

— Il faut que je tue ce que j'aime…

À chaque respiration, une fois après l'autre, toujours la même chose. Daumier fut bien chagrin, et rentra chez lui la gorge serrée.

(*Contes pour un homme seul*)

Le fichu de laine

Il avait trois fois son âge et jaloux il était. Mais au fait, que pouvait-il lui reprocher à cette fille brune et sage qu'il avait épousée un beau matin de mai ?

Ambroise Robichaud disait :

—Mes vieux os ! Mais aussi vite il ajoutait :

—Ils ont encore du bon...

Et il se claquait la main droite sur le biceps gauche.

—Les os, c'est moins important que les muscles. À soixante-deux ans, j'vaux une trollée de jeunes !

Personne ne riait plus, désormais, quand le vieux répétait sa tirade.

—J'en défie dix de venir me tenir tête sur les bancs du Labrador, en octobre, quand ça souffle la vague haut par-dessus le mât et que la morue vient dru comme du hareng !

Personne ne riait plus. Auparavant, oui. C'était avant son mariage— le troisième pour lui, qui avait enterré deux femmes en trente ans— et bien avant la Micheline Bourdages. On pouvait étriver le vieux quand il n'était que veuf. Puis veuf en fréquentations, on le poussailla un peu, deci delà, les plus hardis s'aventurant. Mais quand on le vit si hargneux de la chose, ce fut autrement.

— C'est mon affaire, si je veux marier une fille capable de m'accoter, hein? C'est le plus fort qui est champion. Si les jeunes osent pas marier la fille à Bourdages, mois j'ai pas peur.

Pourquoi rire, c'était plutôt triste! Et si la Micheline Bourdages consentait et son père et sa mère par-dessus le marché, qui pouvait trouver à redire?

Bien sûr, à la veillée, en toute discrétion dans une cuisine, ou chez le barbier Chapados, un mot ici, une raillerie là... Mais puisque tout cela s'arrangeait sans obstacles!

— C'est un bon homme, Ambroise Robichaud, disait Bourdages. Ma Micheline pourrait faire pire.

Pourvu qu'on en veuille, du reste. Elle n'était pas laide, c'est acquis, jeune aussi, à peine vingt ans. Mais qui va épouser une fille maigre?

— Les côtes tout de suite, raillait Luc Chapados, le plus vieux du barbier. On voit à travers dans le soleil. Moi, ça me découragerait avant de commencer.

Quand Ambroise Robichaud parlait d'une fille «capable de l'accoter», c'était possiblement pour d'autres motifs. Peut-être en questions d'argent. Bourdages mettait lourd sur la tête de sa fille. Il en exigeait autant d'un prétendant. Et Ambroise Robichaud a un chalutier, cinq hommes à bord, et des bonnes pêches six ou sept mois l'an. Au dur de l'hiver, il mène vingt-cinq hommes au bois, pour Arbison, de Chandler. C'est une vaillance qui rapporte.

— J'en défie dix jeunes!...

C'était certes autant l'argent que la force. D'une façon ou de l'autre. Pour maigre qu'elle est, c'est connu que la fille Bourdages abat de dures journées. C'est elle qui entretient le gros de la maison, qui sert au comptoir du restaurant tous les soirs, et qui assiste, aux rares temps libres, à deux réunions du Cercle des Fermières chaque semaine. Elle tisse même au métier... Maigre, oui, mais capable.

Argent, endurance, le souci de continuation. Ambroise Robichaud ne veut pas se croire stérile, et pourtant il a misé sur deux femmes. La troisième lui fera-t-elle un fils ?

Ils se sont épousés un matin de mai, sans fatras, sans noce. Ils sont partis tout de suite pour Sainte-Anne de Beaupré. De Newport à Québec, c'est un voyage de noces qui en vaut la peine. Micheline Bourdages n'y est jamais allée. Le plus loin, ce fut Rimouski, et pour une journée seulement. Elle connaît Chandler, c'est entendu, et puis Gaspé. Au temps des Assises, Adhémar «Pitou» Bourdages ne manquait aucun procès. Il amenait sa fille, qui en profitait pour courir les magasins, inlassablement. D'aller ensuite jusqu'au grand Québec, puis par l'autobus jusqu'à Sainte-Anne, elle n'en aurait jamais tant espéré.

— J'suis généreux, moi, dit Ambroise. Je regarde pas à la dépense quand c'est payé de retour.

Il clignait de l'œil, il souriait d'un air entendu et Micheline souriait à son tour, mais mystérieusement, secrètement, sans que son regard ne cèle rien de neuf. Même pas un éclair. Et d'ailleurs, pourquoi ?

Malgré la maigreur — élégante chez les citadines, à faire loucher les messieurs bien — elle n'a pas une vilaine peau, ni une vilaine bouche. C'est une grande fille longue, mais qui porte bien, qui marche droit. Ses yeux sont profonds et sombres. Elle sait sourire, un peu en coin. Parfois, des hommes de la ville se sont attardés deux heures durant au comptoir du restaurant, pour tenter une demi-conquête, ou plus encore. Elle n'a jamais dit oui, ou non. Elle regarde les gens de cet air toujours égal, presque impassible.

Au demeurant, un volcan intérieur. Mais qui le saura?

Ambroise?

Il est petit, maigre aussi, le visage anguleux. Ce n'est pas un homme laid. Il a la peau mangée par le sel et le soleil. Il marche d'un pas souple, rapide, qui force la grande Micheline à se hâter à ses côtés, toute grande qu'elle soit et de longue enjambée. Il n'a pas encore les cheveux blancs, mais seulement grisonnants aux tempes et le reste est du même noir jais qui a séduit deux femmes avant Micheline Bourdages.

Mais, a-t-il séduit Micheline Bourdages?

On s'est bien demandé, tout au long de la baie des Chaleurs, pourquoi une fille de vingt ans épousait un homme de quarante ans son aîné. D'aucuns parlèrent de l'argent d'Ambroise, de son beau chalutier de quarante mille dollars, de son contrat de pêche qui pourrait bien se continuer après la mort. Micheline a une tête à chiffres, on le sait pour la voir agir au restaurant, transiger sans jamais sourciller, le jugement sûr, la parole péremptoire. L'argent du vieux?

Mais si ce n'est pas l'argent, alors quoi?

À vrai dire, Ambroise Robichaud se pose la même question. Pour lui, c'est simple. Sa première défunte était une large femme, haute aussi, une amazone qui avait crié et tempêté dans la maison jusqu'à la veille de sa mort, alors qu'une crise cardiaque l'avait terrassée.

La deuxième était tout simplement grosse. Bouffie, disait Ambroise trois mois après le mariage et le premier plaisir émoussé.

N'avait-il donc pas droit, après l'amazone et après la femme grasse et molle, d'espérer enfin de la vie une compensation? Dix ans de veuvage, c'est long. Et puisque Micheline, jeune et neuve, acceptait...

Il allait au restaurant et buvait du café sans mot dire, suivant toujours des yeux cette fille étroite qui marchait du talon, qui ne semblait jamais lasse, jamais impatiente, qui tenait tout à l'ordre et savait sourire. Avait-il imaginé de toutes pièces ce roman qu'il s'était bâti ? Les regards qu'elle avait pour lui ? Une sorte de sourire plus déférent, aussi, plus attentif... plus tendre ? Disons-le, plus tendre.

Quand ils revinrent du voyage de noces, Ambroise Robichaud n'avait pas entendu la fille — sa femme, maintenant — déclarer son amour. Mais elle avait eu des gestes qui ne mentaient point. Le corps, lui, ne sait pas cacher ce qu'il... enfin, quoi, Ambroise n'osait penser à ces choses. Elles étaient de leur secret à eux deux, la continuation de la vie, sa complétion aussi. Il n'aurait pas su en parler, pas devant les gens. Il avait trop appris de Micheline, lui qui se croyait bien savant en tendresses.

Ce fut donc un nouvel Ambroise qui descendit du petit train de la Baie ce certain vendredi, six jours après le mariage. Et peut-être aussi, sans qu'il le sache, lui, une nouvelle Micheline.

— Ma pauvre enfant ! s'exclama sa mère en la prenant dans ses bras.

Micheline riait.

— Mais, qu'est-ce que vous avez, maman ?

Alors la mère serra plus fort, se pendit à ce grand corps mince, voulut le reprendre en elle, on eût dit, la soustraire à tout mal.

— Es-tu heureuse, au moins ?

Et Micheline répondit, de sa même voix égale de toujours :

— Mais oui, je suis heureuse.

Après, la vie reprit.

La vie gaspésienne du mois de mai, de fin de mai avec juin tout près, au détour de la semaine. Pas encore le grand chaud de l'été, mais des jours doux pour compenser les nuits glaciales encore. De beaux jours doux, bleus et verts, et la mer striée de moutons d'un blanc éblouissant. Des jours que les gens des villes ne connaissent pas. Ils viennent pour le temps chaud, ils évitent le tôt été et fuient bien vite dès qu'au crépuscule le vent fraîchit. Ils ne savent pas ce qu'ils perdent de grande couleur à perte de vue, d'air pur comme du cristal, de matins si clairs qu'on les dirait irréels, quasi fabriqués, imprimés en tons violents sur quelque immense toile de fond.

Ambroise décosta le lundi suivant son retour de Sainte-Anne de Beaupré. Il s'en fut au bas de la baie et au large de la Côte Nord, avec ses cinq hommes, dont Louis, le beau Louis, un mince aux cheveux frisés, qui a bien longtemps hésité, dans le restaurant des Bourdages, à observer Micheline. Il a hésité si longtemps qu'il a su, un beau matin, qu'il arrivait en retard: le vieil Ambroise passait devant.

Voilà comment les drames se nouent. La belle fille que Louis a perdue, mariée et seule là-bas, dans la maison grimpée sur le cap. Et sur la barque, avec Louis, celui-là même qui a pu, de la façon la plus illogique, la plus imprévue, s'emparer de cette fille.

Mais comment? Louis n'arrive pas à le comprendre.

Et parfois, il le croit à peine.

Il a vingt-cinq ans, c'est à lui que revenait Micheline. De droit, de raison, de cœur...

Et elle est à l'autre.

(Micheline ne l'ignore pas. Une femme devine toujours qui l'admire, qui l'observe, qui l'aime.)

Et c'est ainsi qu'un drame peut s'engager...

Il y eut trois mois de sécurité dans la joie pour Ambroise. Il pouvait sourire, car Louis pêchait à bord, avec lui. Ils partageaient les absences. D'une façon, ils partageaient aussi des pensées, mais sans se le dire. Sauf qu'Ambroise, bien sûr, possédait, lui, des souvenirs.

Ainsi donc il en fut de trois mois. De durs mois, une tâche à arracher les muscles. La morue était abondante, le chalut remontait plein, et chaque homme mettait dix fois son cœur, cent fois sa sueur à apprêter le poisson avant de le jeter dans les cales. Trois bons mois, trois longs mois. Chez Ambroise, la sécurité envoûtante, bien heureuse. À la maison, il retrouvait une Micheline ardente, qui avait appris ses goûts et cuisait selon les désirs d'Ambroise, cousait et reprisait, tissait au métier, reprisait sans relâche, astiquait, mettait tout au beau luisant du net et du frotté.

Ardente, dévouée, vaillante. Et des mots de noir que le vieil Ambroise n'avait entendus de toute sa vie. Elle l'aimait donc, cet homme pourtant sur le décroît?

(« À soixante-deux ans, j'vaux une trollée de jeunes ! »... Des hâbleries qui exigent une preuve. La meilleure n'était-elle pas, justement, les ardeurs de Micheline, pas toujours contentées jusqu'au fin bout du fin bout, que plus rien ne reste que la langueur soporifique, à demi perdue dans le rêve ? Preuve donc que soixante-deux ans pèsent lourd, lourd.)

Ce fut au large du Rocher que le premier doute germa au fond d'Ambroise. À peine un doute, plutôt une interrogation. Et sans grande importance. Une véritable interrogation, sans arrière-pensée.

Louis en fut la cause.

C'était un soir frisquet, avec du vent coulis sur la mer, du vent froid comme des doigts de pendus, qui dansait ici, qui remontait là, entraînait un peu le navire, bousculait la vague, s'apaisait pour revenir. Au demeurant, un bien beau soir, le ciel plein d'étoiles, pas de lune, seulement un bleu immense, très sombre, très profond.

Le chalutier — rebaptisé *La Micheline* depuis le mariage — courait doucement sur son ancre. Demain, on recommencerait la pêche ici même. Le sonar montrait un banc de morues qui dormaient, à cent pieds sous la quille. On aurait beau jeu, au matin, de les remonter toutes.

Louis s'en est allé dans le gaillard, et il en est ressorti portant une grande laine oblongue, brune, qu'il s'enroula sur les épaules. On remarque à peine un chandail, même neuf. Un pull encore moins. Une veste, à peine. Mais qui a déjà vu un pêcheur s'enrouler ainsi dans une pièce tricotée, longue d'une aune et plus—ma parole, deux aunes, à bien y songer — tout comme une vieille dans son châle ?

C'était à remarquer.

Si bien qu'Ambroise se souvint d'avoir vu Micheline, une fois qu'il faisait relâche de deux jours à la maison, en juillet, tricoter quelque chose de semblable. C'était suffisant pour intriguer, à tout le moins. Ambroise allait demander à Louis où il avait pris ce vêtement, qu'il décida de ne rien dire. Comment expliquer la question ensuite ? Un pêcheur gaspésien est loquace, curieux. Louis ne faisait pas exception. Il répondrait à l'interrogation d'Ambroise par sa propre interrogation.

De fil en aiguille, où cela mènerait-il ? D'autant que ce n'était pas si important. Louis avait une laine qui ressemblait... bon, qu'importe. Ambroise serra les dents sur le bouquin de sa pipe et se tut. Mais la question restait en lui, comme quelque lampion vacillant dans le noir, continuel, obsédant.

Il oublia tout le lendemain, car à l'aube la mer avait fraîchi et la vague roulait comme des montagnes russes. Ils n'avaient pas trop, chacun qu'ils étaient, de tous leurs muscles, de tout leur éveil pour mater le gros temps.

Au prochain accostage, Ambroise négligea d'en parler à Micheline. D'autant plus qu'il y avait une lettre pour

lui sur la tablette de l'horloge. Une lettre venue la semaine précédente…

« Vous devriez avoir honte, un vieux sale comme
vous, de jouer au mari avec une jeunesse comme Micheline Bourdages. Elle n'en veut qu'à votre argent. Vous
mourrez, elle s'achètera votre remplaçant. Vivant, vous
êtes un vieux cochon. Mort, vous serez un vieux cocu, si
vous ne l'êtes pas avant. »

Comme de bien entendu, aucune signature.

Ambroise tourna et retourna la lettre vingt fois entre
ses doigts. Quand il se décida à la montrer à Micheline,
c'était à cause du serment qu'il s'était fait à lui-même, de
ne jamais rien cacher à cette fille qui consentait à l'aimer.

Micheline lut la lettre posément, sans même sourciller. Puis elle la replia entre ses doigts et haussa les
épaules.

— Il y a des gens égoïstes, des gens sans cœur, dit-
elle. Des gens qui ne comprennent pas qu'une fille peut
aimer un homme plus âgé qu'elle.

C'était sa première déclaration d'amour.

Sans se presser, elle traversa la cuisine et jeta la lettre
au poêle. Ambroise la regarda faire sans protester. De
quelle pierre était-elle donc faite, pour subir sans broncher une telle attaque ?

— Le feu, c'est tout ce que ça mérite, une lettre anonyme.

Ambroise haussa les épaules à son tour et s'en fut
dehors jongler à ce mystère de la lettre. Il essayait d'imaginer qui avait bien pu l'écrire. Il repassait des noms en
sa tête. L'écriture était informe, mais c'était évident que
l'auteur tentait de la camoufler, de la déformer. Mais qui,
qui ?

Micheline apparut dans l'embrasure de la porte. Elle
regardait Ambroise en souriant.

— Vous devriez pas vous en faire avec ça. Moi, j'ai reçu trois lettres du même genre avant mon mariage. Seulement, là, c'était à votre sujet. On m'avertissait que vous battiez vos femmes. Vous ne m'avez pas encore battue.

Ambroise, debout devant sa femme, la regardait de ses yeux presque humides. Il se sentait ému, bouleversé par tant de confiance.

— Jamais je ne te battrai, Micheline, tu le sais bien.

— Je le sais bien, dit Micheline. Venez souper, c'est prêt sur la table.

Elle lui disait encore vous.

(Mourir cocu, songeait Ambroise, les gens sont effrontés quand même. J'ai qu'à la regarder... Et désirer ma mort, elle? Pour être en moyens d'avoir un mari jeune, même s'il est sans le sou? Faut manquer de charité pour dire ça…)

Le soir, à cause de la longueur des jours, ils s'assoyaient dehors, devant le pas de porte et Ambroise regardait la mer, pendant que Micheline s'occupait à ses interminables besognes de femme. Ce soir-là, comme les autres, elle sortit en tenant à la main des chaussettes à repriser.

— J'ai jamais fini, dit-elle en soupirant.

— Ça pourrait attendre, fit Ambroise, que le soupir avait un peu agacé.

— Oui, je sais, dit Micheline. Mais demain, j'en aurai deux fois autant. J'aime mieux le faire ce soir.

Ainsi il en fut.

Mais de voir les doigts agiles de Micheline manier l'aiguille longue et renflée ramena en la pensée d'Ambroise cette laine brune, ce long morceau rectangulaire que Louis…

—Tu tricotes moins, on dirait, fit-il tout à coup.

Il ne se décidait pas à demander carrément ce qui en était. Après la lettre, une pudeur le retenait. Qu'avait-il à reprocher a sa femme? Sa jeunesse? C'est peu, quand on a choisi son sort les yeux ouverts. Ni Micheline ni lui n'avaient œuvré dans l'ombre pour amener ces épousailles. C'était de plein gré, lucidement qu'ils s'étaient mariés. Mais cette laine, de même, ce tricot assez spécial...

— L'ouvrage vient à son tour, répondit Micheline. Ce soir, je reprise, demain ce sera autre chose. Tout dépend.

Encore jeune elle avait bien appris et bien retenu. Elle était femme de maison avant tout, habile à ordonner le travail. Tout venait à son heure, comme elle le prévoyait, comme elle le décidait. Ces choses-là, petites besognes du crépuscule, comme les autres.

Ambroise n'osa pas aller plus loin, et ils restèrent silencieux l'un à côté de l'autre, savourant la nuit qui montait de l'est, assombrissant la mer à l'horizon.

Il en fut ainsi pour autant de jours qu'Ambroise passa à terre avant de reprendre la mer. Dix fois il vint près de questionner Micheline; autant de fois il choisit de se taire. Que savait-il de tout cela, et que demander? Et la lettre anonyme...? Mais il ne ramena rien sur le tapis, préféra le silence et partit un matin sans en savoir plus long.

Ce fut une autre bonne pêche, cette fois par un temps plus généreux, doux et soyeux, une mer ondulante, veloutée. Si bien que nul soir froid n'étant venu, Louis ne sortit pas de nouveau la laine et Ambroise vint bien près de l'oublier.

Mais comment repousser à jamais ce premier doute quand en accostant, le soir lorsque la vie recommença à l'habitude, il vit Micheline qui, cette fois, ne ravaudait ni ne cousait mais bien plutôt tricotait un long rectangle de laine brune, identique à celui qu'avait exhibé Louis.

Il n'en fallut pas plus. Cette fois, Ambroise comprit qu'il n'aurait jamais si bonne occasion.

— Qu'est-ce que tu tricotes, Micheline?

Elle était assise près de la porte, dans une grande berceuse de bois foncé, luisant de cent vernis. Elle leva les yeux vers Ambroise et sourit mystérieusement. Une flamme lui dansa dans le regard.

— Un fichu, dit-elle, une grande crémone pour toi, pour le froid en mer, le soir.

Elle étala la pièce et Ambroise vit que sans aucun doute, c'était une chose absolument semblable à celle de Louis. Mais alors?...

— Avec ça, dit Micheline, tu ne prendras pas froid.

Dans son trouble intérieur, Ambroise ne s'était pas aperçu que pour la première fois depuis leur mariage, Micheline le tutoyait. Non plus qu'il sut identifier la lueur dans ses yeux. Il partit, plutôt, s'en fut à grands pas vers le bas de la falaise et le chemin du village, tandis que Micheline criait...

Ambroise, où vas-tu? Qu'est-ce qu'il y a?

Mais bien en vain car l'homme disparaissait déjà au détour et s'il l'entendait, n'en donnait aucun signe.

Il rentra tard ce soir-là, si tard que Micheline dormait depuis longtemps, résignée, n'arrivant pas à comprendre ce qui s'était produit. Il se glissa près d'elle et n'eut aucun des gestes d'habitude. Il dormit seulement à l'aube, quand déjà venait le temps de se lever.

Quand il se retrouva en mer avec le Grand-Louis, vingt fois Ambroise pria pour que vienne du temps froid, pour que Louis sorte sa laine et qu'enfin il soit possible de le questionner bien précisément.

L'imagination d'Ambroise courait, tout ce temps, courait comme elle n'avait jamais couru. Car maintenant, les choses prenaient en lui une dimension nouvelle. Ce n'était plus seulement une vague inquiétude, mais la certitude presque confirmée d'une action qu'il ne s'expliquait pas encore, par laquelle Micheline aurait tricoté un fichu de laine pour le Grand-Louis... Le Grand-Louis ? Mais pourquoi lui, ce presque rival. Ambroise n'ignorait pas la déconfiture du jeune homme lorsqu'il avait conquis la fille Bourdages. Jamais, toutefois, même dans la solitude du pont de barre, le vieux n'avait nargué le jeune. Pas plus d'ailleurs que Louis n'avait montré envers Ambroise l'étendue de sa hargne. D'une façon, ce n'était pas le patron qu'il blâmait. Celui-là avait agi comme un homme, quand au contraire, Micheline n'avait peut-être pas, elle, agi comme une jeune fille le devrait. Enfin, c'était le raisonnement de Louis. Qu'il le taise, qu'il n'en manifeste aucune facette à Ambroise ne devait donc pas étonner. Qu'il eût de la rancœur contre Micheline était tout autre chose.

Et l'imagination d'Ambroise courait toujours.

Fait-on pour un garçon qui nous est indifférent, la faveur d'un tel tricot ? Et n'avait-elle pas eu, pour annoncer qu'elle en créait un pour Ambroise, un accent de tendresse ? Comme s'il se fut agi d'une sorte de preuve d'amour ? Mais alors, pour le Grand-Louis, était-ce aussi une preuve... une preuve de quoi ?

La mer ramène un homme à son monde intérieur. Ambroise n'en était pas exempt. Que n'eût-il donné pour voir surgir Louis drapé dans le tricot. De quoi laisser éclater tout ce qui se bousculait en lui ; mais toujours, le doux temps durait...

Le voyage allait se terminer le lendemain. C'était la rentrée au port, l'accostage. Le soir était moins tiède que les précédents. À neuf heures il était encore serein et ce serait bientôt le sommeil pour les hommes du chalutier. Ce fut toutefois à dix heures que soudain le vent vira,

fraîchit, qu'une houle grimpa là où la mer ne faisait que
se balancer un instant auparavant.

— Ça va être un quart plus dur, dit Ambroise.

Louis, qui s'était assis par terre, appuyé contre le
bastingage et fumait tranquillement sa pipe, se redressa.

— Je peux faire le premier, dit-il. Léon fera l'autre.

Ce n'était pas son soir, pourtant.

— Non, dit Ambroise, je ferai le premier.

— Laisse faire les jeunes ! dit Léon.

Un mot comme ça, dit sans malice. Louis n'avait pas
à renchérir, mais il le fit.

— Les jeunes ont bien le droit d'avoir leur tour, dit-il.

Et il se leva, ricanant bizarrement.

Il se leva justement alors que dans une poussée de
rage instinctive, Ambroise allait se jeter sur lui et lui
démontrer que le tour des vieux a du bon. Mais le geste
de Louis interrompit la ruée et Ambroise se calma aussi
vite qu'il s'était emporté. Louis était déjà dans la chambre et il en ressortait trois minutes plus tard, le fichu de
laine brune enroulé sur les épaules.

L'occasion était là, toute trouvée. C'était le moment
ou jamais. Ambroise ouvrit la bouche, mais la même
incompréhensible pudeur qui avait retenu son geste un
instant plus tôt, le retint encore une fois de s'exprimer.

Vaincu, il eut un geste résigné.

— Prends le premier quart, dit-il. Je prendrai le dernier.

Et il se dirigea vers sa cabine, qui était derrière le
pont de barre.

Il n'arriva pas à dormir. De loin il entendit les hommes quitter le pont un à un, rejoindre la chambrée. Quand
le silence revint, il sut que maintenant Louis était seul à
monter la garde. Il l'imagina sur le pont, bien enroulé
dans le grand rectangle tricoté. Des images se mirent à
surgir dans la tête du vieux. Il voyait Micheline. Il la

voyait au bras de Louis. Il la voyait dans quelque sentier
sombre de l'arrière-pays, derrière Newport, permettant à
Louis quelles privautés pour qu'il se soit mérité cette
œuvre de laine ? Il se tortura ainsi une heure durant, polis-
sant et repolissant chaque image. Puis, n'y tenant plus,
sûr de son fait, persuadé que ce jeune homme et la
Micheline avaient fait œuvre de chair à son détriment à
lui, il se leva, sortit sur le pont. Mais il le fit à pas feutrés,
en tapinois, comme un loup qui va mordre. Il avait pris
une résolution de désespoir. Ni Louis ni Micheline ne
riraient de lui de cette façon ; on verrait bien, dans le
village et tout au long de la baie des Chaleurs, qu'Ambroise savait venger son honneur d'homme.

Il tuerait Louis. C'était décidé. Il tuerait Louis, et au
diable les conséquences ! Il avait vécu sa vie, et Micheline ne continuerait pas la sienne avec ce jeune amant. Ni
l'un ni l'autre ne jouiraient de l'argent laissé par Ambroise. On verrait bien, on verrait bien pourtant. On res-
pecterait cet homme capable de tuer le rival...

Il s'avança doucement sur le pont, s'efforçant d'allé-
ger chaque pas, de les feutrer, afin que Louis accoudé au
bastingage ne se doute pas de la menace pesant sur lui.

Le vent souffle court, rabat la vague en foulées
rageuses. La nuit est pleine de ce son mouvant, humide.
Les embruns humectent le pont. Ambroise s'avance et
Louis ne bouge toujours pas. Le vieux n'est qu'à une portée de bras du jeune. En une seconde il va pouvoir se jeter
sur lui, l'étrangler, le jeter à la mer, bien lesté d'une
gueuse de fonte qui traîne non loin, sur le pont. Et qui se
doutera jamais... ?

Mais Léon sort soudain de la chambrée, l'œil clair, la
pipe à la main. Il voit Ambroise, qui est là, soudain
immobile. Il voit aussi Louis.

— Vous montez le quart à deux ? dit-il.

C'est ainsi que Louis apprend qu'Ambroise était là, mais sans deviner pourquoi il s'approchait en cachette. Et Ambroise, de son côté, reprend une autre fois encore son calme. C'est fini. Désormais, il ne tuera pas.

Ils ont accosté le lendemain sans que personne ne se soit douté combien le drame est venu près de se dérouler à bord du chalutier; ils ont accosté et chacun a repris le chemin de sa maison.

Même Ambroise. Mais au lieu de l'homme possédant la paix de l'amour, c'est un être bouleversé, nageant en pleine confusion, un homme tiraillé par mille sentiments contradictoires qui va rejoindre Micheline.

Cette journée-là, Ambroise l'a passée sur le quai à surveiller le déchargement de la morue. Et le soir, c'est presque à contrecœur qu'il est remonté vers sa maison, qu'il se voit obligé de faire face à Micheline. Et que de questions il aurait posées tout ce jour-là aux gens qui l'entouraient, les siens, ceux du village peut-être au courant de l'infidélité de Micheline. Tel sourire n'est-il pas railleur? Que veut dire cette phrase, ce mot? Ambroise voit partout l'allusion à une complaisance qu'il n'éprouve pas. Lui, le vieux, mari d'une femme trop jeune, lui pardonne-t-on maintenant de ne pas l'avoir gardée?

Le pire, c'était de ne pas même être sûr de l'avoir jamais eue! À quand remonte le don de ce tricot à Louis. Ne serait-ce pas avant le mariage? Bien avant le mariage avec Ambroise?

Le soir, ils recommencent leur vie d'habitude quand Ambroise est au port. Ils vont tous deux s'asseoir dehors pour regarder mourir le jour. Et comme toujours, Micheline y porte son travail, cette occupation des doigts dont elle semble avoir un constant besoin.

Et pourquoi faut-il donc que ce soir encore elle tricote ce même fichu de laine, tellement semblable à l'autre. Ambroise va-t-il, cette fois pour toutes, éclater et laisser libre cours à sa hargne ?

— Vois-tu ce tricot ? dit Micheline tout à coup. J'en suis bien fière. Ce n'est pas le premier que je fais. L'an dernier, la mère de Louis m'a payée généreusement et j'en ai fait un pour son fils. Justement quand il a commencé à pêcher avec toi. Elle avait peur qu'il prenne froid. Les épaules, qu'elle disait, c'est l'endroit mortel !... Il fallait un grand fichu bien chaud...

Et Micheline rit.

Ambroise, au bout d'un temps très long, rit aussi.

(La rose de pierre)

Alain Grandbois

Alain Grandbois (1900-1975) est né à Saint-Casimir (Portneuf). Études au Séminaire de Québec, à l'Université St. Dustan de Charlottetown, à l'Université Laval et à la Sorbonne. Avocat et licencié ès lettres. Prix David en 1941, 1947 et 1970. Prix Duvernay en 1950. Médaille Lorne Pierce de la Société royale du Canada en 1954. Prix France-Canada et prix Molson en 1963. Doctorat honorifique de l'Université Laval en 1967 et de l'Université d'Ottawa en 1972.

Né à Québec... Louis Jolliet (récit), Paris, Albert Messein, 1933 ; Montréal, Fides, 1949.

Poèmes, Hankéou (Chine), 1934.

Marco Polo (histoire), Montréal, Éditions Valiquette, 1942.

Les îles de la nuit (poèmes), Montréal, Éditions Parizeau, 1944.

Avant le chaos (nouvelles), Montréal, Éditions modernes, 1945 ; Montréal, Éditions H.M.H., 1964.

Rivages de l'homme (poèmes), Québec, s.é., 1948.

L'étoile pourpre (poèmes), Montréal, l'Hexagone, 1957.

Poésie I, Poésie II, édition critique établie par Marielle Saint-Amour, Marie Jo Stanton et Ghislaine Legendre, Montréal, Presses de l'Université de Montréal, 1989.

Fleur-de-Mai

Le boy avait un gong d'une sonorité vraiment excessive. Quand il pénétra dans le petit salon des premières où je tentais en vain, pour la dixième fois, d'allumer une cigarette rongée d'humidité, il redoubla son tapage infernal. J'étais seul. Le salon pouvait avoir douze pieds carrés. Peut-être quinze. Le boy se tenait dans la porte, torse nu, jambes nues, et battait son disque métallique comme s'il eût voulu le défoncer. Je lui signifiai que cela suffisait. Il continua de plus belle. Je lui criai, sans plus de succès, quelques jurons malsonnants, mais énergiques. Alors je me levai, le pris aux épaules, le fis tournoyer avec son gong, et lui donnai rapidement quelques coups de pied quelque part, mais légers, légers, car je ne suis pas une brute immonde. Il s'enfuit dans la coursive, se retourna et me dit :

— *Me love gong! Me love gong!*

Puis il disparut en riant. Tout en continuant de faire un tintamarre épouvantable.

La table du capitaine était ornée d'orchidées charnues, charnelles, géantes. Le capitaine riait. Tout le monde rit en Asie jaune. Sauf les vieillards et les enfants. Le capitaine me dit :

— Il paraît que vous n'aimez pas particulièrement le son du gong?

—Je l'aime beaucoup, au contraire, lui répondis-je. Mais ce gong-boy me semble vouloir rivaliser avec les trompettes de Jéricho.

— Vous êtes de méchante humeur.

— Peut-être. Je fais aussi un peu de fièvre.

— Ah, bon…

Nous prîmes un bon whisky bien tassé, bien glacé. Ce n'est pas là le meilleur moyen de soigner la malaria, mais c'est une excellente façon d'en chasser les malaises. Pour un moment.

Le capitaine et moi étions déjà de vieux amis. Nous venions de passer quelques jours ensemble dans l'île de Shameen, au cœur même de Canton, isolés comme des rats. Tout autour de l'île, Canton en émeute bouillonnait, crachait la haine, la mort. Chacun des ponts était gardé par des barbelés flanqués de mitrailleuses servies par des soldats vêtus de lambeaux d'uniformes, pieds nus, hurlant, gesticulant, et vifs à la détente. La nuit, du toit de l'hôtel, nous voyions naître, s'élever et grandir aux quatre coins de la ville, la monstrueuse fleur pourpre des incendies. Au soir du cinquième jour, à la suite de mystérieux pourparlers, nous avions pu rejoindre le bateau. Le *Ngao-men* était un vieux sabot de six cents tonnes qui faisait la navette entre Canton et Macao. Il y avait trois cabines de «première», le petit salon, le carré des officiers. Pour le reste, l'entrepont se confondait avec la cale.

Le capitaine me dit :

— Nous n'arriverons à Macao que demain soir. J'ai dû modifier ma course, donner au Sud-Ouest. Les parages sont infestés de pirates. Dans les moments de troubles, ils surgissent comme des champignons après une pluie chaude.

— Ça fait partie du métier, dis-je pour dire quelque chose.

— Oui… C'est le métier… Mais je navigue sur ces côtes depuis plus de vingt ans. J'en connais tous les coins et recoins. Je… je m'ennuie. J'ai l'impression de n'être plus marin, mais d'être fonctionnaire. Les incidents auxquels vous venez d'assister se répètent avec une régularité désespérante, avec une exactitude d'horloge, de saisons. La grande aventure, ce serait que le calme s'installe, un beau matin, pour durer. Ça changerait du désordre méthodique et organisé.

Le boy remplit de nouveau nos verres. Je demandai au capitaine :

— Mais pourquoi ne sollicitez-vous pas un autre commandement ?

— Parce que… parce qu'il est trop tard. J'ai soixante ans. Je suis marié. Nous habitons, ma femme et moi, une petite villa, à Macao. C'est plein de fleurs. Je compte d'ailleurs que vous viendrez nous y voir… C'est là, selon toutes probabilités, que je finirai mes jours… Je suis né à Noordwijk, sur la mer du Nord. Je mourrai à Macao, dans les mers du Sud. C'est la vie.

Nous entendîmes de nouveau le gong. Le capitaine me dit en riant :

— Vous voyez que mon gong-boy prend ses fonctions au sérieux. C'est ainsi qu'il cultive le sentiment de son importance. Quand il tape sur son instrument, il se croit le Maître du Monde. Vous êtes deux passagers de cabines. Il tape pour deux cents passagers. Il arrive que nous n'ayons pas de passagers du tout. Il tape quand même…

C'est alors que Fleur-de-Mai apparut. Elle était petite, très mince, avec un visage d'une beauté saisissante. Elle était vêtue d'une tunique de soie bleu sombre brodée d'or. Elle avait les bras croisés, les mains dans ses larges manches. Comme la Supérieure d'un couvent qui

s'adresse à ses novices. Elle s'inclina légèrement devant
le capitaine. Le capitaine nous présenta. Il était devenu
tout à coup très cérémonieux.

Nous nous mîmes à table. Les boys s'affairaient. Le
capitaine ne parlait que pour diriger l'ordonnance du
repas. Parfois, entre deux services, elle levait les yeux sur
le capitaine ou sur moi. Elle avait un regard d'une extraordinaire gravité. Elle mangeait avec des gestes si gra-
cieux, si délicats, qu'on eût pu l'imaginer cueillant des
lys, au bord d'une fontaine parfumée. Quand le dîner fut
achevé, elle s'inclina et nous quitta, précédée du maître
d'hôtel. Le boy servait le cognac.

— Elle a seize ans, me dit le capitaine.

Nous étions étendus sur la dunette, le capitaine et
moi. La nuit était baignée d'une douceur sans égale. Une
lune rousse, aux halos d'aurore boréale, se balançait lentement parmi les cordages. Parfois une grande jonque
nous croisait, sa voile pareille à l'aile renversée d'une
monstrueuse chauve-souris, et l'on voyait des hommes
nus, sur le pont de poupe, accroupis autour d'un feu,
immobiles et luisants comme des bronzes. Les moiteurs
du Sud noyaient la ligne d'horizon. Nous voguions sur
une mer sans commencement ni fin. Une mer d'espace
éternel. Rien n'existait. Ni Canton, ni Macao, ni Noordwijk, ni Paris, ni Québec. Rien, ni personne. Une sorte de
marche lente à travers des limbes fantomatiques.

Nous entendîmes soudain un bruit de pas légers, et
Fleur-de-Mai fut auprès de nous. Le capitaine la pria de
s'asseoir. Deux heures, trois heures passèrent. Sans
qu'aucun de nous eût prononcé une parole. L'ombre de la
nuit commençait de pâlir. Fleur-de-Mai se leva et dit
quelques mots chinois au capitaine. Celui-ci me dit:

— Miss Cheng me demande si vous aimeriez entendre un petit poème de Siu Tche-mo…

Fleur-de-Mai regardait la mer et commença sa récitation. Elle avait une voix étrange et voilée, de contralto doux.

Allez-vous-en, Monde des Humains, allez-vous-en !
solitaire, je me dresse au sommet d'une haute montagne ;
Allez-vous-en, Monde des Humains, allez-vous-en !
je reste face à face avec l'immense voûte céleste.

Allez-vous-en, pays natal de mon rêve, allez-vous-en !
je jette et brise la tasse en jade de l'illusion ;
Allez-vous-en, pays natal de mon rêve, allez-vous-en !
souriant, je reçois les compliments du vent
de la montagne et des vagues de la mer.

Allez-vous-en, toute chose, allez-vous-en !
devant moi, les cimes percent le ciel ;
Allez-vous-en, Tout, allez-vous-en !
devant moi se déroule l'immensité de l'immensité !

Et Fleur-de-Mai disparut. Elle ne vint pas le lendemain à la table du capitaine. Elle était souffrante. Nous arrivâmes à Macao à la tombée du jour. Déjà, la ville de tous les péchés rougeoyait de tous ses feux. J'allai saluer le capitaine, qui me réitéra son invitation.

— Je suis en congé forcé, me dit-il. Je dois attendre que les troubles de Canton s'apaisent pour reprendre mon service. Je vais tailler mes rosiers.

Sur la terrasse fleurie de la villa, après le déjeuner, la femme du capitaine, métissée de sangs chinois et portugais, et fort belle, nous servit un thé odorant. Nous bavardions nonchalamment quand soudain le capitaine me demanda :

— Que pensez-vous de ma filleule ?
— Votre filleule ?

— Mais oui, miss Cheng, Fleur-de-Mai.

— Je n'aurais jamais pensé que…

— Je sais, je sais… C'est d'ailleurs un secret que je vous demanderai de garder très soigneusement, du moins pour la durée de votre séjour à Macao, car si le vieux Cheng apprenait la chose, il y aurait du raffut.

— Le vieux Cheng?

Le capitaine alluma sa pipe.

— Le vieux Cheng est le père de Fleur-de-Mai. C'est l'homme le plus riche et le plus respecté de la péninsule. Il donne plus que généreusement à toutes les œuvres de bienfaisance, fait distribuer régulièrement du riz, du thé, des vêtements à tous les miséreux de la côte, et se charge même de faire ensevelir les morts. Il est de plus Conseiller général auprès du Gouverneur de la Colonie. C'est un personnage extrêmement important. Dans les bons livres, on nomme ce genre de succès le couronnement d'une longue vie nourrie de nobles efforts et de grandes vertus, n'est-ce pas?

— En effet, répondis-je avec politesse.

Mais le capitaine reprit avec animation:

— En effet, sans doute! Mais il arrive, mon cher et jeune ami, il arrive que même les bons livres se trompent parfois. Et qu'ils nous trompent. Car le vieux Cheng est la plus damnée crapule qui soit. Le plus bel écumeur de ces mers du Sud. Il y a une cinquantaine d'années, il était coolie-pousse à Canton. Il se fit voleur à la tire, proxénète, pirate. Il devint chef de bande. Puis il dirigea bientôt tout un réseau de petites sociétés qui s'occupaient du commerce des femmes et de la drogue. Lors de la Révolution du Dr Sun, il se fit nommer général. Il acheta, vendit, racheta, revendit plusieurs armées. Il gagna le Nord, où il rejoignit quelques autres seigneurs de la guerre. En 1917, il fournissait des armes et des munitions aux Allemands; en 1920,

aux Russes blancs; en 1923, aux Bolcheviks; en 1925,
deux tableaux, les armées du Nord et celles du Sud;
aujourd'hui, il joue sur trois tableaux, Tchang Kai-chek,
l'armée communiste et le Japon. Avec lui, les Ambassades,
les Consulats ne savent plus sur quel pied danser. Je ne sais
s'il le sait très bien lui-même, mais son pas est toujours
juste. Ici, à Macao, il contrôle les maisons de jeux, les
théâtres, les bordellos, les champs de course, les drogues,
l'alcool, les banques privées, et cela va sans dire, toute la
politique régionale, qui est, je vous prie de le croire, d'une
complexité remarquablement asiatique. Il vit à Macao, très
bien gardé, car s'il se montrait à Canton, ou à Hong-Kong,
sa vie ne vaudrait pas une sapèque. On trouve parfois de
petites bombes dans les jardins de son palais. Mais ce sont
les boys qui sautent. Voilà pour le vieux Cheng. Il est fort
respecté. Et il observe scrupuleusement les rites…

— Et la filleule?

— La filleule, eh bien, le vieux bandit, pour des
motifs que j'ignore, confia son éducation, il y a quelques
années, aux Dames religieuses du couvent de X, à Hong-
Kong. Cheng a confiance en moi. Dans la mesure où il
peut avoir confiance en quelqu'un, naturellement. De
sorte qu'il m'a chargé de veiller sur elle, pour ses voyages… Mais il y a deux mois, Fleur-de-Mai a reçu le bap-
tême, à l'insu de sa famille, et je fus le parrain… C'est
toute l'histoire. Mais que pensez-vous d'elle?

— Je… enfin, votre filleule me paraît être une jeune
personne bigrement sérieuse. Elle a une façon de vous
regarder… Elle m'intimide presque…

Le capitaine se mit à rire. Puis il reprit:

— Si je vous parle d'elle, c'est qu'elle m'a dit
qu'elle désire vous revoir. Elle doit vous inviter… Elle
m'a questionné à votre propos. Elle sait que vous êtes
catholique, et que vous écrivez.

— Elle sait beaucoup de choses, répondis-je au capitaine. Cependant mon séjour à Macao est trop court pour que je perde mon temps à visiter les petites jeunes filles de la société. Je préférerais rencontrer le vieux Cheng.

— Sans doute. Mais le vieux Cheng n'a exprimé aucun désir de vous voir.

Je demandai encore au capitaine :

— Mais que diable cela signifie-t-il ?

— Je n'en sais fichtre rien.

— Et que feriez-vous si vous étiez à ma place ?

— Vous êtes libre et vous êtes majeur. Je ne donne jamais de conseils. Ce sont des mots perdus.

— Alors je répondrai à la petite Demoiselle que mes nombreuses occupations ne me permettent pas de, que je suis navré, etc…

— Vous êtes un homme raisonnable, me dit le capitaine.

Mais la femme du capitaine souriait.

On frappa à ma porte. Je criai d'entrer. Un boy me tendit une lettre. Je l'ouvris. Miss Fleur m'informait que le lendemain, à onze heures, une voiture me prendrait pour me conduire au yamen. Le boy ne bougeait pas.

— Answer ? lui demandai-je.

— Ya ya, mastah sah, answah.

J'écrivis à Miss Fleur-de-Mai que je la remerciais, que je regrettais, que j'étais navré, etc., je mis la feuille de papier sous enveloppe. Puis je déchirai l'enveloppe, et j'écrivis à Miss Fleur-de-Mai que j'acceptais sa gracieuse invitation avec le plus grand plaisir.

Le lendemain, à onze heures, je montai dans une voiture tirée par deux petits chevaux blancs. Une vieille Chinoise était blottie au fond du landau. Elle me fit signe de prendre place à ses côtés. C'était la gouvernante de

Fleur-de-Mai. L'amah. Elle montrait un visage renfrogné, semblait fort mécontente. Nous traversâmes la Praîa Grande au trot des petits chevaux et nous gagnâmes une large avenue ombragée de palmiers royaux, de caroubiers au feuillage d'un vert éblouissant. Des villas la bordaient, vieux rose, ocre pâle, bleu passé, enfouies sous une prodigieuse végétation. Puis la route s'éleva en lacet, sinueuse comme une couleuvre. L'amah se mit à parler tout à coup, sur le mode plaintif:

— Le Maître est terrible, véritablement terrible... Il ne faut pas qu'il apprenne... Je serais perdue. Ah, j'ai tenté de dissuader Miss Fleur. J'ai supplié, pleuré... Ah, je ne suis qu'une pauvre vieille femme... Mais que pourrais-je devant le courroux du Maître? En vérité, dites-moi, que pourrais-je faire?

Et elle se prit à sangloter, à petits coups étouffés, rapides. Puis:

— Ah, je suis une pauvre vieille femme coupable et criminelle... Je n'ai pas su résister à Miss Fleur... Je n'ai jamais su lui résister...

Elle se tut. Nous continuâmes de gravir le flanc de la colline. Au bout de quelque temps, j'aperçus l'enceinte murée du yamen. L'amah, qui avait cessé de sangloter, me dit:

— Le Maître est descendu à la ville pour visiter M. le Gouverneur. Un domestique guette sa sortie du palais. D'autres sont sur la route. Nous serons prévenus par des signaux. Vous reprendrez le chemin que nous avons suivi. Le Maître possède une puissante automobile et reviendra par la route principale.

Elle parlait comme un général qui donne une leçon de stratégie à ses officiers. Nous longeâmes la muraille, et la voiture s'arrêta devant une lourde porte de bois sombre. Nous descendîmes. L'amah secoua l'anneau de bronze et la porte s'ouvrit. Comme Sésame. Nous trouvâmes une longue galerie couverte. De chaque côté, des cours dallées de marbre, des jardins fleuris, des fontaines bordées de saules, des étangs tissés de lotus roses, des pavillons construits comme des pagodes. L'amah me conduisit vers un de ces pavillons. Un banyan géant l'ombrageait. Je pénétrai dans une pièce carrée, très haute, plafonnée de poutres entrecroisées parmi quoi s'allongeaient démesurément des dragons peints de couleurs vives. Des panneaux pendaient aux murs, couverts de caractères tracés au pinceau. Des tables de laque noir cernées de pourpre, des chaises, un divan, des bibelots de jade, d'ivoire, un énorme bouddha de bronze lisse et luisant.

Et Fleur-de-Mai apparut. Elle était parfaitement belle. Elle s'inclina, me fit signe de m'asseoir. Un boy apporta le plateau de thé. Elle officia avec les gestes précis et délicats que j'avais admirés à la table du capitaine. Nous bûmes le thé. Et le boy apporta le plateau.

Elle était assise en face de moi.

Elle me dit de sa voix douce de contralto :

—M. le capitaine vous a sans doute appris, car je l'avais autorisé à le faire, que je suis catholique...

—En effet, lui répondis-je.

—Je dois retourner au couvent de X dans une huitaine de jours. J'y passerai trois mois encore. Puis je devrai revenir ici, chez mon père.

Je dus exprimer quelque mouvement d'étonnement car elle ajouta tout de suite :

—Vous vous demandez sans doute pourquoi je vous dis ces choses. Eh bien, voici. Je dois revenir dans trois mois, mais... mais je ne peux pas revenir.

— ...

—Je ne peux pas revenir parce qu'on veut me marier. On a choisi mon époux. Je ne le connais pas. Je ne le verrai, selon le rite, qu'après le mariage… Je ne sais rien de lui, sauf qu'il est du Yunnan, et que son père est riche… Je ne peux pas revenir parce que je ne peux pas l'épouser. Et je ne le veux pas. Je suis chrétienne.

Sa bouche tremblait. Comme celle d'un enfant qui va pleurer.

— Je suis chrétienne. Je devrai aller habiter dans sa famille. Il me sera interdit d'adorer librement mon Dieu. Il vivra comme mes frères…

— …

— J'ai trois frères. Ils sont mariés tous les trois. Ils vivent ici, au yamen. Leurs femmes sont mes amies. Elles sont fines et gracieuses. Mes frères passent leurs nuits au théâtre, dans les maisons de jeu. Ils ont pris des concubines qu'ils ont logées également ici, dans les plus beaux pavillons… Mes amies pleurent en secret. Que puis-je leur dire pour les consoler! Je ne veux pas d'un pareil sort. Je ne veux pas pleurer en secret…

Elle avait un petit visage d'ange meurtri. Elle avait les yeux baissés. Elle se leva, ouvrit un coffret, revint à moi, me tendit une large enveloppe. Je regrettais amèrement d'être venu, d'avoir cédé à ma sotte curiosité. Elle me dit:

— M. le Capitaine m'a appris que vous aviez l'intention de séjourner à Shanghaï. Apportez cette photographie. Je vous demande de la regarder parfois. On m'a dit que… que je suis belle… J'éprouve beaucoup de honte à vous parler ainsi. Mais il le faut. Et si, d'ici trois mois, vous…

L'amah entra précipitamment, très agitée:

— Le signal, le signal est donné. Le Maître vient de quitter le palais de M. le Gouverneur.

Fleur-de-Mai continua, très vite:

— Si, d'ici trois mois, vous faites parvenir cette photographie à M. le Capitaine, avec votre adresse au verso, il ne comprendra pas ce que cela signifie, mais je comprendrai... Et je partirai pour Shanghaï.

Elle détourna un peu la tête, et ajouta à voix basse:

—Je serais pour vous une épouse fidèle et soumise...

Puis elle leva son regard sur moi. Elle pleurait. Elle tentait de sourire. Je sortis. L'amah vint me reconduire à Sésame, et je repris le chemin de Macao. Plus tard, à Shanghaï, j'écrivis au Capitaine. Mais je gardai la photo de Fleur-de-Mai.

(*Avant le chaos*)

Madeleine Grandbois

Madeleine Grandbois (Madame G. de Varennes) est née en 1903 à Saint-Casimir, Portneuf. Études chez les ursulines de Québec, à l'École normale Laval et à l'Université de Montréal. Comme son frère Alain, elle a beaucoup voyagé. Demeure depuis longtemps aux États-Unis.

Maria de l'hospice (contes), Montréal, Éditions Parizeau, 1945.

Le père Couleuvre

«C'est une assez curieuse histoire», commença le docteur Plourde, «une histoire qui fit du bruit dans le temps. Aujourd'hui, ma foi, même s'il arrive à quelques vieux de se signer furtivement en songeant au père Couleuvre, je crois, sans exagérer, être un des seuls, ici, à me rappeler nettement l'étrange aventure du bonhomme.»

Mon hôte s'interrompit pour allumer sa pipe. Cet après-midi-là, je l'avais accompagné dans une visite. Le village traversé, nous longeâmes quelques beaux champs de blé et d'orge, puis notre voiture s'engagea dans un chemin cahoteux qui nous conduisit à une espèce de clairière. Pas de culture, un sol nu où pointaient de gros cailloux et des touffes maigres de foin sauvage. Cinq ou six bicoques pleines à craquer de loqueteux bordaient la route. Des vieux se berçaient sur les perrons branlants, partout la marmaille piaillait. Je remarquai, au beau milieu de cette fourmilière, une maison abandonnée — comme on en voit souvent dans les campagnes canadiennes — avec des planches clouées en travers de la porte et des fenêtres, et des herbes folles envahissant le petit enclos. Je fus étonné que personne ne se souciât d'habiter ce logis déserté. J'allais en faire tout haut la remarque lorsque le docteur Plourde, qui avait suivi mon regard, me dit laconiquement :

— C'est la cabane du père Couleuvre. Je te dirai son histoire; elle en vaut la peine !

Et voici ce qu'il me racontait le soir même, comme nous prenions le frais tous deux sur sa galerie…

❑

Le père Couleuvre s'appelait de son vrai nom Phydime Lanouette. À trente ans, c'était un homme râblé, bas sur pattes, le torse long, avec une tête chafouine piquée entre deux épaules larges comme des madriers. Rusé, hâbleur, il avait dans le pays une réputation de boute-en-train dont il tirait gloriole. Il ne se donnait guère de réunions dans les environs sans qu'on l'y invitât. Aux noces surtout, où il excellait à lancer les quelques plaisanteries égrillardes qui mettaient l'assistance en joie.

Phydime eût donc été parfaitement heureux si l'obligation de gagner sa vie n'avait empoisonné son existence. Car il était paresseux, d'une paresse immense et totale. Comme il était seul au monde, sans le sou, et avec cela fort comme un bœuf, il fallait bien qu'il travaillât. Il était bûcheron de son métier, ainsi que la grande partie de la population mâle de Saint-Pancrace. Une puissante compagnie, la Brown Limited, dirigeait, en ce temps-là, la coupe du bois sur les terres de la Seigneurie de Pertuis, et il y avait peu de chômage dans la paroisse.

Chaque automne, Phydime montait aux chantiers. L'ouvrage était dur, mais bien payé. À la fonte des neiges, notre homme revenait au bourg, les poches gonflées d'un gros rouleau de dollars qu'il entourait prudemment d'une bande élastique. Alors il passait quelques semaines de délices à flâner devant la boutique de Vachon, le barbier, où se donnaient rendez-vous les mauvais garçons du village. Il ne sortait de là que pour jouer une partie de billard arrosée de copieux verres de bière. Sans souci matériel, sans le moindre effort à fournir, la vie était belle. Trop vite, hélas! la nécessité le forçait, le magot fondu, de chercher un emploi.

À l'époque où commence ce récit, Phydime Lanouette campait avec une équipe de bûcherons en haut de la rivière Sainte-Perpétue. La saison touchait à sa fin. Les hommes, la soupe avalée, abrutis de fatigue, se jetaient sur leurs lits où ils dormaient à poings fermés jusqu'au petit matin. Un soir qu'ils ronflaient à qui mieux mieux, ils furent réveillés en sursaut par un juron formidable suivi de gémissements. On fit de la lumière à la hâte. Phydime, près de la pompe à eau, une tasse de ferblanc à ses pieds, se tenait le ventre à deux mains en geignant d'une voix lamentable:

— Torrieu de torrieu, j'ai envalé ane couleuvre.

Les gars se regardèrent, ahuris, le croyant devenu subitement fou.

— Ç'a pas de sacré bon sens, comment qu't'as faite ton compte? s'exclama Bertrand, le foreman, qui n'aimait pas la plaisanterie.

Mais Phydime, sans paraître l'entendre, répétait obstinément:

— Torrieu de torrieu, j'ai envalé ane couleuvre!

Il interrompit enfin ses plaintes pour expliquer:

— J'm'en va qu'ri d'l'eau à la pompe. J'ai ben cru voèr qu'è'que chose qui grouillait au fond d'la bol. J'ai bu pareil, rapport qu'j'avais une soèf d'enfer. V'là t'y pas que, dret là, què'que chose d'gluant m'glisse dans l'gargoton. C'est ane couleuvre, ma grand-foi du bon Dieu! J'la sens qui m'fortille dans le corps.

Et il reprit ses lamentations.

Bertrand, partagé entre la méfiance et le sentiment de sa responsabilité, se grattait la tête d'un air perplexe. Puis une idée lui vint. Il courut à la petite armoire qui servait de pharmacie, y prit une fiole poisseuse qu'il déboucha en ricanant :

— J'm'en vas t'la faire passer ta couleuvre, maudit farceur !

Et il administra à Phydime, coup sur coup, deux pleines cuillerées à soupe d'huile de castor que l'autre avala avec d'horribles grimaces pendant que les hommes riaient en faisant de grosses blagues. Et tout le monde se rendormit.

❑

Le lendemain, au déjeuner, chacun se paya la tête de Phydime. Lui, penaud, le nez dans son assiette, se laissait taquiner sans dire un mot. Ce qui étonna ses camarades. Car il avait d'ordinaire la langue bien pendue. Il mangea à peine et, toujours muet, s'en fut au travail, les jambes molles, vert de sa purge forcée. L'incident semblait clos. Mais sur le coup du midi, le grand Portelance, qui abattait un merisier avec l'aide de Phydime, vit son compagnon s'arrêter brusquement. Une expression d'angoisse lui contractait le visage. Il resta un moment courbé en deux, une lueur d'épouvante dans le regard, puis il murmura d'une voix blanche.

— C'est ma couleuvre qu'a faim !

Et il courut vers le camp où il engloutit, sous les yeux du cuisinier effaré, une double portion de soupe aux pois et de crêpes au lard.

Ce fut ainsi jusqu'au départ. À toute heure, aux moments les plus incongrus, Phydime se livrait à des contorsions qui ne se calmaient qu'après avoir dûment gavé sa couleuvre. Les hommes croyaient maintenant dur comme fer à l'existence de la couleuvre. Et même Bertrand le foreman, s'il arrivait qu'on lui demandât son avis là-dessus, hochait la tête sans dire un mot.

Quand Phydime revint au village, sa mésaventure se répandit de la place de l'Église jusqu'au Pied de la Montagne. Tout le monde voulut le voir. Les ménagères lui préparaient en cachette les plats les plus alléchants dans l'espoir de l'attirer. Il passa un été prodigieux. Nourri, choyé, il vécut comme un vrai coq en pâte. C'est alors qu'un projet germa dans sa cervelle rusée. La saison des chantiers étant revenue, au lieu de s'embaucher, il se mit à crier bien haut à qui voulait l'entendre que sa couleuvre lui avait « viré les sangs ».

— Quoi c'est que j'vas dev'nir, se lamentait-il, j'sus même pus bon à fendre un billot en deux !

Il brailla si fort que les gens le crurent et compatirent.

Dès que ses camarades furent partis, il se livra à des préparatifs mystérieux. Il tailla d'abord un gros bâton dans une branche d'épinette choisie avec soin. Puis il se confectionna, au moyen de vieux sacs de pommes de terre, une besace ample et profonde. Enfin prêt, le bâton à la main, la besace sur l'épaule, il commença sa tournée. C'est ainsi que Phydime Lanouette, bûcheron, devint quêteux de son métier.

❑

Il y avait belle lurette qu'on avait oublié son nom lorsque, mes études terminées, je vins exercer la médecine à Saint-Pancrace. On ne l'appelait plus que le « père Couleuvre », et il prenait son rôle au sérieux. Il arrivait au dégel, faisait la tournée des villages jusqu'au rang du Pied de la Montagne, et remontait chez lui aux giboulées, la besace lourde, le ventre bien plein.

Toujours gai, il était le favori dans les fermes où il mangeait grassement. Une fois les salutations d'usage prodiguées, il s'attablait. La ménagère, le plus souvent, poussait devant lui un croûton de pain rassis et un plat de restes. Il ne bronchait pas, mais son petit œil fureteur avait tôt fait de découvrir, mijotant sur le poêle, quelque mets plus ragoûtant qui lui mettait l'eau à la bouche, et auquel il se gardait bien de faire allusion. Il entamait sa nourriture avec entrain. La première bouchée n'était pas engloutie que son visage s'allongeait et qu'il soupirait à fendre l'âme tout en apostrophant sa couleuvre :

—Comment, t'aimes pas ça ? Sacréié, t'es ben gesteuse !... Correct, correct, on en mangera pas.

Et il repoussait l'assiette, doucement, avec beaucoup d'excuses. La fermière, impressionnée malgré elle, finissait par lui servir une portion du plat convoité qu'il engouffrait avec de petits grognements satisfaits, pendant que les enfants, les yeux ronds, un doigt dans le nez, l'entouraient, respectueux. Cet homme, qui portait dans son ventre une bête vivante, les remplissait d'un effroi admiratif qui n'était pas sans flatter l'ancien bûcheron.

À la Sainte-Catherine, bon an mal an, le père Couleuvre regagnait sa bicoque qu'il partageait avec un autre mendiant surnommé la Patte. La Patte ne possédait rien au monde qu'une jambe de bois et un fusil. Il ne désirait rien d'autre, celle-là lui permettant de quêter, et celui-ci, de braconner.

Sitôt les premières neiges tombées, les deux compères s'affairaient à certaines emplettes : des sacs de pommes de terre, de fèves, de la farine de sarrasin, des quartiers de lard, et une ou deux barriques de bagosse que leur livrait clandestinement Clovis Bérubé. Leurs provisions en place, le bois empilé dans le hangar, et les barriques bien enfouies sous la trappe, ils s'installaient au chaud pour les rigueurs de l'hiver.

Claquemurés, ils vivotaient, sans mettre le nez dehors, comme des taupes dans leurs trous. Durant les longues veillées sombres, la Patte décrochait son fusil pendu à un clou, le frottait, l'astiquait, pendant que le père Couleuvre, un verre à la main, se chauffait la couenne près du poêle, sans rien faire, heureux comme un prince.

❑

Son histoire, tu penses, me laissait fort incrédule. Une chose m'intriguait. Le bonhomme avait-il réellement cru avaler une couleuvre, ce fameux soir des chantiers? Je résolus d'en avoir le cœur net. Il frappa à ma porte un matin, à la mi-octobre, selon son habitude. Je le reçus moi-même. Un petit vent nord-est soufflait, sec et vif. J'en profitai pour lui offrir un verre sous prétexte de lui réchauffer les sangs. Il accepta avec joie, et il ingurgita d'un seul coup la pleine rasade de whisky que je lui avais versée. Tout de suite il devint loquace. Je lui demandai à brûle-pourpoint:

— Allons, dis-moi comment elle était grosse ta couleuvre, quand tu l'as avalée?

Il répondit sans hésiter:

— All' avait un bon d'mi pouce de corpulence, la torrieuse!

Comme je m'esclaffais en le traitant de farceur, il prit de grands airs offensés. Mais il s'aperçut bientôt que mon incrédulité n'était pas feinte, et il ajouta à regret, en me jetant un coup d'œil méfiant:

— Ouais! P't'ête ben qu'alle état pas si grosse que ça!

Avant même qu'il eût vidé la bouteille, j'étais fixé. Le drôle ayant sans doute avalé par mégarde une herbe ou une racine quelconque, l'idée lui était venue d'un bon rôle à jouer.

Je lui glissai une aumône substantielle qu'il empocha lentement, sans enthousiasme. Il ne se décidait pas à partir et regrettait visiblement ses confidences. Malgré son ivresse, il sentait confusément qu'il avait trop parlé, et il craignait une indiscrétion de ma part qui troublerait le cours ingénieux de sa nouvelle vie. Puis une malice passa dans ses petits yeux, et il prit congé en me lançant d'un air bonhomme:

— All' éta' p't'ête ben p'tite quand j'l'ai envalée, ma couleuvre, mais all' a ben forçi depuis que j'la traite si bien!

Après cela, durant de longues années, je perdis de vue le père Couleuvre.

❑

Une fin d'après-midi, comme je revenais d'une visite chez un malade du troisième rang, ma jument qui filait tranquillement au trot sur le chemin de l'Église se cabra. Un vent aigre soulevait une poussière fine et je ne pus d'abord discerner ce qui avait pu effrayer ainsi ma bête, lorsqu'un vagabond bondit soudain du fossé. Il avait un aspect minable. Ses haillons, son chapeau mou, toute sa personne était couleur de route. Il me rappelait ces insectes des pays tropicaux qu'on vous montre comme des objets étranges et qui prennent à volonté l'apparence d'une branche ou d'une feuille. Le bonhomme, lui, avait l'air d'un morceau de route informe qui se serait mis à bouger tout à coup. Je criai:

— Eh! le père, voulez-vous faire un bout de chemin avec moi?

Le chemineau leva vers moi son visage terreux. C'est alors que je reconnus le père Couleuvre. Il avait horriblement changé. Il grimpa péniblement dans ma guimbarde en s'y prenant à deux fois.

— Eh bien, ça ne va pas, père Couleuvre?

Il secoua le crâne de gauche à droite, et murmura :

— C'est ma couleuvre. All' me mène un charivari du diable.

Il ajouta plus bas, et il semblait tout honteux :

— J'cré ben qu'a' m'mange les intérieurs !

Impossible de mettre en doute la sincérité d'accent du pauvre bougre ! Sa couleuvre, qu'il avait bel et bien inventée, il y croyait maintenant de toute son âme. Pris de pitié, je l'emmenai chez moi où je lui fis subir un examen méticuleux. Je ne fus pas long à découvrir qu'il souffrait de dyspepsie, ce qui pouvait suffire à expliquer le «charivari» de sa couleuvre. Mais comment lui faire entendre raison là-dessus ! Je lui préparai quelques poudres inoffensives en m'efforçant de lui remonter le moral. Il m'écouta dans un silence respectueux, et quand je fus à peu près sûr de l'avoir convaincu, il dit, le front bas :

— All' est dev'nue bec fin, all' aime pus rien. V'là t'y pas qu'a' m'mord, asteure !

Il releva la tête, et un véritable désespoir se peignit sur ses traits, et il me confia :

— La Patte, i'm'dit qu'a' sera encore en vie quand moé j'serai crevé.

Et il partit, farouche, en laissant mes médicaments sur ma table.

❏

Quelques mois plus tard, je fus réveillé en pleine nuit par de violents coups de sonnette. Je courus à ma fenêtre. Un homme attendait devant ma porte. Dans le silence, j'entendais littéralement ses dents qui claquaient. Je criai que je descendais tout de suite. J'enfilai un pantalon et mis un veston, un manteau.

Dehors, à la lueur du fanal, je reconnus la Patte. Son visage était livide. Il balbutia d'une voix étranglée :

— Docteur, v'nez vite. C'est le père Couleuvre ! I s'est crevé avec mon fusil.

Et comme je me dirigeais vers l'écurie, il m'arrêta :

— Attelez pas, j'ai une voiture toute parée, icitte.

Je grimpai dans un quatre-roues branlant que tirait une vieille haridelle. La Patte, d'un grand coup de fouet, cingla les flancs de la bête, et nous partîmes à l'épouvante. J'essayais, tant bien que mal, malgré les secousses, les grincements d'essieu, les cahotements du véhicule, d'obtenir de mon compagnon certaines explications. Mais la peur d'être accusé le tenaillait, et il répondait à mes questions de façon incohérente. Ce n'est qu'à force de patience que je réussis à reconstituer le drame.

Ces derniers mois, me raconta-t-il, le père Couleuvre ne semblait pas dans son assiette. Lui, autrefois si gai, il était devenu morose et plus muet qu'un hibou. Quand il ouvrait la bouche, c'était pour demander à la Patte d'un ton anxieux :

— Comme ça, tu cré qu'ma couleuvre s'ra encore en vie quand moé j'serai crevé ?

La Patte, qui était de cet avis, répondait affirmativement. L'autre se faisait plus sombre encore et retombait dans son mutisme.

La Patte avait d'abord essayé par toutes sortes de moyens de chasser les idées noires de son ami. Mais en vain. La veille, la Patte avait, selon son habitude, décroché son fusil du clou où il le pendait. Quand il l'eut bien fourbi, bien astiqué, il glissa une balle dans la culasse, histoire de s'amuser un brin. Le père Couleuvre, qui ruminait dans son coin, s'était alors approché et avait engagé la conversation :

— Comme ça, ton fusil, i peut tuer un arignal ?

— J't'cré, avait répondu la Patte, un arignal, ou n'importe quelle grosse bête : un joual, ane vache, un homme itou !

Un silence, puis :

— Ouais, ben moé, j'cré pas que ça tuerait ane p'tite criature, ane grenouille, par exemple.

La Patte avait craché, par mépris :

— Ça, mon verrat, ça mettrait ane grenouille en bouillie.

— P't'ête ben, p't'ête ben, j'dis pas !

Et le père Couleuvre avait haussé les épaules, conciliant. Puis tout à coup il s'était penché sur la Patte, l'avait regardé dans le blanc des yeux de façon si bizarre que l'autre s'en était senti tout drôle, et avait déclaré :

— Par exemple, i a rien, t'entends, i a rien pour m'faire acrère qu'ton fusil i tuerait un sarpent.

Alors l'indignation de la Patte avait éclaté et il s'était écrié en lançant une bordée d'injures :

— Un sarpent que tu dis, un sarpent ! Bonguienne de bonguienne, mon fusil y f'rait péter n'importe quel sarpent en mille miettes !

Chose curieuse, le père Couleuvre avait paru content de cette violente sortie. Il était resté songeur, une demi-heure, une heure. Puis il était allé à la cave, avait tiré de la cachette une bouteille de bagosse en disant simplement :

— On va prendre une brosse toué deusses. C'est moé qui paye la traite. Une vraie brosse… !

Ils s'étaient attablés. Après, la Patte ne se rappelait plus très bien. Il avait cuvé son alcool, affalé sur la table. Plus tard, dans la nuit, des éclats de voix l'avaient à demi sorti de sa torpeur. Il se souvenait maintenant qu'il avait vu le père Couleuvre, debout dans le milieu de la pièce, qui faisait de grands gestes en ricanant :

— Mords-moé asteure, ma torrieuse, mords-moé !

Il s'était rendormi, habitué aux divagations du bonhomme. Un bruit de détonation l'avait réveillé en sursaut. En face de lui, le père Couleuvre gisait, mort, le fusil encore fumant à ses côtés.

Quand j'arrivai à la cabane, conclut le docteur Plourde, le cadavre était bien là, étendu sur le dos, à l'endroit décrit par la Patte. Le père Couleuvre s'était tiré à bout portant une belle en plein ventre, là où sa couleuvre devait le mordre. Et chose singulière, sur la figure du vieux, il y avait une expression de triomphe, une espèce de sourire figé au coin des lèvres. Sa couleuvre était morte en même temps que lui !

Le lendemain du drame, le bedeau creusa un trou dans le terrain vague près du cimetière, et on y jeta la dépouille du quêteux qu'on ne pouvait enterrer en terre bénie à cause de son suicide. Des bruits circulèrent dans le village. D'aucuns prétendirent que le père Couleuvre avait été de son vivant possédé du diable. Sa couleuvre, disait-on, n'était autre que Satan sous un déguisement. La Patte, qu'on commençait à regarder de travers, disparut du pays pour n'y plus jamais revenir. On cloua des planches sur la porte et les fenêtres du logis abandonné. Depuis, personne n'a voulu l'habiter.

(*Maria de l'hospice*)

Ringuet

Ringuet (Philippe Panneton) (1895-1960) est né à Trois-Rivières. Études classiques aux séminaires de Joliette, de Trois-Rivières et au Collège Sainte-Marie. Études universitaires (médecine) à l'Université Laval et à l'Université de Montréal. Professeur à la Faculté de médecine de l'Université de Montréal. Romancier, conteur et essayiste. Prix des Vikings, Paris, 1940. Prix de l'Académie française, 1940. Médaille du Gouverneur général, 1940. Prix David, 1940. Docteur *honoris causa* de l'Université Laval, 1952.

Littérature... à la manière de (en collaboration avec Louis Francœur), Montréal, Éditions Variétés, 1924.

Trente arpents (roman), Paris, Éditions Flammarion, 1938.

Un monde était leur empire (essai), Montréal, Éditions Variétés, 1943.

L'héritage (contes), Montréal, Éditions Variétés, 1946.

Fausse monnaie (roman), Montréal, Éditions Variétés, 1947.

Le poids du jour (roman), Montréal, Éditions Variétés, 1949.

L'amiral et le facteur (essai), Montréal, Éditions André Dussault, 1954.

Confidences (souvenirs), Montréal, Éditions Fides, 1965.

La sentinelle

— Nous ne partons pas.

— Comment ! Nous ne partons pas ?

Sans tourner la tête, le sans-filiste réaffirma, du coin de la bouche ;

— Non. Partons pas.

Puis il lança, du haut du pont, un jet de salive mince comme une tige de fleur et qui s'incurva avec élégance pour faire un rond dans la mer, entre le quai et le bateau.

— Zut ! et zut ! Alors, quand ?

— Sais pas. Pas avant cette nuit, sûr.

— Oh ! alors ! moi je descends. J'en ai plein le dos.

Il était déjà parti.

Si ma curiosité n'était pas piquée par cette nouvelle imprévue, c'est qu'il n'y avait plus moyen. Ma curiosité ! ce n'était plus qu'une pelote à épingles hérissée de questions insolubles,

J'avais pris le 14 cet ignoble rafiot, le *Pernambouc*, à Port-d'Espagne. Je voulais passer à Colon où prendre le Santa-Anna le 22 ; cela nous donnait huit jours. Or nous étions maintenant au... 26 !

J'aurais dû me méfier. Quand j'avais demandé passage, le commissaire avait eu l'air surpris, presque ennuyé. Ma curiosité avait fait des siennes et en insistant j'avais obtenu une cabine, flairant quelque extraordinaire aventure. Pour moi, cela sentait la flibuste.

Or mon «pirate» n'était que le plus vulgaire des caboteurs. Nous avions touché l'île Margarita, puis Curaçao, chargeant d'innocents barils de mélasse. Nous étions alors revenus à Puerto Cabello, puis plus en arrière encore à La Guayra. Deux jours à attendre «des ordres»; nous étions restés là, à dix encablures du quai, écrasés par la masse ébouleuse des Andes qui, accourues de la fine pointe de l'Amérique, remontant tout le long du continent, viennent là crouler en avalanche dans la mer. Accrochée à ce mur vertical et tenant par miracle, une grappe de maison multicolores; au-dessus des sommets aigus, des points noirs qui sont les *zopilotes* en quête de charognes. La ville a une rue et demie; le reste, des échelles, ou tout comme.

De là nous passâmes à Carthagène! Furieux, j'avais demandé des explications au capitaine. La réponse avait été simple et nette:

— Vous avez demandé si j'allais à Colon. Je vous ai dit que j'allais à Colon. Quand? Vous ne l'avez pas demandé. Nous serons à Colon un jour ou l'autre. Si ça ne vous va pas, je vais faire descendre la chaloupe... Non?... Bonjour.

Le lendemain soir nous étions... à Baranquilla...!

J'avais raté le Santa-Anna. Mais je suis tenace et j'étais buté. Le port d'attache de notre *Pernambouc* était la Nouvelle-Orléans; j'irais jusqu'à la Nouvelle-Orléans. Jusqu'au bout! Cela devenait une lutte entre le bateau et moi. Il finirait bien par se rendre et j'avais le temps. En attendant, je ne quitterais pas mon navire, malgré son capitaine hermétique, malgré ses ponts crasseux, malgré sa cuisine infâme, malgré ses cancrelats géants issus de quelques monstres préhistoriques. Apparemment invisible aux membres de l'équipage, je passais mes journées appuyé sur un cabestan, dans l'ombre d'une manche à air qui me cachait du soleil sans me protéger contre l'étouffante moiteur. Le seul sans-filiste m'avait adressé la parole, et encore lorsque nous étions seuls, jamais autrement.

Et voilà que nous en avions pour une journée à Colon !

Du pont couvert où je me trouvais, je sentais sur mes épaules la chaleur lourde comme une pelisse ; j'étais presque nu. Pour un peu je me serais vêtu, afin d'interposer quelque chose entre le feu de l'air et ma peau pourtant tannée ; mais il y avait l'humidité, une poisse brûlante, sirupeuse, qui coulait vers nous de la jungle prochaine sous la pression fétide des miasmes et des fièvres empoisonnées.

Cette fois j'étais écœuré. Un navire fût venu que je l'eusse pris, pour n'importe où, pourvu que ce fût vers le nord, vers le froid, vers les neiges et les glaçons dont je rêvais la nuit. Mais rien, pas un cargo avant trois jours.

Et passer cette après-midi à bord, non ! Pour rien au monde.

Il y avait bien la ville de Colon. La ville de Colon ! Je l'avais vue. Ses boutiques de camelote chinoise en face des boutiques de camelote japonaise. Quelques bazars hindous avec, appuyées au chambranle, des femmes aux longs yeux noirs, un rubis incrusté dans la narine gauche. Attiré, elles vous livrent à leur boutiquier de mari qui finit toujours par vous vendre des chemises de soie artificielle fabriquées dans le Delaware ! Quant au pâté central où chaque façade est une chambre à coucher ouverte sur le trottoir, merci !

Je passai un complet de toile, coiffai mon casque de paille et cherchai une voiture. J'en trouvai une qui

dormait derrière la Douane, une vieille Chevrolet ouverte
dont les coussins recouverts de nattes évoquaient quelque
fraîcheur. Le chauffeur ronflait, un chapeau de feutre sur
les yeux. Je le poussai.

— Tu es libre ?

Il poussa un soupir résigné :

— Si, señor.

— Je veux de l'air. Marche.

— Où ?

— Ça m'est égal. Deux heures. Et au tarif ! Mais il y
aura pourboire.

Je m'étendis sur les coussins dont la paille un instant
me rafraîchit… La voiture en marche, je respirai. Nous
passâmes les quartiers du centre. Devant un café interlope
et trop connu le chauffeur ralentit :

— Vous voulez continuer, señor ?

— Marche, marche !

— Bueno. Vamonos.

Bientôt ce furent de misérables cahutes où des enfants affichant tous les métissages imaginables se roulaient dans la poussière. Nous nous engageâmes, sans
hâte, sur une route pavée qui pointait vers l'est.

Au bout de quelques minutes la forêt ouvrait sa
gueule immense et nous entrions dans une ombre qui se
referma sur nous. Je m'endormis, bercé par les secousses.

L'immobilité m'éveilla. La route était déserte. Le
chauffeur descendu avait levé le capot et, le chapeau sur
la nuque, les yeux calmement fixés sur sa mécanique, se
grattait la tête nonchalamment.

Autour de nous, c'était la jungle, tropicale, lourde,
hermétique, sur nous aussi, comme un écrasant couvercle.
Il n'y avait de libre que le ruban mince de la route qui à
quelques cents pieds plongeait brusquement à gauche
dans la mer végétale ; et tout en haut une bande de métal

bleu, là où les branches ne se pouvaient joindre. Partout régnait la chaleur épaisse, humide, spongieuse. On avait l'impression de respirer un marécage.

— Eh bien ! Qu'est-ce qui se passe ?

— Il faut attendre. Quelque chose qui ne va pas. Quand la voiture sera refroidie un peu je pourrai réparer. Bientôt, tout à l'heure.

Il n'y avait rien à faire que de patienter. Mais le chauffeur me regarda un instant, puis :

— Vous êtes Américain ?

— Non ! Pourquoi ?

— Alors ça va bien. Vous pourriez aller attendre chez le Tonto. Ça passera le temps.

— Le Tonto ? Qu'est-ce ?

Tonto… en espagnol cela veut dire fou… je le savais. Mais j'avais beau regarder, je ne voyais pas la moindre maison, pas la moindre amorce de sentier.

Le chauffeur se mit à rire.

— Oh ! il n'est pas dangereux. Surtout que vous êtes français !

Et sans attendre. Il se mit à crier :

— Tonto… eh !… Tonto… !

Je me tournai du côté vers lequel il appelait ; j'aperçus alors, noyée dans l'océan des verdures, enfoncée dans les basses feuilles et les fougères géantes, une espèce de cabane que cachait encore mieux le treillis des lianes. À la barrière apparut un homme.

Il était vêtu de nippes effrangées sans couleur et presque sans forme ; sa tête maigre était couverte d'un chapeau de paille d'où coulait une barbe blanche.

Le chauffeur lui cria :

— Eh ! Tonto ! Tengo aqui a un hombre. Que no es americano sino francés. Si, si, por la Madre de Dios. Es francès, de veras !

Je m'étais avancé un peu. De loin je vis le vieillard qui d'un geste large, un peu théâtral, soulevait son chapeau et le tenait brandi comme une accueillante bannière.

Je le rejoignis à la clôture qu'il n'avait pas quittée.

— Alors, c'est vrai ! Monsieur est français ?

La voix était saisissante : très douce, musicale, fraîche même ; avec une pointe d'accent bordelais qui faisait doucement tinter les finales comme un écho ; une voix d'enfant sortait de cette barbe de vieillard comme une source fraîche sourd au pied d'un vieux mur.

— Mais oui, je suis français. Français du Canada, mais français tout de même.

— Alors, vous êtes Français ! Vous êtes Français !

La barrière poussée de la main s'écarta largement, l'autre main se tendait vers la mienne.

— Soyez le bienvenu, monsieur, et daignez honorer ma demeure de votre présence.

Il me laissa passer devant lui, chapeau bas. Je le saluai non sans formalisme, ne sachant que répondre.

J'entrai, si l'on peut dire, car de porte il n'y avait point. Ce n'était pas une maison, pas même une hutte ; à peine un abri. Les murs étaient de bambous joints par des lianes ; solides tout de même, ils entouraient un rectangle de terre battue. Dans un coin un vieux lit haut monté sur des pièces de fer et, à l'opposé, un vieux fourneau très simple. Au centre, une table boiteuse dont, en posant mon chapeau, je remarquai la très belle marqueterie. Naturellement, l'omniprésente bouteille de quinine était en évidence. Instinctivement je levai les yeux vers la toiture de tôle ondulée soutenue par… quatre poutrelles d'acier !

Le vieillard fit un geste de la main ; ses yeux avaient suivi les miens.

— Oh, vous savez, monsieur, je les ai empruntées, simplement empruntées.

Il s'écarta un instant, regardant dans la direction de l'auto. Le chauffeur s'affairait lentement, tout là-bas.

Alors le vieux se rapprocha. Sa voix se fit sourde et mystérieuse :

— Alors, monsieur, vous venez de sa part ?

— De sa part ?

— Mais oui ? C'est le Patron qui vous envoie ? Bon, bon, je vous attendais.

— Ah ! Vous m'attendiez. (Je me sentais un peu mal à l'aise). Vous savez, je ne puis m'arrêter qu'un instant.

— Vous êtes pressé. Ça ne fait rien. Vous avez le temps de faire l'inspection. Venez. Vous serez content.

Il paraissait doux ; et dans ce voyage je n'en étais plus à une surprise près. Déjà il m'entraînait.

— Excusez-moi si je passe devant : mais il faut vous montrer le chemin. Nous prendrons le raccourci.

Je suivis. Nous prîmes un vague sentier qui bientôt ne fut plus qu'une piste, du moins à hauteur d'homme. Car le sol, lui, était invisible sous le feutrage épais des mousses et des plantes inconnues hérissées de gales et d'épines que l'on devinait vénéneuses. Le pied hésitait, craignant à chaque pas de ne pas trouver de fond. En trente secondes la clairière, la route, l'habitation, le monde entier s'étaient abolis. Nous allions contournant des mares verdies où bourdonnaient des mouches et que de somptueux papillons enluminaient par instants ; grimpant des buttes vers un plein ciel invisible, tandis que les lianes traîtresses tendaient vers nous leurs lassos menaçants et que, sous l'insondable moquette des débris pourrissants, je croyais sentir des formes allongées, tendues, prêtes à mordre ; puis descendant en des creux où dormaient des vapeurs rances qui me prenaient à la gorge.

Ce n'était certes pas la forêt canadienne, claire, ordonnée, lumineuse, apaisante ; la forêt d'érables et de résineux

où les troncs parallèles fusent librement vers l'azur béni
toujours visible ; la forêt aérée dont les mailles larges
ouvertes laissent filtrer la pluie d'or du soleil qui s'étale en
flasques glorieuses dans les clairières. Ici, c'était une
bataille, une tucrie végétale immobile mais vivante ; vivant
d'une vie sournoise où chaque arbre luttait désespérément
contre son voisin, chacun cherchant à étrangler l'autre, tandis que les lianes ligotaient les troncs ennemis et que partout des parasites géants envahissaient les fourches, tordaient les branches, grugeaient les membres. Et sur tout ce
vert malsain, de temps à autre une tache de lumière divine
qui était la fleur impériale, l'orchidée ; parasite, elle aussi.
Dans tout cela rien que je connusse, aucune essence qui me
fût familière ; rien autre que les fougères, mais des fougères qui ici prenaient des dimensions de cauchemar.

Nous avions marché cinq minutes à peine, peut-être ;
pourtant j'étais fourbu. Et voilà que soudain le mur se
déchira brutalement. La lumière reparut, cruelle et rassu-
rante à la fois. Un large espace s'ouvrait devant nous.
Une rivière ? un étang ? la mer ?

Le bras tendu de mon guide m'arrêta brusquement
sur la borge. À nos pieds dévalait en une pente raide la
bave de la forêt, coulant vers un immense fossé. Une
tranchée large, presque surhumaine, s'ouvrait toute droite
à perte de vue, comme si quelque météore fût tombé là,
balayant tout devant lui pour se creuser un lit ; dans ce lit
profond un fleuve de verdure paraissait figé dans sa
course par quelque sortilège effrayant.

— Vous voyez, monsieur, tout est là.

Cette voix douce, mesurée, souriante, fit l'effet d'un
peu d'eau fraîche sur mes tempes moites.

Il montrait quelque chose à gauche.

J'aperçus d'abord, qui sortaient entre les branches et
les lianes, d'autres branches rigides et noires, issues de

troncs massifs. C'est alors que je reconnus, que je compris.

Tout au long de l'immense ravin c'étaient, par dizaines, par centaines, des machines abandonnées; toute une ferraille morte, enlisée dans cette végétation dévorante. Des pelles à vapeur tendaient des moignons de bras et offraient au ciel le débris de leur benne pourrie par l'humidité des pluies tropicales; sur un remblai, des wagonnets alignés s'effritaient sur d'invisibles rails, faisaient tête à queue dans l'attente d'une locomotive crevée à cent pieds plus loin et dont seules surnageaient la cheminée ridicule et désuète, percée comme une écumoire, et le toit croulant de la cabine.

Ce ravin, c'était le vieux canal. Le canal français. Le canal de Lesseps. Le canal mort. Le canal de la faillite. Non point comme l'avait rêvé le grand ingénieur, le Canal *de* Panama, mais le Canal *du* Panama. Ce qui devait être un autre Suez n'était plus que cela, une fosse immense à la taille du rêve qui y dormait à jamais enseveli sous le linceul vert, éternellement vert.

Le vieux me regardait. Je voyais son visage maigre, que la fièvre palude avait bistré; et ses yeux aux prunelles grises qui guettaient chez moi quelque mouvement, de joie? de tristesse? je ne savais encore. Car je ne comprenais point. Il ne disait plus rien; et le silence, dans cette nature lourde et sans rumeur, était comme une mort infinie. Je rêvais.

Le vieillard toussa discrètement, poliment.

— Vous êtes là, dis-je avec un sursaut.

— Bien sûr, monsieur, que je suis là. Je n'ai pas quitté mon poste. Mais non! Vous pourrez dire au Patron que je suis encore là. Mon devoir, monsieur, mon devoir. Je ne connais que ça. Quand il reviendra, le Patron, il me retrouvera ici, où il m'a laissé... Il raidit péniblement ses membres rouillés et se mit au garde à vous, vacillant un peu.

— … Comme un soldat de France, monsieur. Jean Vaudois ne déserte pas. Quand il reviendra, le Patron, je lui dirai…

Son bras esquissa un salut militaire et ses lèvres, un sourire d'orgueil.

— … je lui dirai : Monsieur de Lesseps, vous m'avez confié la garde du Canal. Le voilà. On n'a rien dérangé… Mais quand doit-il revenir ? Il ne vous l'a pas dit, monsieur ? Il y a quelque temps qu'il est parti.

Je l'écoutais, perdu. Sous mes yeux, le soleil mitraillait la fosse immense où le projet titanique du grand ingénieur pourrissait depuis… je ne savais plus combien d'années, depuis combien d'âges. Moi aussi, je vacillais un peu. Il y avait cette avalanche effroyable de la jungle, en suspens, prête à dévaler, à engloutir tout cela au moindre signe de résurrection ; il y avait les moignons noircis des grues, tendant vers le ciel, comme des mains, les restes de leurs godets calcinés. Par moments cela me semblait bouger, s'animer, esquisser des gestes noueux et forts : tout droit, pour ensuite descendre virilement vers la terre et la mordre, mordre et déchirer le linceul morbide. Il y avait surtout à mon côté cette voix, cette voix obstinée d'homme fidèle qui ne doute pas, qui ne peut pas douter, qui empêche que l'on puisse douter.

Jean Vaudois était là, tête nue sous le marteau brûlant du soleil, aveugle à ce qui nous entourait, le balancier de son esprit arrêté depuis… quarante ans par un étrange délire né de la fièvre ; pour Jean Vaudois, il n'y avait pas d'années qui ajoutassent chacune une pelletée de temps à cette sépulture ; tout n'était que le recommencement d'un temps à jamais immobile. Pour lui le temps n'était plus, le temps était mort. Ce qu'il m'avait dit, il se le disait lui-même, indéfiniment, comme un phono détraqué dont l'aiguille retombe chaque tour dans la même rainure…

Un son lointain de klaxon. Mon chauffeur.

— Il me faut repartir…

— Alors vous voyez, monsieur. Dites-lui bien que vous avez vu. Tout est en ordre. Vous pourrez faire rapport à la Compagnie; monsieur de Lesseps sera content.

Cette fois j'avais pris les devants pour fuir cette voix calme, calme effroyablement.

De chaque côté les lianes tendaient leurs amarres et les fougères hissaient leurs palmes. Mais je courais presque. À travers les fûts mêlés des figuiers sauvages je croyais par moments voir surgir de longs hangars fumant de la fumée ouvrière, des campements agités d'une vie prodigieuse, toute tendue vers le grand œuvre. Puis cela s'effaçait devant un souvenir précis: sous cette litière en fermentation, des hommes se dissolvaient, des milliers et des milliers d'hommes tués par la fièvre.

Nous arrivions à la maison du fou. Il me prit subitement par le bras.

— Vous savez, il en vient d'autres parfois jusqu'ici. Des Américains. Ils se font passer pour des touristes. Des touristes! Ils viennent pour espionner, pour voir si je suis toujours à mon poste; et quand ils me voient là, ils s'en vont! Je sais bien ce qu'ils veulent; c'est nos machines. Nos machines, pour finir le canal, pour voler le canal à la France. Mais tant que je serai là… Pourtant, il ne faut pas que le Patron tarde trop longtemps.

«Et, savez-vous, ils ont tout essayé pour me faire partir, pour que je déserte. Un jour ils ont même voulu m'emmener; mais j'ai su m'échapper. J'ai passé quatre jours dans la forêt… Ils sont repartis.»

Il riait maintenant d'un rire bonasse et malin, du rire de celui à qui on ne la fait pas!

— Il en vient encore de temps à autre. Dernièrement, ils ont trouvé mieux. Je vous le donne en mille, ce qu'ils ont inventé !... Ils m'ont dit que ce n'était plus la peine de rester... Savez-vous ce qu'ils disent ?...

Ses yeux me regardaient bien en face, mille petits plis fronçant les paupières sous la broussaille blanche des sourcils...

— Ils me disent que le canal, il est fini, que les Américains l'ont terminé ! Mais je sais bien que cela n'est pas vrai. Vous aussi vous le savez. Vous avez vu. Le canal, il est tel que le Patron l'a laissé.

Je ne répondis point. Je partis en lui serrant la main, une poignée de main solide, que je voulais fortifiante, encourageante, menteuse !

Deux heures après, debout sur la berge du canal, de *l'autre*, je regardais s'ouvrir les écluses de Gatun.

Et je ne sais pourquoi, j'avais envie de pleurer.

(*L'héritage*)

Le bonheur

Il avait épousé, il y avait de cela quinze ans de vie dure, une grande femme maigre et osseuse, au verbe brutal, au teint affadi par les interminables séances à la cuisine et au-dessus du baquet à lessive. Il en avait eu onze enfants dont il restait cinq, par miracle. Tout cela peuplait, cette année-là, les quatre pièces au deuxième d'un taudis de la rue Labrecque ; encore fallait-il pour le trouver s'enfoncer dans la cour. Qu'importait ! Au prochain premier mai on prendrait cliques et claques, les meubles à trois pattes et les matelas crevés, et l'on changerait une fois de plus de domicile, comme tous les ans. C'était là une nécessité, bien plus, une habitude. Le loyer était impayé. Madame était à langue tirée avec les voisines. Les enfants avaient cassé trois carreaux en deux semaines. Quand février arrivait, commençait la chasse au logement. Cela donnait à la femme l'occasion d'aller mettre le nez dans le linge sale d'autres familles, sous prétexte de visiter des logis. On comptait les années par les différentes adresses ; on commençait même à en oublier.

La vie de l'homme était centrée sur la filature où dix heures par jour il surveillait le ballet étourdissant des bobines. Il rentrait le soir, les oreilles pleines de leur bourdon monotone et réintégrait son galetas. Il soupait, puis s'installait à son journal, au bruit des portes claquées par les filles partant à l'aventure. Puis il se couchait enfin, lourdement, jusqu'à l'heure matinale du départ pour l'usine.

Et pourtant, il ne se sentait point trop malheureux. Rien n'existait au monde pour lui que la machine vertigineuse et le refuge de sa cuisine où la soirée s'écoulait dans un calme relatif. Il y avait un bon moment: l'heure de flânerie de midi, avec les camarades, la gamelle sur les genoux, à se raconter des histoires et à lancer des pointes aux fileuses qui savaient répondre. Il y avait surtout un grand moment, celui de la paye, le vendredi. Mais qui ne durait guère. Tant que l'enveloppe était dans sa poche, il se sentait riche; il n'était pas à la maison depuis dix minutes que les quelques billets fondaient, passaient dans les mains de la ménagère pour s'engloutir dans le tiroir-caisse de l'épicier.

Sa sortie de l'usine correspondait chaque soir avec le départ du patron. Au moment où il passait la porte ouvrière, son œil était attiré par la voiture qui attendait avec, à l'avant, le chauffeur muet et méprisant. Il ralentissait le pas, s'attardait un peu, la gamelle vide à bout de bras. Car cela, pour lui, symbolisait toute richesse et résumait toute joie de vivre; il lorgnait obliquement les glaces, le vernis poli comme un miroir, le capot allongé en museau de lévrier, les chromes lumineux. Ce moment était de la journée le seul peut-être où il pensât, et où surtout il fût conscient de son sort et de la différence entre ce sort et celui de certains autres. Il pensait, à ce moment. Il pensait et se sentait confusément besogneux et misérable.

C'était chez lui une passion secrète, un étrange amour inavoué et à jamais impossible à assouvir. Le samedi soir il s'emparait du supplément de son journal et y cherchait la chronique de l'auto; il y mettait cette hâte de celui qui sent venir une souffrance et ne veut point qu'elle tarde. Il caressait des yeux les modèles nouveaux, s'arrêtant aux seules voitures de grand luxe, celles qui touchent les trois et les quatre mille ; cinq ans de salaire ! Ce qu'il aimait de celles-là était qu'elles lui rendaient plus amère son amertume. Il était presque satisfait quand la vue d'une voiture inconnue plus coûteuse parvenait à hanter son dimanche.

Mais de cela jamais il ne disait rien.

❏

Un soir quelque imperceptible déclic se fit en lui ; le fil de sa pensée glissa, sur la bobine où jusque-là les jours s'enroulaient régulièrement, chaque tour à côté du voisin, chaque année recouvrant les précédentes, indéfiniment, jusqu'à la cassure du fil qu'aucune fileuse ne pourrait renouer. L'idée fut d'abord imprécise ; et d'un geste habituel, il replaça du doigt le fil errant.

Puis ce qui était pensée fluide, sans contours nets, s'affermit, devint une certitude dont les racines s'agrippaient profondément dans la profondeur de son moi troublé.

C'est ainsi qu'il se rendit compte, pleinement compte, qu'avant longtemps lui aussi aurait sa voiture ; une voiture de luxe aux chromes lumineux comme des astres, à la silhouette affolante comme celle d'un lévrier.

Il en fut frappé subitement comme d'une grande lumière, avec une telle soudaineté qu'il s'interrompit de manger, stupéfié de sentir prendre forme en lui une pensée précise, brutale.

Il y songea avec une complaisance qui le fit se retourner dans son lit bien avant dans la nuit.

Il y songea le lendemain pendant son travail et, à la sortie, en fut enhardi au point qu'il osa s'arrêter carrément près de la voiture du patron et la détailler d'un œil assuré. Le chauffeur le regarda même avec quelque étonnement ; l'ouvrier se détourna bien vite. Il ne fallait pas que son secret fût éventé. Il voulait se réserver le plaisir divin de la surprise : voir la tête de sa femme, et de ses voisins, donc ! le jour où il arriverait à sa porte conduisant une voiture cent fois plus belle... Au fait, il aurait un chauffeur. Et qui aurait un vêtement d'or comme la voiture. Une hâte obscure de cette revanche flotta au fond de lui, très vague.

Le soir à table, il se mit à rire d'un rire d'abord discret qui secouait ses minables épaules sous la vieille veste de laine effrangée qu'il ne voyait pas. Les enfants levèrent vers lui des yeux curieux et insouciants. Sa femme pointa un menton étonné.

Trois semaines plus tard on le conduisit à Saint-Jean-de-Dieu en auto, dans un taxi. En descendant de voiture, il pria aimablement le chauffeur de passer à la Banque de Montréal toucher de sa part cent mille dollars de pourboire !

❑

Le mal étant récent, il y avait quelque espoir de guérison. Le médecin-chef de l'institution s'y intéressa d'autant plus qu'il expérimentait, dans le traitement des cas de ce genre, un médicament nouveau qui semblait justifier les plus belles espérances.

Le pauvre malade faisait pitié. Il passait ses journées dans la salle commune, parmi les fous inoffensifs, à supputer le chiffre de sa fortune sur des bouts de papier quand il en pouvait trouver, le reste du temps sur ses doigts. Les millions s'additionnaient aux millions. Et quand l'un de ses compagnons s'approchait de lui, il déchirait un bout de son feuillet et signait d'une écriture informe, mais sans hésitation, un chèque somptueux que le bénéficiaire contemplait longuement d'un air grave puis avalait avec des grognements de plaisir.

Le milliardaire jouissait intensément de sa vie nouvelle. Sa démarche était glorieuse et condescendante. Il respirait une immense et maladive volupté. Rien de ce qui le touchait ne gardait ses proportions humaines. Chaque repas lui était un festin; chaque visite des internes, une espèce d'ambassade.

Deux fois la semaine, on venait le chercher — en grand équipage — pour le conduire à la clinique recevoir son traitement. Il se faisait aimable pour tous et tendait un bras magnanime à la seringue de la piqueuse qui était là pour le servir. Médecins et infirmières étaient respectueusement rangés à distance. De chaque côté, deux acolytes: l'un lui tenait le bras, l'autre offrait l'ouate. Le rite accompli, il disait merci en souriant afin de montrer que sa richesse ne l'avait point rendu moins affable. On le reconduisait alors, lui devant, son personnel derrière, jusqu'à la salle au seuil de laquelle il renvoyait toute cette valetaille du geste familier mais catégorique qu'il avait tant de fois vu faire par son patron au chauffeur.

Une passion généreuse lui était venue et qu'enfin il pouvait satisfaire, que chaque générosité nouvelle excitait encore, comme en l'affamé chaque bouchée ouvre plus immense le gouffre de la faim. Lui qui de sa vie n'avait jamais rien reçu qui n'eût été cent fois gagné et qui surtout jamais n'avait pu donner, il se livrait à une orgie de largesses.

Bien entendu, il avait commencé par distribuer des automobiles. Des Packard et des Lincoln-Zéphyr et des Mercédès et des Isotta-Fraschini. Une à chacun de ses compagnons de travail et deux à chacun de ses enfants. À sa femme un « autobus-Pullman en platine » ; et pour qu'elle pût lui faire honneur, il faisait verser chaque semaine une pension d'un million. Considérant tous les heureux qu'il faisait ainsi, il se rappelait une phrase d'épitaphe qu'il avait lue autrefois et qu'il s'appliquait ; plus tard on dirait de lui aussi : « Il est passé en faisant le bien ! »

En attendant que fût redécorée la *Normandie* qu'il avait nolisée pour un voyage autour du monde, il consentait à séjourner dans ce lieu hermétique parmi tous ces malheureux fous dont sa munificence adoucissait le sort.

La religieuse au début lui avait inspiré de la méfiance : tant de patiente douceur lui paraissait de l'astuce. Il craignit un temps qu'elle ne voulût mettre la main sur quelque chose de sa fortune, peut-être sur ses mines de diamant qu'il surveillait de la fenêtre, grillée contre les voleurs. Puis il se rendit compte que le vol de quelques milliards ne pouvait même écorner ses immenses ressources ; et sans rien dire, fermant des yeux tolérants, il lui abandonna ce qu'elle en pourrait détourner. Et le fou et la religieuse se regardèrent mutuellement avec une généreuse pitié.

Une mémoire inconsciente lui venait parfois de l'usine rugissante et de la machine à laquelle il avait si longtemps été asservi ; alors, assis sur le parquet, il refaisait les gestes habituels. Mais sa chimère l'enlevait d'un coup d'aile immense et il se mettait à brasser d'étonnantes opérations d'où sa fortune, incalculable, sortait décuplée. L'usine ! il y avait longtemps qu'il l'avait achetée, payée en or et offerte en cadeau à p'tit Louis, le balayeur… un pauvre idiot !

Alors il se mettait à rire, d'un rire prolongé de la gorge, d'un rire heureux et maniaque, qui faisait froncer les sourcils à ses voisins occupés à se confectionner une tiare de papier tenture, ou attentifs à écouter l'archange Gabriel installé à demeure dans leur intestin droit.

Le traitement durait depuis onze semaines et le médecin-chef commençait à douter, quand se dessina une amélioration. Cela se reconnut à ce que le pauvre malade devint plus taciturne. Bientôt apparurent des lueurs de raison comme à l'aube nouvelle se dessine une clarté. Petit à petit, on s'attacha à lui rendre conscience de son état d'homme ; on lui fit toucher d'un doigt hésitant et incrédule la réalité précise et nette des choses quotidiennes. Et à mesure que se rétablit l'esprit dans son assiette logique naquit et grandit la honte de sa folie. Au sourire défiant et sceptique qui avait effacé le rire triomphant, se substitua le froncement des lèvres de l'attention.

Et enfin, après cinq autres mois, la porte extérieure s'ouvrit sur le monde réel. Le savant maître put ajouter un numéro à la liste déjà impressionnante qui allait prouver la valeur du nouveau traitement. Une grande découverte était née.

On le reprit à l'usine ; il n'eut même pas à donner d'explication. Pas un instant le métier mécanique n'avait cessé de faire tourbillonner ses quinze cents broches ; et il lui semblait, à lui aussi, n'avoir jamais cessé de participer à son rythme aigu.

Les mois passés aux petites-maisons ne lui laissaient de souvenirs pas plus qu'une nuit de sommeil agité et peuplé d'étonnantes fantasmagories. Certaines bribes lui en revenaient seules comme au réveil les membres épars et confus d'un rêve : la tache de soleil sur la ferrure polie d'un banc, la parade des fioles à la salle de clinique et surtout, car il était redevenu sain, le bon visage qu'avait eu le médecin-chef et son sourire guilleret quand il avait signé sa libération de la maison du cauchemar.

Chaque matin et chaque soir il répéta le chemin de l'usine à la rue Labrecque. Le premier jour de paye, sa femme l'attendait au seuil de leur taudis, dans sa hâte de toucher l'argent qui allait calmer enfin le boulanger et l'épicier.

Et tous les soirs, en quittant la filature, il frôla la limousine du patron avec, immobile à l'avant, le chauffeur plein de morgue, figé comme un mannequin. Cela encore se retrouvait, inchangé, tels que s'ils n'eussent jamais quitté cette station ; que s'ils eussent tout ce temps guetté son retour avec une froide patience.

Cela aussi lui vint sournoisement. La soupe l'attendait tous les soirs au même bout de la même toile cirée plus râpée que jamais ; et le journal lu minutieusement avant d'aller au lit où venait se taire, pour quelques heures au moins, le ronchonnement de sa femme aigrie par le sort inclément. Pendant ce temps les filles se disputaient une paire de bas de soie à quarante-neuf sous et l'aîné de ses fils blasphémait dans son ivresse.

Lui, le père, qui avait autrefois connu le rire, bien que rare, semblait avoir ri pendant sa captivité tout le rire contenu dans sa vie d'homme. Les merveilleuses piqûres, apparemment, l'avaient à tout jamais guéri de rire en même temps que de son mal.

Il s'interrompait parfois, à la dérobée, de suivre la chronique de l'auto. Alors ses yeux, au ras du journal, ne voyaient, après les luxueuses voitures, que sa femme vieillie dont le caraco souillé traînait dans la cuvette à laver la vaisselle ; les lits où s'entassaient les jupons douteux maculant les draps ; les fenêtres opaques dont les hangars de planche noire bloquaient l'horizon. Devant les autres, il souffrait si l'on faisait allusion à son absence ; mais en lui germait un regret de toutes ces savoureuses illusions auxquelles il avait mordu et goûté.

Sa mémoire remuée lui livra un passé plus précis. Un jour que sa femme lui rapportait les injures du boucher à qui l'on devait encore, émergea en lui le souvenir du moment où il avait acheté l'hôtel Mont-Royal pour y loger les siens. Sa pensée connue, il eût rougi de honte ; mais cachée à tous ct bien qu'il eût une conscience certaine de la fausseté de ces rêves et de leur perversité, quoiqu'il se défendît de s'y complaire, il se sentit par contraste étonnamment malheureux.

Bientôt, il se mit à vouloir recréer ces mirages, en une tentative d'évasion vers un monde irréel et magique. Avant de s'endormir, il fermait les yeux et forçait son esprit à courir éperdument à la recherche de ces joies perdues. Il réussissait parfois à retrouver sans trop d'efforts quelques-uns des mensonges qui les avaient engendrées ; il en aspirait alors l'opium avec une soif ardente de s'enivrer. Mais il manquait, pour qu'elles fussent apaisantes, qu'il eût d'elles le sentiment de leur réalité. Elles passaient rapidement sans donner de saveur, pour ne lui laisser la bouche que plus amère.

Il avait désormais une conscience plus nette de sa misère. Depuis qu'il pouvait trouver des objets de comparaison dans son propre passé, aucune ne lui échappait plus des facettes de son infortune. Hélas ! il vivait désormais non plus dans l'illusion, mais dans le regret. Le coin de ses lèvres tombait douloureusement.

Un matin, le médecin-chef passa dans sa voiture tandis que l'ouvrier se rendait à son travail. Ils se reconnurent et se saluèrent. L'ouvrier fut pénétré de respect à l'endroit de cet homme puissant qui tenait entre ses mains soignées le bonheur, la santé, la vie de tant de gens. Mais ce visage lui rappela en même temps ses vacances dans les oasis merveilleuses de l'illusion. C'était cet homme qui de nouveau l'avait livré aux bêtes !

Le savant publia, sur la cure de certaines maladies mentales par les sels d'iridium, un travail qui fit grand bruit. Sur quarante-cinq cas traités, vingt-huit étaient sortis parfaitement guéris ; la moitié du reste avaient été améliorés et avaient repris la vie normale, le travail. Son portrait fut dans tous les journaux et il fut élu professeur à la Faculté.

Lentement, l'ancien malade songea qu'il était un de ces vingt-huit. Il songea aussi qu'ils étaient vingt-sept autres qui en ce moment, comme lui, se faisaient ronger le foie par cette chienne de vie. Le journal annonçait que les traitements, grâce à une subvention de l'État, allaient être faits en grande série. Autant d'heureux qu'on allait arracher à leur mirage pour les rejeter dans la géhenne du réel !

L'idée du devoir l'envahit comme une marée grondante. Il connut la joie âcre du sacrifice qui va s'accomplir.

Un taxi le conduisit en quelques minutes chez le Maître qui, par hasard, vint lui-même ouvrir la porte. Le couteau glissant sur une côte, manqua le cœur, mais déchira le poumon.

(*L'héritage*)

Roger Viau

Roger Viau (1906-1986) est né à Montréal. Études au Collège Sainte-Marie et à l'École des hautes études commerciales. Romancier, conteur, poète et historien. Fut président de la compagnie Viau Limitée jusqu'à sa mort.

Contes en noir et en couleur, Montréal, Éditions de l'Arbre, 1948.

Au milieu, la montagne (roman), Montréal, Éditions Beauchemin, 1951.

Cavelier de La Salle (histoire), Tours, Mame, 1960.

Lord Durham (histoire), Montréal, Éditions H.M.H., 1962.

Mon temps et moi (souvenirs), Montréal, Chez l'auteur, 1978.

Déclin

Depuis plus de quarante ans M. Legault était comptable pour le même patron. Tous les matins, sans défaillance, il se rendait à son travail à 8 h 30 et revenait le soir à 5 h 30, heureux de sa journée. Il avait vu grandir le commerce des appareils électriques. Au début ils n'avaient été que deux commis aux écritures, maintenant plus de vingt employés se côtoyaient dans le même bureau. Les jeunes filles faisaient crépiter leurs dactylographes, les hommes manipulaient les machines à calculer si ingénieuses, le téléphone du pupitre des commandes sonnait sans arrêt.

M. Legault était assistant du chef comptable depuis une dizaine d'années. Il s'acquittait consciencieusement de son travail et se sentait aussi jeune qu'à son entrée au service de M. Byron.

Veuf depuis longtemps, M. Legault habitait chez son fils, entouré de nombreux petits-enfants pour qui il faisait revivre la vie merveilleuse de la fin du XIXᵉ siècle. Le fils, lui, trouvait suffisamment merveilleuse la vie des temps modernes : il avait réussi au-delà de toute espérance dans la fabrication du papier. On le disait millionnaire, ce qui signifiait sans doute qu'il valait au moins un demi-million.

Plusieurs fois le fils, Charles, avait essayé de convaincre son père qu'il pouvait le faire vivre à l'aise, sans qu'il eût à travailler un jour de plus, mais le père protestait qu'il craignait l'inactivité comme l'enfer. Le fils lui avait offert à sa propre usine un poste beaucoup plus important que celui qu'il occupait chez Byron, mais le vieux était si attaché à son bureau que pour rien au monde il ne l'aurait abandonné. Depuis si longtemps qu'il accrochait son chapeau à la même vieille patère, qu'il endossait chaque matin son gilet d'alpaga pour ménager son veston. Depuis si longtemps qu'il mangeait chaque midi dans le même petit restaurant, depuis si longtemps qu'il calculait les mêmes factures, qu'il n'aurait pas pu quitter son ancienne table de travail sans sentir que la principale étape de sa vie était finie.

Et tous les jours le vieil employé retournait allégrement à sa tâche. Un samedi midi, un peu avant l'heure du départ, son patron le fit mander à son bureau. Une fois la porte fermée, M. Byron toussa deux ou trois fois et commença :

— Hum... hum... Vous êtes, M. Legault, un employé fidèle comme il s'en trouve peu de nos jours.

— Je ne fais que mon devoir, M. Byron.

— Votre devoir si vous voulez. Vous êtes d'une ponctualité remarquable, je tiens à vous le dire... Euh... euh... vous êtes bien à notre service depuis une quarantaine d'années ?

— Quarante-deux ans exactement.

— Oui... je me souviens quand vous êtes entré, vous étiez un peu plus âgé que moi... vous devez bien avoir soixante-dix ans maintenant ?

— Soixante et onze.

— Je vous félicite, vous en paraissez à peine soixante.

— Et je me sens comme à cinquante.

— Ah... euh... c'est tout de même un âge respectable, soixante et onze ans... euh... euh... je crois que vous avez travaillé depuis si longtemps que… euh… vous méritez un repos.

—Un repos ! Je n'ai pas besoin de repos. J'ai déjà assez de mes vacances de l'été et même pendant ces deux semaines-là, je vous l'avouerai, je m'ennuie. Je ne suis pas fait pour flâner. Mon bureau est pour moi toute ma vie.

—Oui… oui… tout de même à votre âge on veut jouir un peu de ses vieux jours… euh… euh… et il vous faut prendre soin de vous-même, vous n'êtes plus aussi jeune. Je crois… je suis certain qu'un repos vous ferait du bien.

— …

— … euh… après avoir discuté votre cas avec mes associés, nous en sommes venus à la conclusion que vous méritez votre retraite.

—Ma retraite !

—Cela vous surprend, mais vous ne pouvez tout de même pas continuer à travailler jusqu'à ce que vous soyez… euh… épuisé, ce qui ne tardera pas si vous ne prenez pas de repos. Vous savez que nous sommes à réorganiser nos bureaux, je crois que l'occasion se présente pour vous demander de prendre votre retraite.

—C'est-à-dire que vous me mettez à la porte.

—Pas du tout… vous prenez mal ça. Vous avez toujours été un employé fidèle qui a su commander le respect et les éloges de vos supérieurs, nous vous paierons une pension de retraite… malheureusement nous ne pouvons vous donner autant que nous aurions voulu, cela sera déjà pour nous une forte charge, par contre nous savons que vous habitez chez votre fils et que vous ne manquerez de rien chez lui, ainsi nous croyons que le montant vous suffira.

—Je m'en fiche pas mal de votre pension, moi. Je veux travailler.

— Mon pauvre vieux Legault, il faut penser à vos vieux jours, profiter de ceux qui vous restent... euh... euh... d'ailleurs votre remplaçant est choisi et commence lundi. Vous passerez à la caisse. Nous vous paierons un mois de salaire. Votre pension commencera en mai.

— J'ai donc fini à l'heure qu'il est.

— Bien... si vous voulez... Le mois prochain nous vous donnerons une petite fête. Tous les employés autant du bureau que des magasins y prendront part et nous vous remettrons un petit cadeau en témoignage d'estime.

— Vous pouvez la garder pour vous votre fête. On me congédie et on veut fêter ça. Bonjour, M. Byron.

— J'espère que vous reviendrez nous voir...

Legault était sorti. Dans le bureau, il enleva son vieux gilet et au lieu de l'accrocher comme toujours, il le roula et le ficela. Il décrocha son chapeau pour la dernière fois, regarda la patère qui lui servait depuis toujours, jeta un coup d'œil sur son pupitre qui était en ordre et partit sans dire un mot à ses compagnons. Ceux-ci n'osaient lui dire adieu, ils voyaient qu'il avait des larmes aux yeux.

Rendu chez lui, il s'enferma dans sa chambre et refusa de descendre pour le déjeuner. Le soir, son fils, inquiet, monta le voir.

— Es-tu malade ?

— Je ne me suis jamais senti mieux.

— Alors qu'est-ce qu'il y a qui ne va pas ?

— Byron m'a mis à la porte.

— Hein ! Ce n'est pas possible.

— Voilà la reconnaissance qu'ont les gens aujourd'hui. Quarante-deux ans de services dévoués, comme on dit, et houp à la porte ! comme une vieille guenille.

— Que s'est-il passé ?

— Ils me mettent à ma retraite, comme ils disent, avec une pension de 20 $ par mois.

— Ah bon… ce n'est pas tout à fait te congédier et sais-tu une chose, il a raison ton Byron, il était temps que tu te retires.

— Temps ! Mais comprends donc que je n'ai plus rien à faire dans la vie, je mourrai d'ennui à me tourner les pouces dans une chaise berçante. Tu me vois jouant aux dames avec la vieille brigade des trop vieux. Ça me tuera, Charles.

La semaine suivante, le vieux Legault sortit à peine de sa chambre. Il mangea si peu qu'il avait déjà maigri après quelques jours. Les enfants qui aimaient bien entendre les histoires du passé furent vivement rabroués chaque fois qu'ils lui demandèrent un conte. Si bien qu'à la fin de la semaine Charles Legault décida d'aller voir Byron. Celui-ci le reçut aimablement, bien qu'il fût mal à l'aise.

— Vous comprenez la situation, dit Byron. Votre père n'est plus jeune, loin de là. Son travail s'en ressentait. Il a fait depuis quelques mois des erreurs assez coûteuses pour nous. Je ne lui en ai rien dit pour ne pas le blesser, mais nous ne pouvions plus le garder.

— Tout de même, objecta Legault fils, c'est assez dur pour lui. Il vous a consacré la majeure partie de sa vie.

— Nous reconnaissons tout son mérite, malheureusement il nous faut tous en venir là. Vous aurez à faire face à ce problème vous-même dans quelques années, il vous faudra vous séparer de vos vieux employés. Cela n'a rien d'intéressant, croyez-moi, mais nous ne pouvons pas laisser accumuler les fautes grossières. En plus, votre père est assez têtu, il refuse de se servir des machines modernes pour ses calculs, ce qui entraîne des retards ennuyeux dans nos rapports. Nous ne pouvions vraiment plus continuer ainsi.

— Vous avez sans doute raison, cependant vous lui avez ni plus ni moins signifié son arrêt de mort. En une semaine il est devenu un vieillard.

—Je le regrette beaucoup, mais… je ne vois pas… Vous savez que notre commerce n'est plus ce qu'il était autrefois, nous avons à faire face à une concurrence outrée, il est impossible pour nous de continuer à payer un salaire inutile… Si nous n'avions pas su que vous pou viez faire vivre votre père très confortablement nous aurions peut-être essayé de lui donner une plus forte pension quoique cela eût été très onéreux pour nous, mais quant à lui donner son plein salaire pour un travail qu'il nous faudra faire reprendre tous les jours, c'est impossible.

—Oui… oui… Il y a peut-être moyen de s'entendre M. Byron. Que diriez-vous si je vous offrais de payer moi-même le plein salaire de mon père et vous le reprendriez à son ancien poste.

—Ah… en effet…

—Vous lui donneriez à faire son travail habituel, quitte à le faire réviser par son remplaçant. Cela ne vous coûterait pas un sou.

—Oui… je crois votre suggestion excellente. Il n'y a pas d'erreur, ce serait une solution qui arrangerait tout.

—Alors, c'est entendu… Il ne faudrait pas que d'autres que nous connaissent la combine, si cela venait à ses oreilles, il serait plus humilié que jamais.

—Soyez sans crainte. Je vais y voir immédiatement. Dites à votre père de revenir lundi, il reprendra ses fonctions.

De retour chez lui, le fils monta voir le vieux.

—Père, dit-il, j'ai eu un téléphone de Byron.

—Ah… et tu as daigné lui parler?

—Bien oui… sais-tu ce qu'il voulait?

—Non, et je ne tiens pas à le savoir.

—Eh bien, il veut que tu reprennes ton poste. Il demande que tu retournes travailler dès lundi.

Les yeux du vieillard brillèrent.

—Ah ben, le vieux maudit ! il s'aperçoit qu'il a fait une erreur monumentale et il compte maintenant sur moi pour le sortir du pétrin.

Le père Legault éclata de rire.

— Ah… ah… ah… elle est bonne… mais il peut toujours se fouiller… s'il pense que je vais aller trimer là jusqu'à ce que je sois épuisé, j'en ai assez fait pour lui pendant quarante-deux ans… le vieux maudit !

Il mordait dans ses mots avec une joie de cannibale. Il continua avec force :

— Allons dîner… je crève de faim, moi… Eh, les enfants, venez vite à la table si vous voulez entendre un fameux conte… Sais-tu, Charles, tu vas m'acheter un damier et je te dis seulement que je vais lui en donner une ronde au vieux Latreille qui se croit le champion du monde. Il est temps que je commence à profiter de la vie, moi aussi. Allez ouste ! tout le monde à table.

(*Contes en noir et en couleur*)

Roger Lemelin

Roger Lemelin (1919-1992) est né à Québec. Études à l'Institut Thomas et à l'Académie commerciale de Québec. Romancier, conteur, essayiste, industriel, journaliste. Prix de l'Académie française en 1946. Prix David en 1946. Boursier de la Fondation Guggenheim en 1946 et 1947. Prix de l'Académie des arts et des lettres de Paris en 1954. Boursier de la Fondation Rockefeller en 1953. Prix de Membre de la Société royale du Canada en 1949. Homme d'affaires, il dirige, à partir de 1961, sa propre société de publicité, la Société Dubuisson. Devient en 1972, directeur-général de *La Presse*. Prix Goncourt en 1974.

Au pied de la pente douce (roman), Montréal, Éditions de l'Arbre, 1944.

Les Plouffe (roman), Montréal, Éditions Bélisle, Québec, 1948.

Fantaisies sur les péchés capitaux (nouvelles), Montréal, Éditions Beauchemin, 1949.

Pierre le magnifique (roman), Québec, Institut littéraire du Québec, 1952.

Les voix de l'espérance (essais), Montréal, Éditions La Presse, 1979.

La culotte en or (autobiographie), Montréal, Éditions La Presse, 1980.

Le chemin de croix

à Yolande et Jean-Charles Bonenfant

L'affaire commença un soir de juin, dans la grande salle du Musée provincial.

— Monsieur le curé Ledoux! Quelle surprise! Je ne savais pas que la peinture moderne vous intéressait!

— Peut-être, peut-être, balbutia le vieux prêtre, avec un sourire mystérieux.

L'interlocuteur, ecclésiastique distingué, et fin connaisseur en matière d'art, suivit d'un œil perplexe le curé Ledoux qui se faufilait comme un espion moqueur à travers les groupes d'invités. Ce soir-là, on inaugurait, par un vernissage, l'exposition des œuvres d'un jeune peintre québécois, Paul Lafrance, tout fraîchement arrivé de Paris, où il s'était appliqué, pendant trois ans, à imiter Picasso. Paul Lafrance mesurait environ six pieds et ne pesait pas plus de cent trente livres. Ses longs cheveux châtain terne, ses yeux bleu pâle, le sourire sceptique du Parisien aux lèvres, son complet à carreaux et les grosses dames courtes qui l'entouraient contribuaient à le faire paraître plus étriqué et plus découragé. Les toiles aux dessins extravagants, aux couleurs étourdissantes, donnaient aux murs des airs éberlués. Quelques soi-disant connaisseurs, fonctionnaires du gouvernement provincial, scrutaient, critiquaient ou appréciaient chaque œuvre avec des gestes et des regards prétentieux. Ils n'avaient pas d'argent. Les autres invités, coupe de martini au poing, parlaient pêche et politique et jetaient des coups d'œil distraits aux tableaux. Ces dilettantes, ces hommes d'affaires accourus au vernissage par goût des réunions mondaines, se conduisaient comme les badauds qui envahissent un cirque célèbre pour son troupeau de girafes à cinq pattes. Ce sont de bien curieuses girafes, mais les badauds ne les achètent pas. Paul Lafrance n'avait pas encore vendu une toile.

— Monsieur le curé Ledoux, ici ?

Le vieux prêtre acquiesçait, souriait avec ruse, fermait presque les yeux. Sa soutane, verdâtre à force d'usure, était un peu courte et découvrait ses bottines poussiéreuses, bordées de gros bas de laine noire. Il passait de temps à autre une main nerveuse dans ses cheveux gris en broussaille et, de l'autre, il malmenait à l'orée de son ample poche un mouchoir à carreaux tourné en boule.

Semblant ne pas entendre les murmures d'étonnement que son passage soulevait, il parvint jusqu'aux premières toiles et se mit à les examiner une à une, avec un sérieux désarçonnant, comme s'il eût eu à les condamner à l'enfer ou au ciel. Que venait-il faire à cette exposition ? Ceux qui le connaissaient avaient raison de s'étonner.

Monsieur Ledoux était curé fondateur de la paroisse St-X, dans le quartier le plus pauvre de Québec. Depuis quelque temps il faisait beaucoup parler de lui dans toute la ville. Après quinze ans d'un apostolat infatigable, il voyait ses paroissiens de la première heure (sacreurs, ivrognes, voleurs) devenus des citoyens exemplaires. Mais c'est par son église neuve que le vieux curé Ledoux atteignait la célébrité. Ce temple coûtait trois cent mille dollars. Très bien. Ses paroissiens devaient être des ouvriers bien héroïques pour avoir consenti une telle somme. Encore très bien. Mais ce n'est pas encore assez pour qu'on en discute dans tous les salons. La fameuse église de M. Ledoux n'était pas comme les autres! Voilà. De style ogival, c'était la seule en ville à ne pas avoir de colonnes! De chaque banc on apercevait le maître-autel. Ce n'est pas tout. Monsieur Ledoux y avait fait installer un système de climatisation. C'était probablement la première innovation du genre dans toutes les églises d'Amérique! On disait depuis longtemps que le curé Ledoux, fils de paysans, était un homme rustre, sans culture. Mais ce système de climatisation, cette absence de colonnes!

Monsieur Ledoux glissait d'une toile à l'autre avec un air de concentration qu'on n'eût pas attendu de lui. Quelqu'un lui offrit une coupe de martini, qu'il refusa d'un geste ennuyé de la main. Après une vingtaine de minutes d'examen, il plongea son gros nez dans le mouchoir à carreaux et glissa un œil furtif autour de lui.

— Décide-toi, Thomas, décide-toi!

Monsieur le curé Ledoux se parlait à lui-même. Ça lui arrivait très souvent. Tout le monde l'appelait «Monsieur le curé». Alors M. Ledoux s'interpellait souvent: «Thomas! Eh! Thomas!» Le prêtre marcha vers le peintre Paul Lafrance, qui avait le dos tourné, et le tira discrètement par la manche.

— Monsieur l'abbé?

— Curé Thomas Ledoux. Vos œuvres m'intéressent. C'est moderne. Donnez-moi votre adresse.

Paul Lafrance regardait le vieux prêtre de ses grands yeux bleu pâle et récitait machinalement son adresse. Monsieur Ledoux, après avoir mouillé son crayon de salive, inscrivit le numéro dans un petit carnet. Il le ferma en souriant d'un air complice:

— Peut-être entendrez-vous parler de moi.

Il se dirigea vers le vestiaire en traînant les pieds. Le peintre et les invités, intrigués, le suivaient des yeux.

Monsieur Ledoux prit le tramway et, le menton enfoncé dans le coussin de chair que la prospérité lui avait accroché au cou depuis la construction de sa fameuse église, il sembla somnoler dans une céleste béatitude. Sa tête se balançait de droite à gauche, au gré des secousses du tramway et au rythme du roulement des roues sur les rails. Soudain le vieux prêtre se dressa et ouvrit des yeux alertes. Par une intuition particulière aux membres du clergé, il avait senti la présence toute proche d'une église. C'était la Basilique de Québec. Monsieur le curé la regarda intensément, avec un amour qui fit bientôt place, dans ses prunelles, à une innocente lueur de triomphe. La Basilique, église célèbre, la chapelle du Cardinal, était peuplée de malencontreuses colonnes et ne possédait pas de système de climatisation. Tandis que l'église de M. Ledoux! Le menton se blottit à nouveau dans son coussin, et M. Ledoux, ayant vérifié l'adresse du peintre Paul Lafrance, se remit à somnoler.

Monsieur Ledoux descendit dans sa paroisse et marcha vers le presbytère. Dix heures du soir. Il humait comme un fier seigneur l'air de son domaine et jetait des coups d'œil attendris sur les humbles maisons de ses ouailles. Soudain il se trouva devant le temple exceptionnel qui couronnait ses saintes ambitions et le transportait d'orgueil. Il s'immobilisa et, les mains derrière le dos, comme en extase, les paupières mi-fermées, il le contempla en se dandinant. Un sourire bienheureux ourlait ses lèvres: «Thomas, Thomas, c'est bien vrai, c'est ton église, ton église. Sacré Thomas!»

Il fut soudain tiré de son extase. Deux saintes femmes, dévouées aux œuvres paroissiales, se tenaient à ses côtés et admiraient le temple avec lui.

— Quelle belle église, hein, Monsieur le curé !
L'orgue électrique est acheté. Il ne nous manque plus que
le Chemin de Croix.

Monsieur Ledoux se tourna brusquement vers elles,
tout d'une pièce, et dit avec une précipitation puérile :

— Dans un mois nous l'aurons. Ce sera un Chemin
de Croix extraordinaire. Le premier du genre dans toutes
les églises d'Amérique, et du monde peut-être. C'est Thomas qui vous le dit.

Bouche bée, les deux commères, ravies de cette nouvelle et estomaquées par le « Thomas » inattendu de
M. Ledoux, le regardèrent s'éloigner. Monsieur le curé,
moins repentant d'en avoir trop dit que choqué de ce familier « Thomas » qu'il n'avait pu retenir devant les braves
femmes, entra au presbytère en reniflant furieusement une
prise de tabac. Il monta à son bureau et fut interpellé au
passage par le plus jeune de ses vicaires, l'abbé Constant,
dont la porte de chambre était ouverte. Celui-ci, confortablement installé dans un fauteuil de cuir, était en train de
lire le roman de James Joyce, *Ulysses*. L'abbé Constant,
ordonné prêtre deux ans auparavant, se classait dans la
catégorie des jeunes ecclésiastiques aux idées avancées
qui réclament une Église jeune, progressive, adaptée aux
besoins de l'époque. Il souriait souvent de certains goûts
périmés de M. Ledoux, qu'il aimait d'ailleurs beaucoup.

— Commencez-vous à découcher, Monsieur le curé ?

— J'arrive du Musée, d'un vernissage de peinture
moderne, fit M. Ledoux en rougissant.

Les yeux agrandis par l'étonnement, l'abbé Constant
contemplait son supérieur sans dire un mot. Monsieur
Ledoux, choqué d'avoir rougi, ajouta sur un ton de défi :

— Oui, j'ai décidé que notre Chemin de Croix serait
d'art moderne. Le premier en Amérique. Et je crois que je
vais choisir ce peintre, Paul Lafrance.

— Mais… Monsieur le curé, osa l'abbé Constant, qui commençait à se ressaisir, ne croyez-vous pas que nos paroissiens sont mal préparés… pour un tel Chemin de Croix?

Alors M. le curé se raidit, hautain, dans une solennité triomphante:

— Et c'est vous, jeune homme, qui me reprochiez d'être un vieux rétrograde! Que ceci vous démontre que je suis loin d'être en arrière de mon époque. J'ai supprimé les colonnes, fait installer la climatisation, et maintenant ce sera au tour de l'art moderne. Allons, bonsoir, ne vous couchez pas trop tard. Vous dites la messe de cinq heures demain matin.

L'abbé Constant était trop étonné pour continuer *Ulysses*. Il se coucha.

L'objection du jeune abbé hâta l'exécution du projet, car le curé supportait mal qu'on mît en doute la valeur de ses idées. Monsieur Ledoux consultait rarement ses marguilliers quand il s'agissait de l'administration financière de la paroisse. Il prenait sa décision et, pour la forme, les réunissait pour les en informer. Comme M. Ledoux était assez roué pour leur faire croire qu'il avait agi sous leur influence, ces messieurs, un marchand de fruits, un épicier et un conducteur de tramways, l'approuvaient à grands coups de tête gourmés. Dans l'affaire du Chemin de Croix, M. Ledoux les mit devant le fait accompli.

Le peintre Paul Lafrance fixa le prix de son travail à deux mille cinq cents dollars pour quatorze tableaux représentant les différentes étapes de la Passion du Christ, selon les lois de la peinture moderne. De plus, le peintre surréaliste s'engageait à visiter toutes les églises de la ville afin de s'assurer que son Chemin de Croix serait tout à fait différent des autres. Monsieur le curé promit de payer le coût de la toile, de la peinture, des encadrements, et de donner asile à l'artiste pendant la durée de son travail. La chambre la plus éclairée du presbytère fut aménagée en atelier par le peintre et le curé. Celui-ci tenait à exercer une surveillance de tous les jours sur l'évolution de son Chemin de Croix et à connaître les mystérieux caprices de l'Art Moderne.

À la vue de l'artiste aux longs cheveux et devant le prix fabuleux de deux mille cinq cents dollars, les marguilliers ouvrirent de grands yeux, mais M. Ledoux leur fit remarquer avec un sourire malin : «Des marguilliers comme vous sont choyés de Dieu, qui vous permet d'acheter ce qu'il y a de plus beau et de plus rare pour une église déjà unique.» Ces messieurs, le torse bombé, s'entre-regardèrent. Quel curé !

L'artiste Paul Lafrance vivait des heures extraordinaires. Frais arrivé de Paris où il s'était mainte fois moqué devant ses confrères de l'absence de goût des Canadiens français pour la peinture, et où, devant des dilettantes de l'anticléricalisme, il avait médit du clergé canadien, il se voyait commander quatorze tableaux surréalistes par le curé d'une paroisse d'ouvriers, quand il n'avait pas vendu une seule toile lors de son exposition. Ce fut une grande nouvelle dans tous les cercles artistiques de Québec, et plusieurs amis du peintre tinrent à visiter son atelier et à rencontrer M. le curé Ledoux. Pendant toute la semaine, dans la paroisse St-X la rumeur courut que M. le curé avait fait venir par avion, de Paris, un artiste célèbre. Mais M. Ledoux demeurait impénétrable aux questions. «Attendez à dimanche, à la grand-messe.»

Le dimanche arriva. L'église était pleine à craquer. Jamais l'absence de colonnes et le système de climatisation ne furent plus appréciés qu'en ce jour. Toutes les ouailles s'étiraient le cou pour mieux voir l'artiste Paul

Lafrance, assis au milieu des enfants de chœur, sur une sorte de trône réservé d'ordinaire aux monseigneurs en visite. L'artiste Paul Lafrance, qui avait acquis à Paris des habitudes païennes et renié la foi de ses ancêtres, songeait que l'art mène à tout, même à Rome. Il se compara à Michel-Ange et ensuite s'imagina sans déplaisir devenant évêque. Tous ces regards levés sur lui, la proximité de l'autel et le décorum religieux qui l'entourait l'incitèrent à se souvenir de ses prières. Il sourit imperceptiblement à la pensée qu'il était payé deux mille cinq cents dollars pour retrouver la foi. Monsieur le curé monta en chaire :

« Mes très chers frères,

« Le ciel nous envoie de l'Europe un messager de la beauté. Il était normal que la Providence dirigeât ses pas vers notre temple, qui est sans doute une des maisons préférées du Très-Haut sur la terre. Cette église a été construite selon les méthodes les plus modernes, et il serait illogique que le Chemin de Croix qui la décorera soit d'une inspiration des siècles passés. Si l'art de la construction s'est perfectionné au point de réussir un chef-d'œuvre comme le nôtre, l'art des peintres a aussi évolué, et nous devons nous faire un devoir d'exiger autant de la peinture que de la construction. Ainsi, en rendant hommage au progrès, nous honorons le Seigneur qui veut bien le donner aux hommes. Mes très chers frères, vous avez devant vous, dans le chœur, le célèbre peintre moderne Paul Lafrance, qui commencera dès demain votre Chemin de Croix, une œuvre dont les enfants de vos petits-enfants seront fiers et qui fera avancer notre église dans la voie de la célébrité. »

Pendant les jours qui suivirent, le presbytère devint, aux yeux des paroissiens, un laboratoire mystérieux où un magicien armé de pinceaux se livrait à toutes sortes d'alchimies artistiques. Plusieurs curieux tentèrent d'obtenir la faveur de jeter un coup d'œil sur le travail de Paul Lafrance,

mais M. le curé gardait pour lui seul ce privilège. Par déli-
catesse, les deux premiers jours, M. Ledoux ne visita pas
l'atelier. Paul Lafrance prenait ses repas à la même table
que le curé et ses vicaires, et de longues discussions sur le
cubisme, l'impressionnisme et le surréalisme s'engageaient
entre l'abbé Constant et le peintre, qui semblaient s'entendre très bien. Au cours de ces conversations auxquelles il ne
comprenait goutte, M. Ledoux se mouchait souvent, prétex-
tant un rhume pour s'excuser de n'avoir rien à dire. Cependant, au quatrième repas, le curé, fatigué de se moucher,
s'impatienta, se jurant de trouver des livres qui traitaient de
ces mystères. Mais il n'osait s'en informer auprès du peintre devant l'abbé Constant. Il se leva brusquement de table,
au dessert, et d'une voix polie, s'informa :

— Votre travail avance, Monsieur Lafrance ?

— Oui. Le premier tableau est terminé. Quelques
retouches et ce sera parfait.

— Déjà !

Monsieur Ledoux, déformé par quinze ans d'administration financière, s'adonnait à un rapide calcul. Un
tableau en deux jours, quatorze en vingt-huit jours, qua-
tre-vingt-dix dollars par jour. Il était un peu déçu. Il lui
avait semblé que cette œuvre, à cause de l'importance
qu'il lui donnait, prendrait des mois à se parfaire.

— Vous désirez le voir ? dit le peintre.

Les deux hommes se rendirent à l'atelier et
M. Ledoux, en apercevant le tableau, poussa un cri de
stupéfaction.

— Vous ne l'aimez pas ? fit le peintre angoissé.

Monsieur Ledoux hochait la tête et fronçait les sourcils :

— Je trouve les pieds et les bras du Christ démesurément longs. Ça donne une drôle d'impression. Vous ne
trouvez pas ?

Le peintre, déjà enflammé par une ferveur d'artiste qui défend son œuvre, ouvrit la bouche pour faire une déclaration de principes, mais une seconde de réflexion et un bref coup d'œil à M. Ledoux le convainquirent de changer de tactique.

— C'est parce que c'est nouveau que ça vous surprend. Vous vous y habituerez et vous aimerez ce genre. La peinture a beaucoup évolué. Ce n'est plus de la photographie. D'ailleurs vous avez exigé que mon Chemin de Croix soit une innovation.

— Je ne dis pas non...

Monsieur le curé, le menton dans la main, réfléchissait. À dire vrai, un combat troublant se livrait en lui. Quel démon l'avait donc poussé à choisir ce peintre ? Pourtant, dès le vernissage au Musée, il aurait dû prévoir les dangers dont l'art moderne menaçait son Chemin de Croix ! Le mot « moderne » et les succès de son église l'avaient aveuglé. Évidemment, il n'avait pas agi avec sa prudence habituelle en payant mille dollars d'avance au peintre. Il était maintenant trop tard pour reculer. Il ne pouvait pas renvoyer le peintre après la réclame qu'il lui avait faite. Monsieur Ledoux mit brusquement fin à ses réflexions :

— Monsieur Lafrance, je ne discute pas la beauté de votre œuvre et je crois qu'à la longue je la comprendrai. Mais je n'oublie pas que j'ai dix-huit mille paroissiens qui ne sont pas aussi bien préparés que moi pour apprécier votre travail. Et ce sont eux qui paient. Aussi faites-moi donc le plaisir de raccourcir un peu ces pieds et ces bras. Enfin, vous savez ce que je veux dire.

Le peintre parut fort choqué mais le curé était déjà parti. Monsieur Ledoux, les poings serrés, descendit à sa chambre en marmottant :

— Thomas, tu n'es qu'un vieil orgueilleux. Te voilà embarqué dans une jolie galère. Parce que tu as une église neuve, sans colonnes, avec système de climatisation, tu t'es cru le nombril du monde. Vieux fou, va prier un peu et demande au Seigneur de te sortir du trou. Surtout remercie-le de te frapper dans ton orgueil.

Il croisa l'abbé Constant dans le corridor.

— Et puis, Monsieur le curé, comment aimez-vous le travail de M. Lafrance?

— Fameux! Fameux!

Monsieur Ledoux n'ajouta pas de commentaire, rentra dans sa chambre et s'agenouilla. Sa prière dura une heure et, apparemment, le Seigneur, pour le punir, lui conseilla de persévérer dans son projet.

Un véritable supplice commença alors pour M. Ledoux. Il tenta d'afficher un grand enthousiasme pour le Chemin de Croix, mais son gros bon sens lui disait: «Thomas, tu sais fort bien que ces peintures sont épouvantables. Tu cours au désastre.» Afin de se faire convaincre des beautés de l'art moderne, il consulta un ecclésiastique célèbre par ses connaissances artistiques. Monsieur Ledoux se procura même de gros volumes traitant de ces choses. Rien n'y fit. Les fréquentes visites qu'il rendit à l'atelier du peintre ne réussirent qu'à faire empirer son désespoir. Les artistes comme Paul Lafrance sont aussi intransigeants que les Commandements de Dieu. Le peintre poursuivait son œuvre comme il l'entendait, et plus il progressait, plus les pieds et les bras du Christ allongeaient, semblait-il à M. Ledoux. Ces tableaux aux couleurs violentes, aux personnages grotesques et monstrueux, apparaissaient aux yeux de M. Ledoux comme une mascarade de Mardi gras. Le brave curé perdait l'appétit et le coussin de chair accroché à son cou se dégonflait. Au prône, il ne parlait plus du Chemin de Croix, et les paroissiens, qui attendaient le dévoilement de l'œuvre avec impatience, s'en étonnèrent. Que se passait-il?

Il se commit alors une grave indiscrétion. Le bedeau, un homme très curieux, réussit, en l'absence du curé, à pénétrer dans l'atelier et à jeter un coup d'œil sur les tableaux. Immédiatement la nouvelle se répandit dans la paroisse que les personnages de la Passion étaient tous infirmes et marchaient dans le sang. Les commères alarmées se rendirent en délégation auprès du curé et lui confièrent leur inquiétude. Il sourit en fermant les yeux :

— Mesdames, je vous soupçonne d'inventer des rumeurs pour me forcer à satisfaire votre curiosité. Tout cela est faux. Si ça peut vous faire plaisir, je puis vous dire pour le moment que les Saintes Femmes de notre Chemin de Croix sont le portrait des dames les plus dévouées de la paroisse.

Ravies et flattées, ces dames quittèrent le presbytère satisfaites. Monsieur le curé, atterré, ne savait plus où se jeter. Alors qu'il était au plus profond de son désarroi, il arriva face à face avec l'abbé Constant. Oubliant son amour-propre il lui avoua d'une voix hésitante :

— Monsieur l'abbé, je crois que vous aviez raison. J'ai fait une erreur. Nos paroissiens ne sont pas préparés pour apprécier notre Chemin de Croix. Que vais-je faire ?

L'abbé Constant, qui depuis quelques jours comprenait l'état d'âme de son curé, se conduisit en bon prêtre. Il ne se moqua pas, réconforta même M. Ledoux et lui offrit de l'aider. Les deux ecclésiastiques se mirent à la tâche et préparèrent une circulaire de dix pages, où les beautés symboliques de l'art moderne étaient louées avec des adjectifs puissants. Cette circulaire fut imprimée et distribuée aux paroissiens par les enfants de chœur. Devant cette réclame incompréhensible, les paroissiens commencèrent de s'inquiéter sérieusement.

L'œuvre fut terminée un samedi après-midi, et la satisfaction du peintre égala la désolation du curé.

L'artiste se fit payer le solde, remercia le curé et partit comme un grand seigneur. Pour mettre fin au martyre qu'il endurait, le brave M. Ledoux annonça l'exposition de l'œuvre pour le dimanche matin, un quart d'heure avant la grand-messe. Certains commentaires de paroissiens mécontents à propos de la circulaire sur l'art moderne étaient parvenus aux oreilles du curé, qui envisageait avec effroi le moment de la cérémonie. Il passa une nuit terrible, et chaque fois qu'il s'éveillait il s'empressait d'implorer le Ciel de calmer son angoisse et de faire en sorte que les paroissiens se prosternent en admiration devant le Chemin de Croix.

À neuf heures et demie, le bedeau, avec une indignation croissante qui se mêlait de fous rires, accrocha les tableaux dans l'église déserte. Monsieur le curé, dissimulé derrière l'autel, suait à grosses gouttes en attendant l'ouverture des portes.

Une foule de paroissiens intéressés aux destinées de leur église trépignaient et se bousculaient devant les entrées. Enfin les battants s'ouvrirent et ce fut une ruée dans le temple. Mille bouches béantes ne réussirent pas à émettre un seul son tant la stupéfaction était grande. Puis éclatèrent quatorze salves de cris d'horreur qui se relayaient de tableau en tableau dans une sorte de chaîne d'explosions. Les femmes protestaient le plus violemment :

— C'est effrayant ! Voyez le Christ, il a les bras plus gros que les jambes, les pieds plus longs que les cuisses et ses cheveux ne frisent pas. Affreux ! Regardez-moi le visage ! Le menton est pointu, les yeux sont taillés à l'envers.

Parmi le groupe des bonnes dames qui se croyaient représentées par les Saintes Femmes de la Passion, quelques-unes étaient blêmes d'indignation et d'autres pleuraient, car les Saintes Femmes du Chemin de Croix avaient l'air de grosses grenouilles. Les marguilliers semblaient de fort mauvaise humeur et chuchotaient:

— Deux mille cinq cents piastres pour ces barbouillages! Un enfant pourrait faire ça!

D'autres messieurs levaient les bras au ciel:

— La croix est beaucoup trop petite, et par-dessus le marché, il neige des fleurs! Remarquez, les mains sont transpercées de clous et ne saignent même pas!

Une atmosphère de révolution régnait dans l'église. Les paroissiens en vinrent tous à la même conclusion: Monsieur le curé devenait-il fou? Tous les regards le cherchaient.

Monsieur le curé Ledoux, la figure aussi blanche que son surplis, s'épongeait le front derrière l'autel. Pour comble de malheur, le système de climatisation s'était détraqué la veille. On était en juillet et il faisait une chaleur torride.

La messe de dix heures commença, et personne ne porta attention à ce qui se passait à l'autel. L'église était pleine de chuchotements et d'éclats de rire sourds. Quelle honte! Une telle horreur dans une si belle église. Monsieur le curé monta en chaire plus mort que vif. Il eût voulu se voir à Rome, prosterné aux pieds du Pape et ne songeant qu'aux beautés du Christianisme. «Fais face à la musique, Thomas!» Sa voix était faible et ses mains tremblaient.

«Mes très chers frères,

«Je suis un pauvre vieillard dont le plus cher désir, vous le savez, est de vous donner une église belle entre toutes. J'avais depuis longtemps rêvé d'acquérir pour vous un magnifique Chemin de Croix. Il est enfin devant vous, mais au lieu de l'admiration que j'attendais, vous montrez du mécontentement. Je ne vous cache pas que j'ai le cœur brisé par votre attitude. Mais je prie le Ciel pour que vos yeux s'habituent à cette œuvre et en reconnaissent enfin la beauté. Mes très chers frères... »

Monsieur Ledoux se sentit défaillir et il ne fit aucun effort pour résister à l'évanouissement. Les marguilliers, en le transportant à la sacristie, commentaient l'incident :

— Pas surprenant que vous perdiez connaissance ! Jeter comme ça deux mille cinq cents piastres chez le diable !

L'évanouissement de M. Ledoux avait semé la consternation dans le cœur des ouailles, mais pas au point de changer leur opinion sur le fameux Chemin de Croix. Ces événements occupèrent pendant plusieurs jours les conversations des paroissiens, et M. le curé jugea préférable de garder le lit. Pendant qu'on s'inquiétait de son sort, on ne s'indignait pas contre le Chemin de Croix. Si M. le curé faisait le mort, il était cependant fort actif. Par différentes sources d'information, il apprenait que ses fidèles fréquentaient de moins en moins leur belle église, et que ceux qui assistaient aux offices religieux passaient leur temps à rire des ridicules tableaux. Par contre, le temple était envahi par une foule de curieux des paroisses voisines, attirés par le singulier Chemin de Croix. L'église si célèbre de M. Ledoux était devenue une sorte de musée où l'on ne s'agenouillait pas et où l'on se permettait de parler et de rire bruyamment. Monsieur Ledoux vivait des heures amères. Après avoir joui trop brièvement des grandeurs de son église, il en souffrait déjà la décadence. C'est alors que la Providence jugea l'avoir assez puni, et qu'Elle lui inspira une idée de génie. Que n'avait-il songé plus tôt à la mère supérieure du couvent ?

Elle avait un certain talent pour la peinture, et M. le curé, le dimanche après-midi, était souvent allé la voir peindre des saints, des bateaux, des rivières et des roses, avec un mignon pinceau aux couleurs très tendres. Il la fit éveiller à dix heures du soir et la bonne mère, toute tremblante, accourut au presbytère. Quand elle quitta M. Ledoux, elle dit cette phrase:

— Je puis faire ces quatorze tableaux en deux semaines, je vous assure. Mais je vous répète que je ne suis pas à la hauteur de la tâche. Priez Dieu que je réussisse.

Le travail de la mère supérieure se fit dans le plus grand secret. Monsieur le curé se rendait au couvent trois fois par jour, et tous ceux qui le rencontraient se demandaient pourquoi il affichait une mine de plus en plus réjouie quand l'église continuait d'être profanée par des curieux venus de partout. Dix jours après la visite de la mère supérieure, M. Ledoux téléphona à un personnage important, qui faillit s'évanouir en entendant les propos du curé. Mais c'est une autre histoire. Deux jours après ce téléphone, un samedi soir, vers onze heures, un camion du gouvernement s'arrêta devant la porte latérale de l'église, et deux ouvriers, sous la surveillance de M. Ledoux, transportèrent précieusement quatorze colis de l'église au camion.

Le lendemain, à la messe de dix heures, l'église fut témoin du plus beau spectacle qui se puisse imaginer. L'affreux Chemin de Croix était disparu et remplacé par quatorze belles peintures aux couleurs tendres, aux hommes bien faits, aux femmes belles et où le Christ ressemblait à Clark Gable. Les ouailles étaient plongées dans un ravissement qui se transforma bientôt en une piété profonde. Plusieurs bonnes dames pleurèrent de joie et tous les paroissiens émus levèrent des regards de reconnaissance vers l'autel. L'église était exorcisée et rentrait à nouveau dans le sein du Seigneur. Monsieur Ledoux se rendit à la chaire en triomphateur:

«Mes très chers frères,

«Votre joie m'émeut au plus haut degré. Le magnifique Chemin de Croix que vous avez devant les yeux est dû au pinceau de la mère supérieure du Couvent, qui mérite toute notre gratitude. Quand à l'autre Chemin de Croix, j'ai pensé que ces tableaux s'adressaient plutôt à des experts. Aussi, j'en ai fait don au Musée Provincial. Mes très chers frères, réjouissons-nous dans le Seigneur. Notre église a repris sa marche vers la célébrité: c'est la première en ville à ne pas avoir de colonnes, la seule en Amérique à posséder un système de climatisation et la première au monde à faire don d'un Chemin de Croix au Musée.»

(*Fantaisies sur les péchés capitaux*)

Jean-Jules Richard

Jean-Jules Richard (1911-1975) est né à Saint-Raphaël de Bellechasse. Entreprend des études classiques à Ottawa. Devient voyageur itinérant pendant plusieurs années. Soldat en Europe pendant la Deuxième Guerre mondiale. Revenu au pays, blessé, il commence sa carrière d'écrivain comme journaliste à la pige et à la Société Radio-Canada. Romancier, conteur et essayiste. Prix Jean Béraud en 1970.

Neuf jours de haine (roman), Montréal, Éditions de l'Arbre, 1948.
Ville rouge (nouvelles), Montréal, Éditions Tranquille, 1949.
Le feu dans l'amiante (roman), Édition privée, 1956.
Journal d'un hobo (roman), Montréal, Éditions Parti Pris, 1965.
Faites-leur boire le fleuve (roman), Montréal, Cercle du Livre de France, 1970.
Carré Saint-Louis (roman), Montréal, l'Actuelle, 1971.
Centre-ville (roman), Montréal, l'Actuelle, 1973.
Pièges (roman), Montréal, l'Actuelle, 1973.
La femme du portage, Montréal, l'Hexagone, 1994.

Permission

La rue noire pépie. Les carrefours coassent. Les portes des cafés dévalent les militaires sur les trottoirs. Aussi les filles à soldats. L'exubérance. L'incohérence. Les rires. Les chants. Les sacres en anglais, en français, en wallon. Les invitations. Les sollicitations. La belle vie.

Les gars sont en ville pour deux jours.

— Allons ici.

On y va.

Marius a pris trois cognacs. Percy en a bu trois. Franz grimace en avalant son troisième parce qu'on le presse. Sur la scène du café-concert, des artistes s'esquintent. La salle est remplie. Des femmes. Des soldats. Des civils. Les acteurs débitent des calembours moitié français, un quart anglais, un quart wallon. Il faut satisfaire tout l'auditoire. Marius rit aux éclats d'un léger étonnement chez Percy. Et Franz rit à se casser les cordes vocales de voir rire Marius.

On sort. À la porte voisine, un verre de pernod.

On sort. À la porte voisine, une absinthe.

On déguerpit. À la porte la plus proche. Marius a des paquets de francs. Le garçon prend ce qu'il veut. Il ne sera pas dit qu'on va s'embêter avec tant d'argent dans ses poches et si peu de temps pour le dépenser. Marius l'a

déjà dit. Il en veut aux femmes. Percy est discret. Franz
rit comme Marius. Allons-y. Cherchons.

De café en café. Ici l'on danse. Quelle chance. Et des
femmes qui veulent danser.

Ça n'a pas mis le temps de prendre trois prisonniers.
Marius s'accompagne d'une grosse noironne qu'on
appelle Loui-i-se. Percy converse en wallon avec une
grande maigrelette. Son nom est Gréta. Elle a annoncé
cela de son air d'outarde empaillée. Franz danse encore
avec Jeannette.

Louise secoue ses cheveux lourds taillés en balai et
qui lui époussettent constamment les épaules. Des cheveux raides, l'air crépu, l'air noir. Elle ne cesse de parler
avec un peu de cette sécheresse de l'accent belge. Elle
déborde de vivacité, d'humeur, de rire et d'éclat. Marius
fait face à son pesant d'or.

Gréta prend des allures distinguées de musée. Percy
croit accompagner une puritaine de ses lointaines origines. Un peu d'anglais, un peu de wallon, un peu de français. Percy brûle du feu des confidences. Les mouve-
ments de ses mains n'expliquent rien, ni ceux de ses
épaules.

Franz revient avec Jeannette. Elle baragouine un peu
d'allemand. Lui aussi. Ça ressemble au polonais, la
langue de ses parents. Mais sans le vin rouge, ça ne mar-
cherait pas.

Puis Marius devient l'interprète officiel. Dis-lui ceci.
Dis-lui donc ça. Réponds ci. Réponds ça. Ci et ça l'em-
bête. On demande du cognac : recette allemande. Ça
goûte l'essence à briquet. Ça coûte 75 francs. Un, deux,
six, 300 francs. Un peu de bière : recette allemande. Pour
faire descendre le cognac.

Louise jase, ébruite. C'est une femme conscien-
cieuse. Son rôle compris, elle le joue. Ainsi hier soir…

—Loui-i-se, ne parle donc pas des soldats que tu as rencontrés hier soir, s'exclame Gréta.

Ça fait rire Marius. Puis Franz comme un écho. Percy s'étonne.

—Parle-nous en donc des soldats que tu as rencontrés hier soir, insiste Marius.

Gréta fait craquer la paille de son sein. Jeannette dévisage Franz. Franz surveille Marius pour savoir le temps de rire. Percy veut danser. Un des refrains continentaux, un peu démodé, grince du côté de l'orchestre. Comme le couple part, Louise parle des soldats d'hier soir. Peu de ceux d'avant-hier soir. Un peu plus de ceux de l'avant-veille d'hier. Ça remonte au commencement de la libération.

Avant ça, il y avait les Allemands. Il y en avait des beaux, mais beaux. Marius pique des remarques. Jeannette et Franz partent en rigolant. La serveuse vient demander de régler la dernière addition. Si Marius se rappelle bien, Percy a déjà payé.

—Mais non, ce n'est pas payé, dit Louise en clignant de l'œil vers la serveuse.

—C'est de l'argent que vous voulez, dit Marius, servez-vous.

Déjà 22 heures. On a le temps. Le couvre-feu est à 23 heures 30. Dansons. Amusons-nous. La vie est si chaude ici. Si différente du front où on rit aussi, mais pas avec tant d'insouciance. Ah! Oui! le front. Louise questionne un peu. Mais vite elle reprend la série de ses drôleries.

—Vous êtes venus ici pour vous amuser, pas vrai? Pour oublier. Il vous faut oublier. Puis si je veux vous inviter pour la nuit, il me faut vous égayer, vous empêcher d'être sérieux. Imagine, hier soir, j'avais trois soldats dans mon lit.

— Et ce soir ?

❑

Ce soir.

Ils sont dans l'appartement de Louise. Franz, Gréta et Percy s'adossent au mur, assis sur un divan. Sur un autre divan, deux soldats britanniques, un gradé polonais s'alignent. Marius les regarde d'un petit air coquin. Louise les a rencontrés à la sortie du café. Elle a insisté. Ils sont venus.

Mais tous, les groupes des deux divans et Marius sur le fauteuil, tous regardent Louise. Louise est montée sur la grande table au milieu de la pièce.

Elle danse la hou-la-hou-la.

Ses jambes. Ses pieds qui claquent. Ses bras créant des angles sensuels dans l'espace. Ses mains englouties dans le vide comme si le vide était compact. Ses doigts, leur science. Ses cheveux presque crépus. Mais sa figure tendue avec la volonté de plaire et d'amuser, sa figure porte à rire seulement quand Louise en donne la permission. Ses yeux pétillent avec passion quand elle veut suggérer la passion. Sa bouche supplie quand elle veut provoquer la tentation.

Marius aussi trouverait cela beau, mais sa pensée se concentre sur l'issue de la soirée. Les Britanniques, le Polonais. Et Jeannette heurte des fausses notes sur le piano.

Louise a fait rire l'assemblée. Puis elle les tient dans une espèce de transe en préparant son apogée.

Alors Gréta pousse un cri.

— Loui-i-se, Jeannette.

Jeannette a regardé la première. Louise s'empêtrait trop dans son art. Jeannette a regardé où tous les regards regardaient. Vers la porte d'entrée.

Un homme est là. Il reste debout comme un poteau. La tête soulevée vers Louise. Louise se contrarie de la fin de la musique. Son coup d'œil vers le piano l'incite à se détourner. Elle saute de la table et court se jeter dans les bras du nouveau venu.

— Mon mari, mon mari, qu'elle crie.

À tous, à chacun, elle l'annonce, son mari est revenu. Le voilà. Les Allemands l'avaient conscrit pour les travaux d'usine de guerre. Ça fait deux ans qu'il est parti.

— Mais raconte, raconte donc, dit-elle.

Il n'a pas envie de raconter. Il est embarrassé de ses bras qui ne savent s'il doit caresser cette femme nue ou la battre. Sa fatigue aussi perce à travers tous ses vêtements. Sa peau a l'air exsangue. Il est fatigué. Il n'a pas besoin de le dire. Ses regards sur les groupes veulent dire : allez-vous-en. Même vers Jeannette qui ne couve que Franz.

Les complications foisonnent. Gréta occupe la chambre avec Louise, chacune un lit. Jeannette couve sur le divan. C'est après le couvre-feu. Les soldats ne peuvent sortir. Les deux Anglais conservent les lèvres raides. Le Polonais sèche son malaise avec son mouchoir dans le creux de son cou.

Louise questionne toujours son mari. Elle échafaude des manifestations de tendresse. Gréta semble fondre jaune comme de la margarine. Marius cligne vers Percy et engage la conversation avec le mari. Le mari parle un peu français. Puis le Polonais lui parle en allemand. Franz mêle son mot, Gréta à demi.

— Va donc t'habiller, dit Gréta à Louise.

Elle y va. La nuit est bien perdue pour Marius. C'est-à-dire la nuit joyeuse. Son lit à l'hôtel canadien, il le voit d'ici, vide et si invitant.

Alors, on part ? Les Anglais sont déjà prêts. Le Polonais semble mal comprendre. Il n'a rien compris d'abord.

Gréta laisse Percy se lever. Jeannette repousse Franz sous
son aile droite. Franz va rester.

Louise se complique comme une partie d'échecs.
Enfin, il faut bien le recevoir, ce mari-là. Jeannette en a
pitié. Pauvre Louise, ça flanque le désastre dans sa vie de
sacrifices. Non. Louise décide de changer son mode d'ab-
négations. Le mari doit avoir besoin d'affection autant
que trois soldats.

Dans la rue. Au coin de la rue. La patrouille les
arrête. À la pointe de la carabine. Les explications sont
interminables. Les sentinelles les escortent vers leurs
hôtels. Le Polonais aussi qui n'a rien compris, qui ne
comprend pas.

❑

Un lit blanc, des draps frais. Après l'atmosphère du
front, comme c'est bon de dormir, tout nu, jusqu'à midi.

Percy est déjà en motion. Il frappe chez Marius. Il
faut sortir, s'amuser. La moitié du congé est déjà écoulée.
Les mets des alliés, à la salle à manger, les satisfont pour
une fois. Il faudra fusiller le cuisinier à son retour au front.

Puis la grande agitation de la ville. Les citadins les
reluquent avec des demi-sourires. Le militaire est un peu
propriété publique. Ils sentent cela. Les femmes le savent.
C'est la tournée des cinémas, des salles de billard, des
cafés, des bistros, des music-halls et partout, ils sentent
cela et les femmes savent cela.

On passe chez le photographe. Percy et Marius sont
devant l'appareil, les bras par-dessus les épaules. Malheureux que Franz manque. Puis on leur fait une plaque particulière. Marius emploie son sourire de bataille, un peu
narquois. Percy le lui reproche. Lui, esquisse une expression douce pour sa mère.

Puis la tournée des cabarets des rues transversales. Le genre intime. Ça coûte de l'argent, des sueurs et de l'amour. Marius disparaît. À son retour, Percy manque. Au bout d'un quart d'heure, ils se retrouvent. Ils se frottent le ventre de satisfaction. La chair enfin repue rayonne après des mois d'ennui.

❏

Au souper, Franz est retrouvé. Quelle nuit! Quelle journée! Jeannette avait les cheveux éméchés au lever. Il a fallu passer chez le coiffeur. 400 francs, c'est pour rien. Puis le vin bu hier à la maison, personne ne l'avait payé: 400 francs, c'est pour rien. Et après, la chambre, même si c'était le salon: 400 francs, c'est pour rien. Alors le mari qui revient, il a besoin de tant de choses. Un complet. Des souliers. Un chapeau. Il manque plusieurs 400 francs. Les voici, c'est pour rien.

Les moqueries de Marius ne valent rien. Franz est fauché. Il lui faut de l'argent. 400 francs chacun, les amis, c'est pour rien.

On est invité au bal. Au même café? Non, alors! On veut du changement, du nouveau. Il faut venir. Franz insiste. Louise a promis d'y être avec sa meilleure humeur, avec son esprit de sacrifices.

Louise au cabaret dansant ce soir, et son mari?

Les mœurs européennes, mon cher…

❏

L'orchestre grince. Percy et Gréta dansent. Jeannette se fatigue de couver Franz et Franz se fatigue d'être couvé. Louise raconte des boniments à Marius. Les tracas de son ménage. Elle préfère ne pas danser. Marius préfère rire. Il écoute la noironne en verve comme jamais. Mais il règle aussi les consommations. Ce pauvre Franz est fauché et Louise a besoin de voir le coiffeur le lendemain.

— 400 francs, c'est pour rien, s'exclame Marius.

L'attaque la surprend, mais ça la fait rigoler. Il faut aussi faucher Percy. À quoi ça servira au front, tout cet argent dans ses poches? Sans compter, on ne sait jamais ce qui peut arriver.

Le vin. Le mauvais cognac. La bière de recette allemande. Vaut mieux partir. À la maison, on achètera du bon vin.

— 400 francs. Franz a ri cela en prévenant Marius. Percy, lui, est toujours si réservé. C'est mieux pour lui. Gréta l'aime mieux comme cela. Ça ferait un beau couple à empailler.

La dernière consommation à régler.

— 400 francs, c'est pour rien, ricane Marius.

— 420 francs, affirme la serveuse. Et ça ne compte pas le pourboire.

La serveuse ne comprendra jamais qu'un règlement d'addition puisse tant faire rire.

❑

L'appartement de Louise. Franz, Gréta, Percy, comme hier soir. Sur l'autre divan, deux soldats belges de la résistance. Louise les a entraînés à la sortie du café.

Tous les groupes regardent Louise. Louise est montée sur la grande table. Ses pieds.... ses mains... ses cheveux... Sa figure porte à rire quand elle en donne la permission.

Marius trouverait cela agréable. Mais il se tourmente. Comment tout cela finira-t-il? Il leur faudrait partir, la patrouille... Être pris deux fois de suite. Jeannette heurte

les bémols au lieu des dièses. Les partisans belges s'exta-
sient devant la danse.

La porte… personne à la porte.

Le mari… pas de mari.

L'apogée.

Louise est fière de son effet. L'audience acclame.
Louise s'essouffle et entraîne Marius vers le divan où se
trouvent déjà les deux Belges. Elle les embrasse tour à
tour, les étreint. Les deux Belges rient, chatouillés.
Marius aussi rit. Puis elle annonce :

— On va se coucher.

— Et ton mari ? dit Marius.

— Lui, il ne me dérangera pas ce soir, dit-elle.

Il voulait l'empêcher de suivre sa vocation. Sa vocation, c'est de consoler les combattants, ceux qui mourront
demain. Oui, une vie de sacrifices. Il voulait faire cesser
tout cela, elle l'a fait arrêter comme collaborateur.

— Ça lui apprendra, dit-elle. Maintenant, viens.
Venez. Mais viens donc puisqu'on te le dit.

(*Ville rouge*)

Anne Hébert

Anne Hébert est née en 1916 à Sainte-Catherine-de-Fossembault dans Portneuf. Elle étudie au Collège Notre-Dame-de-Bellevue et au Collège Mérici. Poète, romancière, dramaturge et nouvelliste. Au commencement de sa carrière, elle collabore à des émissions de Radio-Canada et travaille à l'Office national du film comme scénariste et commentatrice. Boursière de la Société royale du Canada en 1954, elle part pour Paris. Désormais, elle se consacre à son œuvre. Prix David en 1942. Prix France-Canada et prix Duvernay en 1958. Prix littéraire de la Province de Québec en 1959. Prix du Gouverneur général en 1960. Reçue membre de la Société royale en 1960.

Les songes en équilibre (poèmes), Montréal, Éditions de l'Arbre, 1942.

Le torrent (nouvelles), Montréal, Éditions Beauchemin, 1950.

Le tombeau des rois (poèmes), Québec, Institut littéraire du Québec, 1953.

Les chambres de bois (roman), Paris, Seuil, 1958.

Poèmes, Paris, Seuil, 1960.

Kamouraska (roman), Paris, Seuil, 1970.

Les enfants du sabbat (roman), Paris, Seuil, 1975.

Le premier jardin (roman), Paris, Seuil, 1988.

La robe corail

Elles sont dix ouvrières, dans l'atelier de Madame Grospou : dix ouvrières, jolies ou moins jolies, chacune avec son envie de papoter, son bâton de rouge, des bas de soie, une robe courte et son chagrin d'amour.

À part celles-là, il y a la petite Émilie dont la présence ténue et silencieuse ne se remarque même pas.

On se souvient à peine de l'arrivée d'Émilie chez Madame Grospou, un soir, comme ça, toute seule, tout enfant. On ne savait pas d'où elle venait. Elle ne parlait pas et on la croyait muette.

À son entrée à l'atelier, elle était de la taille d'un enfant. Mais son visage effacé, alors comme maintenant n'avait point d'âge ; ni jeunesse, ni maturité ne pouvait se lire dans ses yeux démesurés, sans présence et sans rêve. Cela surprenait et inquiétait un peu, ces yeux si grands, comme n'ayant jamais servi ; et inconsciemment l'on se disait que c'était mieux ainsi, car si jamais un secret pouvoir d'illumination comblait ces yeux immenses, cela s'étendrait, telle une mer de feu. Mais la chose ne semblait pas devoir arriver en ce monde. Les yeux d'Émilie étaient trop grands parce qu'ils étaient vides.

Tout de suite, elle avait ravi madame Grospou, par sa dextérité au tricot. Elle semblait n'avoir jamais fait autre chose de sa vie.

Et, depuis ce temps, Émilie n'a pas cessé d'être une ouvrière extraordinaire. Elle tricote sans éclaircie, fébrilement, tout le jour. Le jour s'asservit à son ouvrage. On dirait qu'elle le tricote en même temps que sa laine.

Chaque semaine se passe ainsi ; et, le dimanche, lorsque Émilie cesse de travailler, elle se sent lasse, un désert sans borne en elle, privée de la seule raison de vivre qu'elle connaisse. Elle attend le lundi avec impatience, et jamais il ne lui vient à l'idée de regarder en arrière et de se demander avec effarement ce que sont devenus tous ces jours qu'elle a tricotés !

Une après-midi, il est arrivé à l'atelier un grand gars de retour des chantiers. Branle-bas et grosse dépense de battements de cœur chez les ouvrières ! Il achète des chaussettes et offre des images coloriées, en cadeau, à chacune des jeunes filles.

Émilie daigne regarder la sienne, sans pour cela cesser de travailler. L'image représente une bergère qui tricote, entourée de ses moutons. Mais, horreur ! l'artiste, trop profane, n'a mis qu'une seule aiguille aux doigts de la bergère ! Peut-on, à la vérité, être aussi ridicule et ignorant dans l'art de faire un bas !

Personne ne se souvenait d'avoir entendu Émilie rire. Pourtant, elle trouve cela si drôle que, tout naturellement, elle part à rire. Or, en commençant à rire, elle commence à le voir, *lui*, comme si le rire était le prélude d'un rite mystérieux auquel elle serait conviée.

En aucun temps Émilie ne se sépare de son tricot ; il ne fait qu'un avec elle. Toutefois, ce soir, en marchant vers sa demeure, elle a beau, ainsi que d'habitude, enfiler des mailles, quelque chose d'elle est ailleurs, en un premier et tremblant voyage.

Rendue à sa chambre, Émilie se recueille. Ce qu'elle entreprend est fort difficile et délicat. Il s'agit de la robe corail qu'une dame très riche vient de commander. Cette robe doit être terminée et livrée dans une semaine !

La laine vive glisse sur les aiguilles d'os ; le rêve, plus vif encore, glisse en gouttes insaisissables dans le cœur de la petite ouvrière.

Au lieu de continuer jusqu'à ce que le sommeil la gagne, appesantie sur le travail, Émilie, ce soir, a rangé la laine plus tôt qu'à l'ordinaire.

Elle ne sait encore ce qu'elle cherche, mais il lui manque un objet indispensable dans la chambre ; un objet qui n'y était pas hier et qui n'y est pas davantage aujourd'hui. Rien n'est donc changé, si ce n'est le désir qu'Émilie en a maintenant et qu'elle n'avait pas hier.

Dans la chambre sans glace, en imagination, Émilie scrute son visage. Elle s'interroge, s'inquiète, et soudain l'image claire d'un autre visage la console, telle une apparition de saint : Gabriel, revenant des chantiers, la peau brûlée, les yeux luisants comme les rivières délivrées après la débâcle du printemps.

Émilie ne cesse d'enrouler ses cheveux sur ses doigts qui, ne tenant plus les aiguilles, n'ont pourtant jamais paru plus nécessaires.

Avant de se coucher, elle a deux gestes fantastiques qui l'étonnent à peine. Sur sa robe grise, Émilie a épinglé la manche corail qu'elle vient de terminer, et en tâtonnant, elle a frisé ses cheveux avec des guenilles propres.

La nuit, Émilie rêve que ses frisettes sont des copeaux blonds, tout tournés, et que Gabriel les coupe avec des grands ciseaux pour les jeter dans la rivière. Ensuite, le jeune homme, sautant d'un copeau à l'autre, à l'aide d'une gaffe, se livre à la drave, sous les yeux effrayés d'Émilie.

Le lendemain matin, pour se rendre à l'atelier, elle a caché sous un fichu ses boucles si rondes, si soyeuses au toucher.

Pourquoi tricoter en marchant ? Rien ne presse ; ce matin, à ne rien faire on a l'impression d'être tout occupé !

Émilie est pourtant un peu tourmentée ; elle voudrait bien emprunter un miroir à une compagne, mais elle craint ses moqueries.

Qu'est-ce donc que la laine a ? On la sent à peine et c'est drôle tout ce qu'elle raconte. Le jour, que l'ouvrière tricotait avec la laine, sort de sa gangue laineuse comme un merveilleux filon. Tous les jours qu'Émilie a tricotés se présentent ensemble à son esprit, libérés d'une oppression.

Avant, elle n'avait fait attention à rien, et voici que la digue est rompue, la vie reprend ses droits.

Émilie revoit la grande glace de madame Élisabeth chez qui elle avait été autrefois faire un essayage. Elle revoit aussi le bois où elle avait joué un dimanche, quand elle était petite. Qu'il était beau le bois ! Qu'elles sentaient bon les feuilles ! Émilie se souvient aussi que madame Élisabeth, qui était si belle, l'avait un jour embrassée. C'est fou comme Émilie aujourd'hui aurait envie d'être embrassée à nouveau par madame Élisabeth !

Au cliquetis des aiguilles, la jeune fille rit toute seule, tandis que le son de son rire lui redonne la vision d'un visage hardi et hâlé. Et c'est dans l'évocation de ces yeux-là, tout luisants comme des rivières, qu'Émilie découvre le miroir qu'elle n'a jamais eu.

Le soir, elle retourne à son grenier, avec deux manches complètes et le devant du corsage. Ce corail fait riche sur la robe grise et, le fichu enlevé, autour des boucles ça mousse comme du champagne très blond !

Ainsi, à moitié parée, Émilie se penche à la fenêtre. La fenêtre est juste à la bonne hauteur et n'encadre que la tête auréolée et le radieux corsage rose !

Ça c'est ce qu'on voit d'en bas, c'est ce qu'il voit, lui ; et ce recueillement qui écoute, c'est ce qu'il entend, lui, d'en bas, sur l'herbe.

Mais elle, Émilie, du haut de la fenêtre, contemple un croissant d'argent qui s'est arrêté miraculeusement au-dessus de la tête de celui qui devait venir.

Émilie a à peine assez de silence en réserve pour goûter avec plénitude cette musique que l'homme, dessous le croissant, lui sert, à l'aide de sa voix et d'un accordéon. Sa voix qui chante en douceur : « Il y a long-temps que je t'aime… » et l'accordéon qui traîne long-temps après la voix : « Jamais je ne t'oublierai… »

Pendant presque une semaine, à mesure que le tricot avance, la fenêtre au clair de lune découpe chaque soir un peu plus de l'image d'Émilie, au regard du jeune homme.

À mesure que cette image en robe rose se rapproche, Gabriel a le désir plus aigu d'en voir la fin, avec les petits pieds au bas de la robe, franchissant la fenêtre.

Le tricot est terminé ! Émilie s'est surpassée. La robe est un bijou, juste à sa taille, à la fois précieuse comme une robe de gala et simple comme une parure de longs cheveux.

Elle avait si hâte, elle aussi, que dix bons rangs manquent bien au bas de la jupe, lorsque, fiévreuse, elle rabat les mailles.

L'accordéon se tait quand Gabriel approche une échelle de la fenêtre et s'empare à bras le corps de la jeune fille tremblante. Toute la robe corail est là, et toute la petite fille dedans, avec ses jambes fines au bas de la jupe écourtée.

Sans avoir eu besoin d'apprendre, Émilie a passé ses bras autour du cou de Gabriel qui, doucement, la dépose à terre. Mais il la reprend aussitôt, comme si cela le gênait de l'avoir distincte de lui, ainsi qu'au temps où ils étaient deux paysages séparés sur la terre. Elle, à la fenêtre, en offrande ; lui, en bas, sur l'herbe, en appel.

À travers les champs, sautant les clôtures et les ruisseaux, il l'emmène dans la forêt. Elle a peur, ferme les
yeux, et lui va de plus en plus vite, excité par le parfum
de ces cheveux qui le frôlent.

Après avoir suivi un chemin qui servait au char-
royage du bois, l'hiver, ils s'arrêtent dans une clairière,
dernier chantier des bûcherons. Tout autour, des sapins
rouges, des troncs brûlés. Par terre, les souches ont l'air
disposées pour quelque conseil de grands chefs sauvages
ou d'animaux fabuleux.

Il l'a portée longtemps sans être fatigué; et, s'il se
sent un peu essoufflé, c'est parce que ça bat si fort dans
sa poitrine!

Qu'elle est légère, et souple comme un cierge! Il
semble au jeune homme qu'il a donné à jamais au corps
fragile la forme de ses bras qui l'ont porté. Ainsi le cœur
frais d'Émilie s'est réchauffé, appuyé sur Gabriel, en se
déformant comme la cire que touche la flamme.

Le jeune homme étend à terre des branches de sapin
toutes résineuses et ajoute, par-dessus, son makina à carreaux noirs et rouges. Il y dépose Émilie dont les yeux ne
s'étonnent de rien et s'émerveillent de tout.

Les instants ont des couleurs, des parfums, des touchers, des lumières, mais ils n'ont pas de contour, ils sont
sans limite, flottants comme des brumes.

Les rayons de la lune convergent, tout blancs, entre
les arbres, vers la clairière; le sapin embaume à travers
cette étoffe qui est à Gabriel.

Il la presse contre lui, elle se serre contre lui; tous les
deux, sans feinte, entièrement engagés, entièrement
livrés.

Ainsi va leur tendresse, une longue nuit.

Au matin, rien n'a bougé, si ce n'est l'ombre. Tout
est à la même place; eux aussi.

Tout est encore possible; on pourrait recommencer ce soir.

Les mêmes couleurs, les mêmes parfums, mêlés aux mêmes touchers et aux mêmes lumières, seraient conviés à la fête. Mais Émilie a la vague impression que son bonheur ne résistera pas au jour, comme ces vapeurs blanches que perce le soleil et qui flottent, toutes déchirées avant de disparaître. Instants sans contour, qu'on croyait tenir !

Émilie frissonne malgré sa robe de laine. Gabriel a remis son makina. Il paraît soucieux, pressé de rentrer.

Les jeunes gens marchent côte à côte. Il ne la porte plus dans ses bras, et les pieds d'Émilie tournent dans les ornières.

Il a l'air tellement éloigné d'elle qu'on dirait que la seule chose qu'il garde de leur nuit ensemble dans la forêt, c'est ces marques éphémères d'étoiles repoussées, faites sur sa peau par les branches de sapin.

Ce ne serait rien d'être revenu, à l'aube froide et mouillée, si seulement, après la séparation, l'on avait le temps de réaliser un peu ce que ça peut signifier la séparation après cette connaissance et cette union qu'on a eues.

Non, l'on n'a pas le temps d'écouter les pressentiments de son cœur; il faut déjà retourner à l'atelier.

Jadis, on accusait Émilie de n'avoir pas d'expression; et, maintenant qu'elle a acquiescé à son être, il lui faut tout de suite se composer un visage pour faire cette rentrée en public, si pénible après qu'on a été si vrai.

Émilie voudrait donc pouvoir se terrer quelque part et ne pas reparaître devant ses compagnes ! La jeune ouvrière sent que jamais plus elle ne pourra passer inaperçue comme auparavant. Ne verra-t-on pas le relief nouveau de sa bouche (cette forme des baisers) et cette attitude des yeux, enfin habités, mais fermés comme des fontaines dont on craindrait la profondeur?

Dès que la jeune fille franchit la porte, elle se trouble et les images prennent cette forme inconsistante et brisée des reflets dans l'eau que ride le vent.

D'abord ses compagnes, qui l'accaparent, la questionnent et la dévisagent avec avidité.

Et, soudain, Marcelle dit à Émilie, en lui tendant un paquet :

— Tiens, c'est pour toi ; c'est le gars qu'est venu l'autre jour, qui a laissé ça tantôt ! Il paraît qu'y s'en retourne dans son village ; car, à «placoter» comme ça, y dit qu'y lui restera à peine de quoi acheter un collier de pimbina à sa fiancée, au retour?

Les rires ressemblent à un orage de petite grêle aiguë, dégringolant sur Émilie.

— Montre voir ce qu'y a dans le paquet? reprend Marcelle.

Émilie ne se défend pas, elle n'a rien à défendre : quelqu'un l'a toute prise.

— C'est-y vrai qu'y allait sous ta fenêtre te faire un concert, les soirs de lune? Réponds donc, Émilie! Depuis le temps qu'on te croyait nitouche, t'en es une belle tout de même!

Émilie ne répond pas, elle n'a rien à répondre : quelqu'un a tout pris, jusqu'au son de sa voix.

— C'est un miroir! Regarde, Émilie.

Émilie tressaille. Un miroir, elle qui en voulait tant un! Mais pourquoi se connaître, maintenant qu'il ne la reconnaît plus?...

Marcelle tend la glace, toutes se pressent, pressant Émilie avec elles.

Émilie pour la première fois fait la rencontre de son visage... Et elle s'est aperçue qu'elle pleurait.

Madame Grospou, personne pratique, a résolu de simplifier les choses en remettant tout de suite Émilie à la seule place qui lui convienne : celle de tricoteuse.

— Vous me recommencerez cette robe, elle est cent fois trop petite ! Et que, à l'avenir, pareille «distraction» ne se renouvelle plus... Tricotez ! Vous êtes au monde pour cela !

Émilie a repris la robe corail. Un espoir lui reste. Qui sait si cette laine ne garde pas encore dans ses mailles serrées un peu du rêve qui accompagnait sa métamorphose ?

La jeune fille détricote avec nervosité, mais les mailles ne rendent rien. Émilie comprend que la laine délivrée, c'était plutôt elle-même délivrée.

Elle ne se sent pas le courage de continuer sa tâche asséchée... ni de tricoter un autre rêve.

Par les chemins elle va, s'engageant dans les fermes. Les foins, les lavages, les jardins, les champs, nulle besogne ne semble lui être assez rude.

Oh ! se meurtrir les mains et tout le corps, afin de goûter ensuite cette lassitude et ce lourd écrasement ! Se perdre dans le travail, après s'être douloureusement retrouvée pendant une semaine : juste le temps de la robe corail.

Mais, une fois qu'on a commencé de vivre, ça n'en finit plus.

Émilie a beau vouloir s'anéantir, en elle ne peut s'effacer cette rencontre avec son âme, alors qu'elle s'est aperçue qu'elle pleurait.

Le travail n'a pu tuer le loisir du cœur. Émilie garde encore intactes en elle l'attente, et la foi au miracle.

Alors, un jour, elle a senti que son âme se tenait toute tranquille.

Émilie s'est aperçue qu'elle priait.

(*Le torrent*)

Pierre Dagenais

Pierre Dagenais (1923-1990) est né à Montréal. Il étudie à l'Institut des sourds-muets et au Collège Sainte-Marie. Commence très jeune des études d'art dramatique. Comédien, dramaturge, romancier et conteur. Fondateur de la troupe de théâtre L'Équipe. Réalisateur à la télévision. Metteur en scène. A écrit de nombreux textes pour la radio et la télévision.

Contes de la pluie et du beau temps, Montréal, Cercle du Livre de France, 1953.

Le feu sacré (roman), Montréal, Éditions Beauchemin, 1970.

... Et je suis resté au Québec (mémoires), Montréal, Éditions La Presse, 1974.

Le mourant bien portant

Qu'est-ce que vous avez, père Mathias ?

Le vieillard ouvrit la bouche pour répondre mais son haleine courte aspira les mots au fond de sa gorge et les rejeta hors de ses poumons dans un grincement aigu.

Affolé, Gaspard — le bedeau — accourut vers le vieux paysan pour le secourir. En effet, la figure de Mathias était devenue subitement d'une pâleur cireuse ; son bras gauche se raidissait et les doigts de sa main demeuraient tendus et écartés ; la tête rejetée en arrière, la poitrine oppressée et la bouche béante, il haletait désespérément. Au moment même où le pauvre vieillard allait s'écraser sur le sol, Gaspard l'empoigna par les épaules. Il le tira jusqu'au gros fauteuil de cuir placé sous la fenêtre, derrière la grande table-bureau de monsieur le curé, et, après l'y avoir installé de son mieux, il leva vivement le châssis pour que l'air entrât à grandes bouffées dans la pièce.

— Ah ! pourvu que m'sieu le curé tarde pas à rentrer ! murmura-t-il.

L'idée que le père Mathias pourrait bien rendre l'âme en sa seule présence suffisait à le faire tressaillir d'effroi. Il jeta un regard craintif vers le malade mais il lui sembla qu'il respirait maintenant avec plus de facilité. Il se sentit, du fait, quelque peu rassuré.

Le son joyeux et cristallin d'un attelage hivernal garni de nombreuses clochettes lui annonça l'approche d'un traîneau. Il bénit le hasard de conduire, en cet instant tragique, un promeneur au presbytère et son angoisse disparut. Car, notre bedeau ne redoutait pas tellement la mort de Mathias ; ce qu'il craignait surtout, c'était qu'il mourût dans ses bras. Il quitta donc précipitamment la pièce et courut jusqu'à la porte d'entrée qu'il ouvrit d'un seul geste.

La neige tourbillonnait dans le grand vent. Il put cependant voir s'arrêter le traîneau devant le presbytère à travers la poudre épaisse et vertigineuse des flocons. Il ne lui faudrait donc même pas s'élancer sur la route et jeter les hauts cris au milieu du chemin — « Holà ! Holà ! Halte ! brave homme ! » — pour que ce passant miraculeux consente à lui prêter assistance ?

Gaspard, qui venait d'être littéralement dévoré d'inquiétude et qui ressentait à présent une trop vive joie de cette arrivée providentielle, ne reconnut point en la personne de ce voyageur envoyé du ciel la silhouette emmitouflée de son pasteur. Aussi, s'écria-t-il en accourant vers le visiteur :

— Vite l'ami ! hâtez-vous. Un vieil homme se meurt. J'ai besoin de votre...

Son cri d'alarme resta inachevé. Déjà, le bon prêtre enjambait les marches du perron sous la mine ébaubie du bedeau. Ahuri pour quelques secondes à peine cependant, Gaspard se rendit vite compte de sa méprise et, d'un bond, il eut tôt fait de rejoindre le curé.

— Dans votre bureau ! cria-t-il.

Puis, v'lan ! du revers de tout l'avant-bras, il repoussa violemment la porte derrière lui.

Les deux hommes se précipitèrent au secours du moribond.

À la grande surprise de notre sacristain — car Gaspard remplissait également cette fonction — le vieillard, droit de ses six pieds et deux pouces bien comptés, contemplait maintenant, dans une fière attitude, une superbe icône de la Vierge dont le cadre était accroché à un des murs de la pièce. De plus, il avait eu la force de refermer la fenêtre puisque le vent n'agitait plus les rideaux et que la neige ne poudroyait plus à l'intérieur du bureau.

De son côté, le brave curé, qui croyait devoir administrer rapidement une de ses ouailles infortunées, ne fut pas moins étonné que son fidèle serviteur de cette apparition.

— Voilà bien le premier mourant que je vois en si bonne santé ! s'exclama-t-il d'un ton amusé.

Gaspard, qui ne voulait passer ni pour un jocrisse, ni pour un farceur, s'empressa donc de raconter en détail l'incident que nous connaissons et, comme le vieux Mathias ne le démentit point, il jugea opportun de se retirer.

Le curé estimait beaucoup le père Mathias. Il reconnaissait en son paroissien — le plus âgé du village — des qualités de cœur et d'esprit peu communes. Il le savait juste et généreux : animé d'une foi ardente et d'une volonté inflexible. Hélas ! il n'ignorait pas non plus avec quel orgueil et avec quelle opiniâtreté le vieillard se défendait d'admettre que les atteintes de l'âge et de la maladie puissent un jour toucher sa solide complexion de colosse et, peut-être, lui porter le coup fatal. Il atteindrait bientôt ses quatre-vingt-seize ans et, pourtant encore, le géant robuste se permettait de rêver. «Dans six ou huit ans, déclarait-il souvent d'un petit ton espiègle et narquois, quand je jugerai le moment venu d'adresser mes derniers adieux au travail quotidien, j'irai faire le tour du monde. Faire le tour du monde ! Cela doit bien prendre quelques années, insistait-il en écarquillant ses petits yeux malins. Certes, je m'ennuierai beaucoup de mes petits-enfants. Mais c'est égal! À mon retour, ils seront émerveillés par les belles histoires exotiques et les aventures passionnantes que j'aurai à leur raconter. Et puis, plus tard... »

Le cœur du père Mathias battait toujours la charge de ses vingt ans pour avancer sur l'avenir!

Avant que d'aborder la question, notre brave homme de curé préféra donc parler en l'air.

— Comment se portent vos enfants? s'informa-t-il; ainsi que les enfants de vos enfants: vos petits-enfants?... Et vos vaches? Bien que l'hiver ait gelé et durci la terre et que, par le fait même, l'herbe qu'elles ruminent ne soit plus aussi fraîche, aussi tendre, donnent-elles toujours leur mesure de bon lait?... Et vos poules pondent-elles d'aussi beaux œufs, en dépit de la bise?... Quoique le soleil se relâche et que ses rayons perdent de leur ardeur, vos coqs les négligent-ils?... ou, au contraire, hérissent-ils encore leurs crêtes et pointent-ils leurs ergots à la seule vue de leurs croupions empanachés?

Le père Mathias rigolait.

Le moment sembla propice à l'abbé de poser la question épineuse:

— Et, vous-même, père éternel, comment vous portez-vous? Que signifie cette crise dont vous fûtes victime un instant à peine et que Gaspard, mon aide dévoué, vient tout juste de relater? Souffririez-vous de quelque mal?

Le doyen du village cambra la taille. Lui, souffrir de quelque mal? Lui, qui fêterait bientôt ses quatre-vingt-seize ans et qui pourrait se flatter de n'avoir succombé à aucune attaque microbienne; lui, cet hyper-homme, doué d'une force herculéenne, que jamais, aucun bacille n'avait réussi à terrasser; lui, souffrir de quelque mal?... Le sommeil seul, et peut-être aussi — du moins, le prétendait-il — l'amour réussissaient à vaincre son mépris pour le coucher !

Il se récria d'une voix tonitruante :

— Monsieur le curé, je ne souffre d'aucun mal, sacré nom de nom ! J'ai abattu trois arbres aujourd'hui. Ne trouvez-vous pas naturel que j'en aie éprouvé quelque fatigue ? Il n'y a cependant pas de quoi en faire un drame ! Votre bedeau est un benêt. Je vous paie mon banc pour la messe de minuit et je reprends à pied, je vous prie de le croire, le chemin de la maison.

Aussitôt dit, aussitôt fait. Le bon curé n'insista point.

Les bedeaux ainsi que les ménagères de nos braves curés campagnards n'ont pas la langue dans leur poche. C'est, du moins en cette province, la règle générale.

Aussi, dès le lendemain, tout le village savait déjà que, la veille, au presbytère, le père Mathias avait encore une fois été victime d'une forte attaque cardiaque.

Gaspard, évidemment, se défendait bien de l'avoir répété.

Chose certaine, c'est que monsieur le curé, lui, n'en avait soufflé mot à personne.

Mais alors, d'où parvenait-elle donc cette nouvelle qu'on se passait maintenant de bouche en bouche ?

— Est-il vrai que le vieux ait eu une autre crise ?

— Absolument ! Vrai comme vous, vous êtes devant moé et comme moé, j'suis devant vous.

— Mais qui vous l'a appris ?

— Ça serait un vilain péché que de vous le dire, vu que j'ai promis de pas l'ébruiter.

— La grand'langue à Gaspard ?

— Ah ! J'veux point mentir. J'dis point que c'est lui et j'dis pas non plus que c'est point lui. Mais y paraît que, cette fois, le pauvre père, ben y s'en relèvera point. Y est ben malade à ce qu'on raconte !

❑

Quelques jours plus tard, un peu avant la Noël, on apprit en effet officiellement que le père Mathias avait pris le lit. Du haut de sa chaire, le bon curé demanda à tous ses paroissiens de prier pour sa guérison.

Tous les paysans de l'endroit éprouvaient une profonde tristesse à la pensée que, peut-être, au temps béni de la naissance de Jésus dans une étable, ils devraient porter au charnier le corps de leur vénéré patriarche.

Pour la première fois de sa longue vie, le père Mathias s'était vu forcé de s'aliter. Et même si la chose peinait tout le monde, rares étaient ceux qui pouvaient s'empêcher de sourire un peu d'une tendre ironie car personne ne songeait à en attribuer la cause soit au sommeil, soit à l'amour.

Tous savaient que, depuis très longtemps, le Goliath du village souffrait d'une redoutable maladie de cœur. Certains avaient même assisté à quelques-unes des crises aiguës qui le foudroyaient brutalement sur place.

Combien de fois ses amis les plus courageux, ne craignant pas d'allumer la colère de leur ancêtre respectable et d'en subir les transports violents, n'osèrent-ils pas lui recommander fortement de recourir aux bons soins du médecin de la région !

Loin de le convaincre petit à petit, chacune de ces tentatives ne faisait que courroucer davantage le vieux Mathias. Fidèle à la tradition de ses aïeux, il abhorrait tous ces disciples d'Esculape en qui il ne voulait reconnaître que de sinistres farceurs dont l'unique et principal intérêt n'était que d'exploiter leurs patients. Il les raillait ; les méprisait. « J'ai quatre-vingt-quinze ans passés, clamait-il, et jamais je n'ai mis les pieds chez un de ces fieffés escrocs ! Au cours de mon existence, j'en ai vu trois mourir dans ce village ; moi, je suis toujours vivant.

Et le jour où j'irai les rejoindre dans l'autre monde n'est pas près de se lever. Ils ont depuis longtemps déjà dû se soumettre à la ligne horizontale; moi, je conserve encore la ligne verticale.»

Hélas! notre magnifique vieillard reposait maintenant dans la position que l'on sait. Sa fin approchait: la dernière heure allait bientôt sonner.

Et, bien que Mathias eût toute sa vie manifesté une morgue souveraine à l'égard des médecins, comme il perdait présentement tout espoir de résister à l'agression farouche de la Camarde et que, pourtant encore, son âme entretenait sur la vie de douces espérances, il se décida donc à lancer son premier appel à l'une de ces canailles: le docteur du village.

Ce dernier accourut sur les lieux mais, en pareil cas, il ne put malheureusement qu'admettre son impuissance. Le cœur du géant ne battait plus qu'à petits coups très faibles et irréguliers. Par un signe de tête, il apprit la vérité à ceux qui se trouvaient présents dans la chambre, mais il jugea plus charitable de la cacher au vieillard. Voilà pourquoi, après lui avoir joué la comédie d'un examen général fort sérieux, il rendit son diagnostic en ces termes:

— Vous avez une forte constitution, père Mathias. L'excellence de votre condition physique me renverse. Vos poumons, votre estomac, vos reins, votre foie ne souffrent d'aucune atteinte pernicieuse. Votre cœur, naturellement, n'a plus sa vigueur d'autrefois mais, cette crise terminée, il reprendra son petit train-train normal et ne vous causera pas de trop graves ennuis.

Le cœur de Mathias battait au ralenti, soit! Son esprit, cependant, conservait encore toute sa lucidité. Le geste, adressé tantôt par le médecin aux témoins de la scène, n'avait pas échappé à son regard vif et perçant. D'un petit ton gouailleur, souriant, il répondit:

— Mon cher docteur, nous avons tous les deux raison. Et cette constatation qui me frappe en pleine agonie
me fait énormément plaisir. Vous ressemblez à vos semblables : vous n'êtes qu'un fameux farceur. Et, pourtant,
je ne doute pas de votre verdict. Je suis entièrement
d'accord avec vous, docteur, je me porte tout à fait bien.
Du reste, je n'ai jamais été malade. Fort comme mes
aïeux, je ne me rappelle point avoir eu recours une seule
fois à vos affreuses potions ou à vos mauvais remèdes.
Vous me causez donc le plus grand des plaisirs puisque
vous m'apprenez que je meurs en santé.

Et, pour rappeler le dernier bon mot de Forain sur
son lit de mort : le malade mourut guéri.

(Contes de la pluie et du beau temps)

Adrienne Choquette

Adrienne Choquette (1915-1973) est née à Shawinigan. Elle étudie chez les Ursulines de Trois-Rivières. Commence une longue carrière de journaliste. Prix David en 1954. Grand Prix du Jury des Lettres en 1961. Rédactrice de *La Terre et le foyer* au ministère de l'Agriculture du Québec.

Confidences d'écrivains canadiens-français, Trois-Rivières, Éditions du Bien public, 1939.

La coupe vide (roman), Montréal, Éditions Fernand Pilon, 1948.

La nuit ne dort pas (nouvelles), Québec, Institut littéraire du Québec, 1954.

Laure Clouet (nouvelles), Québec, Institut littéraire du Québec, 1961.

Le temps des villages (récits), Notre-Dame-des-Laurentides, Les Presses laurentiennes, 1975.

Fait divers

Dès qu'il fut dans sa chambre, il éprouva un immense sentiment de sécurité.

Adossé à la porte, épaules collées au bois, il attendit que la rumeur torrentueuse dans ses oreilles s'apaisât. Bouche ouverte pour mieux respirer, les jambes flageolantes après une course folle, on aurait pu croire que la peur — une peur sale — lui mordait la chair.

L'enseigne lumineuse du pharmacien d'en face plaqua rouge, plaqua vert sur le linoléum, sur le pied de la couchette, la frange du rideau.

Rouge. Vert. Vert. Rouge.

Les premières nuits, il avait cru devenir fou.

Aucune pensée raisonnable pour le moment dans cette grosse tête à cheveux frisés comme au petit fer. L'œil chlorotique a affiché tout de suite une expression ahurie.

Un décor, un personnage de cinéma. Il ne manque que le crime. Mais non, il ne manque rien, le crime vient d'être commis.

L'iris peu à peu remonte à la vie. L'homme retrouve un tic familier des lèvres. Ses mains de manœuvre sont ouvertes, doigts légèrement écartés. C'est leur pose habituelle dans l'inaction. Pourtant demain les avocats en feront un médiocre symbole :

— Des mains, messieurs les jurés, que le repos lui-même accuse !

Remontant à la vie, les prunelles rencontrent l'enfer. Pas moyen de l'éviter. Le mot sécurité devient un lieu commun inapplicable à la réalité. Dans une chambre verrouillée, par un soir de juillet où l'amour et l'espoir lèchent leurs blessures, un homme jailli des limbes reconnaît à quel fruit il vient de mâcher. Il a fallu cela, un acte capable de couper les amarres qui le reliaient aux autres hommes. Entre eux et lui, il y a désormais une gorge étranglée.

Mais il n'éprouve ni remords ni honte. Ce sont des sentiments à venir avec la pitié de soi.

La chambre donnait sur la rue, si proche d'elle que profils et odeurs de destins y entraient parfois. Avant cette nuit, l'homme n'était sensible qu'à l'ennui de cette proximité, mais tantôt, quand il a fui, c'est ici que, spontanément, il a cherché refuge — ici où la police, il est vrai, ne viendra qu'à bout de ses conjectures. Il se laissera alors emmener, ayant eu tout le temps d'apprendre que rien ne trahit mieux que la chambre où l'on aima.

Vert. Rouge.

Aujourd'hui. Hier.

Si peu de temps sépare ce qui fut de ce qui est que l'homme éprouve de la difficulté à se mouvoir dans son nouveau personnage.

Hier, sa vie pouvait être retournée en tous sens. On n'y eût rien tâté de suspect. Ce matin même, il partait à l'heure accoutumée vers une besogne familière. Ce soir, il rentrait, un peu las, après le repas à la cafétéria où les serveuses le connaissent. Il changeait de chemise. Il allait au cinéma voir un film de Veronica Lake dont « elle » aimait la façon de se coiffer. Après le film, peut-être a-t-il proposé de manger un hot-dog pendant qu'elle refaisait son maquillage. Lui, il allumait une cigarette.

Hier, la solitude ne faisait pas de bruit, souriait, a même ri quelquefois. Une solitude banale et infidèle, aux brusques pinçades, aux gifles inattendues en plein restaurant.

Le temps allait son chemin plat dans lequel un homme a longtemps marché sans se douter qu'il était un monstre.

Ce soir, comme tous les soirs, il est allé boire un verre de bière à la taverne, il a bavardé sur des sujets usés : grèves, petites payes, petites révoltes.

Quand il est sorti après un sonore bonsoir, il s'en allait tuer une femme et ne le savait pas.

Vert. Rouge.

Hier. Aujourd'hui.

Lorsqu'il ne reste plus seulement à une créature humaine d'être désignée par son prénom, que cette très étroite et très puissante assurance lui est retirée, sur quelle rive, qui n'est plus de cette terre et pas encore de l'autre, aborde donc le paria ?

Vert. Rouge.

C'est l'heure où toute la rue appartient à la foule. Des pas. Des rires. Des bouts de phrases.

C'est l'été.

En étirant le cou, on découvre des étoiles au fond des ruelles. Toutes les fenêtres sont ouvertes. Les gens s'interpellent dans ce quartier dont l'air n'est jamais pur et où les gamins sont maigres.

Qu'importe ! L'inquiétude ce soir est inimaginable. Halte bienheureuse entre deux angoisses aux dents longues. Plutôt que de penser avec aigreur, les pauvres prennent congé d'eux-mêmes. Ce qui tournait en rond — une douleur surie — se tapit enfin. Et voici l'émoi du silence avant son infini bien-être.

Des visages fatigués de femmes cherchent, on ne sait quoi, peut-être un arbre au coin de la rue. Mais cet arbre n'existe pas.

Rare instant qu'une égratignure suffirait à faire saigner. Des brutes sentent cela confusément, mais personne ne demande un prolongement abusif. On sait qu'il faudra tout à l'heure revenir aux soucis et se livrer aux vieilles rancunes.

Les heures s'en vont. Les dernières de la nuit se font légères et bruissent joliment dans un jeune feuillage.

L'homme a fini par s'asseoir. Plus tard, il a enlevé son veston, s'est allongé sur le lit. Ses paupières lourdes ont battu avant de s'abaisser.

L'enseigne du pharmacien allume d'un feu bref et fantastique le corps anéanti. On souhaiterait que finisse ce jeu de cache-cache, mais la mécanique reste implacable.

Et puis, après tout, celui qui dort, un crime entre les bras, n'a cure de tout cela.

Car il dort.

Au procès, on se scandalisera. Lui-même s'en voudra d'avoir dormi, ne comprenant point que, pour la nature, il n'y a pas de crimes, seulement des nerfs et des muscles à détendre après un acte épuisant.

Heure noire du sommeil qui suit un crime. Pas une image, pas un souvenir, mais une massive et verticale plongée dans le néant.

Aucun soupir ne passe les lèvres et le corps n'indique en rien qu'il est encore vivant. Simplement, l'homme endormi possède encore une vague confiance que les morts ont perdue.

Et tout à coup, c'est cela le déchirement : que celui-là, demain sans un ami, sans maison, sans même son nom, ressemble, parce qu'il dort, à ceux qui possèdent. Tout est donc à venir encore de douzaines de semaines d'emmurement avec soi pour que cette face d'homme se dépouille enfin, lors du sommeil de la dernière aube, d'une absurde mais irrépressible espérance.

Au milieu de la nuit, sans aide, l'homme se réveillera. Les bruits de la rue n'ont pas nui à son repos. C'est le silence qui l'y arrachera. Peut-être, quelques secondes, pourra-t-il croire que rien n'a changé depuis hier.

Trois heures du matin.

C'est mardi.

Puis le coup de poing en pleine poitrine du souvenir de la veille. L'homme se dresse, le visage blanc.

Ce qui gêne le plus, c'est de savoir affreusement qu'il n'y a pas moyen de compter sur la protection d'une routine. Tout est d'une nouveauté vertigineuse. Les habitudes ont beau protester dans tous les coins de la pièce, entourer la couchette afin que l'homme s'y sente abrité ; la mémoire, en servante dévouée, veut sortir des tiroirs les guenilles de l'enfance...

Lui écoute, regarde, palpe comme un voleur. Les choses sont à lui pourtant et il sait bien qu'il ne vole que ses propres richesses.

D'où vient, en outre, qu'il se sente étranger, même à sa chambre où il a dormi tant de nuits ?

L'abîme déjà est ouvert. Il reste sur le bord qu'il n'a pas choisi.

À cette heure, sans doute, des milliers de chambres connaissent le même engorgement silencieux de créatures aux prises avec elles-mêmes. Et peu importe, au bout du compte, si celui-ci est saint, celui-là meurtrier. Il suffit que le saint veuille tenir entre ses bras son frère défiguré.

L'enseigne du pharmacien à la pointe du jour s'éteignit. Plus d'hier, mais un aujourd'hui qui ne finira point.

L'homme se lava la figure, remit son veston. Il s'assit dans un fauteuil, face à la fenêtre.

Il y avait longtemps qu'il ne s'était assis dans un fauteuil pour simplement attendre que passât le temps.

(*La nuit ne dort pas*)

Gabrielle Roy

Gabrielle Roy (1909-1983) est née à Saint-Boniface, au Manitoba. Études à l'École normale de Winnipeg. Devient institutrice. Étudie l'art dramatique en Europe de 1937 à 1939. Obtient le prix Fémina en 1947 avec *Bonheur d'occasion*. Est élue membre de la Société royale du Canada la même année.

Bonheur d'occasion (roman), Montréal, Éditions Beauchemin, 1945.

La petite poule d'eau (roman), Montréal, Éditions Beauchemin, 1950.

Alexandre Chenevert (roman), Montréal, Éditions Beauchemin, 1954.

Rue Deschambault (contes), Montréal, Éditions Beauchemin, 1955.

La montagne secrète (roman), Montréal, Éditions Beauchemin, 1961.

La route d'Altamont (nouvelles), Montréal, H.M.H., 1966.

La détresse et l'enchantement (autobiographie), Montréal, Boréal Express, 1984.

Wilhelm

Mon premier cavalier venait de Hollande, il s'appelait Wilhelm, il avait les dents trop régulières; il était beaucoup plus âgé que moi; il avait un long visage triste... Du moins, est-ce ainsi que me le firent voir les autres quand ils m'apprirent à regarder ses défauts. Moi, au début, je trouvais son visage pensif plutôt que long et trop mince. Je ne savais pas encore que ses dents si droites et régulières étaient fausses. Je croyais aimer Wilhelm. C'était le premier homme qui par moi pouvait être heureux ou malheureux; ce fut une bien grave aventure.

Je l'avais rencontré chez nos amis O'Neill qui habitaient toujours non loin de chez nous, leur grande maison à gâble de la rue Desmeurons. Wilhelm était leur pensionnaire, car il y a bien du curieux dans la vie: ainsi ce grand garçon triste était chimiste au service d'une petite manufacture de peinture qu'il y avait alors dans notre ville, et, comme je l'ai dit, il logeait chez des gens également déracinés, les O'Neill autrefois du pays de Cork, en Irlande. C'était venir de loin pour faire comme tout le monde en somme: gagner sa vie, tâcher de se faire des amis, apprendre notre langue, et puis, dans le cas de Wilhelm, aimer quelqu'un qui n'était pas pour lui. Est-ce que l'aventure tourne si souvent au banal? Mais, évidemment, dans ce temps-là, je ne le pensais pas.

Le soir, chez les O'Neill, nous faisions de la musique. Kathleen jouait *Mother Macree* tandis que sa mère, assise sur un canapé, s'essuyait les yeux, tâchait aussi d'éviter notre attention, de la détourner d'elle-même, car elle n'aimait pas qu'on la crût à ce point remuée par les chants irlandais. Elizabeth, malgré la musique, n'en piochait pas moins tout le temps ses problèmes d'arithmétique; elle se fichait encore des hommes. Mais Kathleen et moi nous nous en souciions. Nous avions grand peur de rester pour compte, peur de ne pas être aimées et de ne pas aimer d'un grand amour absolument unique.

Quand Mrs. O'Neill me le demandait, «*to relieve the atmosphere*» comme elle disait, je jouais le *Menuet* de Paderewski; ensuite Wilhelm nous faisait entendre du Massenet sur un violon qui était de prix. Après, il me montrait dans un album des vues de son pays; aussi la maison de son père, celle de son oncle, associé de son père. Je pense qu'il tenait à me faire savoir que sa famille était plus fortunée qu'on n'aurait pu le croire en la jugeant d'après lui-même, je veux dire sur ce qu'il avait dû s'expatrier et venir habiter notre petite ville. Mais il n'avait pas à craindre que je me forme une opinion d'après de sottes apparences sociales; je voulais ne juger les gens que selon leurs braves qualités personnelles. Wilhelm m'expliquait comment Ruysdael avait vraiment très bien rendu le plein ciel triste des Pays-Bas; et il me demandait si je pensais que j'aimerais la Hollande, assez pour vouloir un jour la visiter. Et je disais que oui, que j'aimerais bien voir les canaux et les champs de tulipes.

Alors il fit venir pour moi de la Hollande une boîte de chocolats dont chacun était une petite fiole qui renfermait une liqueur.

Mais un soir il eut la malencontreuse idée de me reconduire jusque devant notre maison, bien que ce fût à

deux pas et qu'il ne fît pas encore tout à fait noir. Il était
chevaleresque : il prétendait qu'un homme ne doit pas
laisser une femme rentrer toute seule chez ses parents,
même si cette femme hier encore jouait au cerceau ou à
marcher sur des échasses.

Hélas ! dès qu'il eut tourné le dos, maman me dit de
mon cavalier :

— Qui est ce grand escogriffe ?

Je lui dis que c'était Wilhelm de Hollande, et tout ce
qui en était : la boîte de chocolats, les champs de tulipes,
le ciel émouvant du pays de Wilhelm, les moulins à
vent... Or, tout cela était bien, honorable !... Mais pourquoi, malgré ce que je pensais des apparences, me suis-je
crue obligée de parler aussi de l'oncle et du père associés
dans une petite entreprise qui... qui... rapportait beaucoup d'argent ?...

Alors ma mère me défendit d'aller chez les O'Neill
tant, fit-elle, que l'idée de Wilhelm ne m'aurait pas passé.

Mais Wilhelm était fin. Un ou deux jours par semaine, il finissait tôt son travail ; ces jours-là, il venait
m'attendre à la sortie du couvent. Il prenait mon gros
paquet de livres — Dieu que les Sœurs en ce temps-là
nous donnaient de devoirs ! —, mes cahiers de musique,
mon métronome, et il me portait toutes ces affaires
jusqu'au coin de notre rue. Là il abaissait vers moi ses
grands yeux bleus et tristes et il me disait :

— Quand tu seras plus grande, je t'emmènerai à
l'Opéra, au théâtre.

J'avais encore deux années de couvent devant moi ;
je trouvais désespérément lointains l'Opéra, le théâtre.
Wilhelm me disait qu'il avait hâte de me voir en robe longue, qu'alors il sortirait enfin de son enveloppe contre les
mites son habit du soir et que nous irions en cérémonie
entendre de la musique symphonique.

Ma mère finit par apprendre que Wilhelm avait l'audace de porter mes livres, et elle fut très fâchée de cela. Elle me défendit de le voir.

— Mais, ai-je dit à maman, je ne peux tout de même pas l'empêcher de marcher sur le trottoir à côté de moi.

N'importe qui a le droit de marcher sur le trottoir.

Ma mère trancha la difficulté :

— S'il prend le même trottoir que toi, tu entends, change aussitôt de trottoir.

Mais elle avait dû envoyer un mot de réprimande à Wilhelm et lui préciser comme à moi quel trottoir prendre, car je ne le vis plus que de l'autre côté de la rue, qui restait campé longtemps pour me voir passer. Tout le temps que je passais, il gardait son chapeau à la main. Les autres petites filles devaient être horriblement envieuses de moi : elles riaient de voir Wilhelm se découvrir sur mon passage. J'avais quand même la mort dans l'âme de voir Wilhelm si seul et exposé aux railleries. C'était un immigrant, et papa m'avait dit cent fois qu'on ne saurait avoir trop de sympathie, trop d'égards envers les déracinés qui ont bien assez à souffrir de leur dépaysement sans qu'on y ajoute par le mépris ou le dédain. Pourquoi donc papa avait-il si complètement changé de vue et en voulait-il plus encore que maman à Wilhelm de Hollande ? Personne chez nous, il est vrai, depuis le mariage de Georgianna, ne regardait l'amour d'un bon œil. Peut-être que tous ensemble nous avions déjà eu trop à en souffrir. Mais, moi, je n'en avais pas encore assez souffert, il faut croire…

Et puis, comme je l'ai dit : Wilhelm était fin. Maman lui avait défendu de me parler dans la rue, mais elle avait oublié les lettres. Wilhelm avait fait de grands progrès en anglais. Il m'envoya de très belles lettres qui commençaient par : «*My own beloved child…*» Ou bien : «*Sweet little maid…*» Pour ne pas être dépassée, je répondais :

«*My own dearest heart...*» Ma mère trouva un jour dans ma chambre un brouillon où j'exerçais ma calligraphie et dans lequel j'exprimais à Wilhelm une passion que ni le temps ni les cruels obstacles ne fléchiraient... Si ma mère avait regardé dans le livre de Tennyson, ouvert sur ma table, elle aurait reconnu tout le passage en question, mais elle était bien trop en colère pour entendre raison. Défense me fut faite d'écrire à Wilhelm, de lire ses lettres si par miracle l'une d'elles parvenait à franchir le barrage que maman érigeait, défense même de penser à lui. Il me fut seulement permis de prier pour lui, si j'y tenais.

Jusque-là j'avais pensé que l'amour devait être franc et limpide, chéri de tous et faisant la paix entre les êtres. Or, que se passait-il ? Maman devenait comme une espionne, occupée à fouiller ma corbeille à papier ; et moi, parfois, je pensais d'elle qu'elle était bien la dernière personne au monde à me comprendre ! Était-ce donc là ce qu'accomplissait l'amour ! Et où étaient nos belles relations franches, entre maman et moi ! Vient-il toujours une mauvaise époque entre une mère et sa fille ? Est-ce l'amour qui l'amène ?... Et qu'est-ce, qu'est-ce que l'amour ?... Est-ce son prochain ? Ou quelqu'un de riche, de séduisant ?

En ce temps-là, Wilhelm, ne pouvant faire autre chose pour moi, m'envoya beaucoup de cadeaux, et je n'en ai rien su alors, car, aussitôt qu'ils arrivaient, maman les lui retournait : des partitions de musique, des bulbes de tulipes venues d'Amsterdam, un petit col de dentelle de Bruges, d'autres chocolats parfumés.

Il ne nous resta plus pour communiquer l'un avec l'autre que le téléphone. Maman n'y avait pas pensé. Évidemment, elle ne pouvait penser à tout : l'amour est si fin ! Du reste, dans son temps d'amour, le téléphone n'existait pas, et c'est ainsi, j'imagine, que maman oublia

de me l'interdire. Wilhelm appelait souvent notre
numéro. Si ce n'était pas moi qui répondais, il raccrochait
doucement. Et bien des fois alors maman se plaignit :
« Qu'est-ce qui se passe ?... Je vais adresser une lettre à
la Compagnie ; à tout bout de champ, je suis dérangée
pour rien ; au bout de la ligne, c'est tout juste si j'entends
un soupir. » Elle ne pouvait pas prévoir, bien sûr, jusqu'où
atteignait la ténacité d'un Wilhelm.

Mais, si c'était moi qui répondais, Wilhelm n'en était
guère plus avancé. Il ne pouvait y avoir entre nous de
véritable conversation sans nous exposer à trahir notre
secret et à être privés ainsi du téléphone. Par ailleurs,
nous n'avions de goût ni l'un ni l'autre pour des feintes ;
Gervais en usait quand il avait au bout du fil sa petite
amie de cœur, à qui il s'adressait comme si elle eût été un
garçon du collège. Mais Wilhelm et moi, sans condamner
Gervais — car l'amour est l'amour, et, contrarié, il est
encore plus digne ! —, nous nous appliquions à être
nobles en toutes choses. Aussi, Wilhelm me murmurait-il
seulement, de très loin : « *Dear heart !...* » Après quoi, il
restait silencieux. Et j'écoutais son silence une minute ou
deux en rougissant jusqu'au front.

Un jour, pourtant, il découvrit un admirable moyen
pour me faire entendre son cœur. Comme je disais : Allô,
sa voix me pria de rester à l'écoute ; puis je distinguai
comme un bruit de violon qu'on accorde, ensuite les premières mesures de *Thaïs*... Wilhelm me joua tout le morceau au téléphone. Kathleen devait l'accompagner.
J'entendais des accords de piano, assez éloignés, et je ne
sais pourquoi, cela m'agaça un peu, peut-être de penser
que Kathleen était dans un si beau secret. Mais c'était la
première fois que Wilhelm m'agaçait un peu.

Notre téléphone était fixé au mur, au bout d'un petit
couloir sombre ; au début, personne ne s'étonna de me

voir passer là des heures, immobile et dans le plus complet silence. On ne s'aperçut que petit à petit, chez nous, qu'au téléphone, je gardais le silence. Et dès lors, quand j'allais écouter *Thaïs*, la porte du couloir s'entrouvrait légèrement; quelqu'un s'y cachait pour m'épier, faire signe aux autres de venir un par un me voir. Gervais fut le pire, et c'était bien méchant de sa part, puisque j'avais respecté son secret. Il se donna des prétextes pour emprunter le couloir; en passant, il cherchait à écouter ce que je pouvais entendre. Mais d'abord, je tins l'écouteur fermement pressé à mon oreille. Puis je dus commencer déjà de trouver *Thaïs* bien long à entendre. Un soir, je permis à Gervais d'écouter un moment la musique de Wilhelm; j'espérais peut-être qu'il aurait assez d'enthousiasme pour me faire à moi-même admirer le morceau. Mais Gervais pouffa de rire; je le vis ensuite faire le fou devant les autres, au fond de la salle, jouer d'un violon imaginaire. Même maman rit un peu, quoique voulant rester fâchée. Avec un long visage triste qu'il mit sur ses propres traits, je ne sais comment, Gervais imitait assez bien Wilhelm en le déformant. J'eus un peu l'envie de rire. Car c'est un fait qu'il est assez comique de voir quelqu'un de triste jouer du violon…

Au fond, il est étonnant que tous ensemble ils n'aient pas songé plus tôt à me détourner de Wilhelm par la manière qu'ils employèrent avec tant de succès, à partir de ce soir-là.

Toute la journée, sur mon passage, quelqu'un sifflait l'air de *Thaïs*.

Mon frère exagérait grossièrement la démarche un peu solennelle du Hollandais, son regard qui se portait haut. Ils lui trouvèrent un air de pasteur protestant, tout sec, disaient-ils, et en train de préparer un sermon. Maman ajouta que le «Néerlandais» avait le visage aussi

mince qu'une lame de couteau. C'est ainsi qu'ils le dési-
gnaient maintenant : le Néerlandais ou le Hollandais. Ma
sœur Odette, je veux dire Sœur Édouard, qui avait été
mise au courant et qui se mêlait de l'affaire, quoiqu'elle
eût renoncé au monde, ma pieuse Odette elle-même me
disait d'oublier l'Étranger... qu'un étranger est un étranger...

Un soir, en écoutant *Thaïs*, je pensais que j'avais l'air
sotte ainsi plantée, l'écouteur à la main. Je raccrochai
avant la fin du morceau.

Après, Wilhelm ne se montra plus guère sur mon
chemin.

Un an plus tard peut-être, nous apprîmes qu'il rentrait en Hollande.

Ma mère redevint la personne juste et charitable
d'avant Wilhelm, que j'avais tant aimée. Mon père n'eut
plus rien contre la Hollande. Maman avoua que Mrs.
O'Neill lui avait dit de Wilhelm qu'il était le meilleur
garçon du monde, sérieux, travailleur, très doux... Et
maman espérait que Wilhelm, dans son propre pays,
parmi les siens, serait aimé... comme, disait-elle, il le
méritait...

(Rue Deschambault)

Pour empêcher un mariage

Maman et moi nous roulions dans un train vers la Saskatchewan, pour aller là-bas empêcher un mariage.

Je me rappelle : mon père était rentré un soir d'un de ses voyages chez les Doukhobors, tout pâle, agité et nerveux. Il avait dit à maman :

— Tu vas aller là-bas, Éveline, tâcher de lui faire entendre raison. Moi, j'ai essayé. Mais tu me connais : j'ai dû être trop violent. Je n'ai pas su lui parler comme il faut. Tu vas aller, Éveline, empêcher ce mariage à tout prix.

Maman avait dit alors :

— Mais la petite, Édouard !

Depuis que j'étais née, maman ne m'avait pas quittée un seul jour. Et mon père avait dit :

— Emmène-la. J'ai ta passe. Quant à elle, elle n'est pas encore tenue de payer une place... Une demi-place tout au plus !

C'était commode d'être encore trop petite pour payer en chemin de fer. Dans ce temps-là j'ai beaucoup voyagé, mais j'étais si jeune qu'il ne m'en reste pas grand souvenir, sauf de ce voyage-ci pourtant.

Nous étions dans le train depuis assez longtemps. Maman était assise en face de moi, les mains sur sa jupe, à ne rien regarder du paysage. Elle devait préparer ce qu'elle dirait à ma grande sœur Georgianna. Je n'avais jamais beaucoup vu Georgianna qui, l'année où je vins au monde, partit enseigner la classe en Saskatchewan. Il y avait une photo d'elle à la maison. Ses cheveux étaient en deux fortes tresses noires roulées et attachées avec un ruban au-dessus des oreilles, et sur cette photo elle avait les yeux excessivement parlants. Même en photographie, Georgianna avait l'air d'être prête à se lever, à dire : « C'est moi !... » puis à éclater de rire à voir tout le monde surpris.

Assise sur la banquette de peluche, maman de temps en temps prenait un air fâché ; elle nouait ses sourcils ; elle remuait les lèvres comme pour un discours tout en reproches. Ensuite, elle devait se rappeler ce que mon père avait dit : de la douceur... d'être patiente... car elle passait à un air suppliant, vraiment très malheureux. J'étais triste de voir maman se parler comme ça au-dedans.

Mais j'avais presque toujours le visage collé à la vitre. C'est curieux : il m'a semblé, il me semble encore que tout ce long voyage a dû s'accomplir la nuit. Pourtant il est bien sûr qu'une bonne partie du moins s'est faite le jour. Du reste, je me rappelle la couleur pain brûlé du pays : la nuit, je n'aurais pas pu la voir, ni qu'elle était bien la couleur des foins et de la terre elle-même. Le pays a été plat longtemps, longtemps, puis un peu bosselé, puis encore tout à fait plat. Il y avait des petits villages en bois autour des élévateurs à blé peints en rouge sombre. J'ai toujours pensé que le mot : Estevan que je ne peux relier à aucun souvenir précis doit dater de ce voyage, que, peut-être, je l'avais déchiffré sur le devant d'une petite gare en plaine. Je lisais aussi les hautes lettres écrites en noir sur les tours de blé : *Manitoba Wheat Pool...* Et puis ce fut : *Saskatchewan Wheat Pool...*

— Nous sommes en Saskatchewan ? ai-je demandé à maman, et j'allais me sentir contente, parce que passer d'une province à l'autre me paraissait être une si grande aventure que sans doute elle allait nous transformer complètement maman et moi, nous rendre heureuses peut-être.

Mais maman, qui aimait pourtant elle aussi l'aventure, ne me fit qu'un signe distrait, comme si c'était aussi triste en Saskatchewan qu'au Manitoba.

Nous sommes descendues du train, et, cette fois, ce devait être véritablement la nuit, car, de ce gros village, je ne me rappelle que le nom déchiffré à la clarté d'une lumière perdue, peut-être à l'œil brûlant de la locomotive. C'était : Shonovan.

Nous avons attendu longtemps un autre train qui devait nous emmener jusque chez Georgianna. Nous étions assises côte à côte dans la salle d'attente à peine éclairée. Maman m'avait enveloppée de son manteau, et elle me dit de dormir. Mais je ne pouvais pas. N'ayant plus, pour m'occuper, à lire des noms de gares ou des lettres sur les élévateurs à blé, je me sentais prise d'une sorte de peur de la Saskatchewan toute noire et inconnue où nous étions échouées si seules sur un banc. Souvent, croyant que je dormais ou pour me calmer, maman effleurait ma joue de sa main… et je sentais qui grattait un peu ma joue son alliance d'or…

Mais je pensais beaucoup. Et je lui demandai tout à coup :

— Il ne faut pas se marier, comme ça, dans la vie ?…

Alors maman me dit que parfois, c'était bien, très bien même.

— Mais pourquoi est-ce qu'il faut à tout prix empêcher Georgianna de se marier ?

— Parce qu'elle est encore trop jeune, dit maman.

— Il faut se marier vieille ?

— Pas trop vieille quand même, dit maman.

Et alors, elle me dit:

— Ne te tracasse pas à ce sujet. Il se peut encore que l'on réussisse. Prie pour qu'on réussisse.

C'était gentil à elle de m'associer au but de notre voyage. Mais je dus m'endormir. Et sans doute maman me porta dans ses bras jusqu'au train et plus tard à la maison où logeait Georgianna, car lorsque je me réveillai, j'étais couchée dans un lit et j'entendis dans la pièce voisine maman et Georgianna qui déjà discutaient ensemble.

Cette scène, je crois qu'elle a dû se passer la nuit, j'en suis à peu près sûre... quoique sur tout ce voyage pèse la même clarté pauvre — c'est-à-dire pas tellement l'obscurité qu'une absence de véritable lumière — la même indécise couleur pénétrée par des bruits de rails, puis des éclats de voix.

Maman avait dû oublier ce que lui avait si vivement recommmandé mon père. Je l'entendais dire:

— Ne parle pas trop fort pour réveiller la petite, mais elle-même haussait le ton: Georgianna, écoute-moi, écoute mon expérience. Ton père dit que ce garçon ne vaut rien.

— C'est pas vrai, disait Georgianna.

Et maman plus fort encore disait:

— Pourquoi t'entêtes-tu à faire ton malheur?

Et Georgianna répétait toujours et toujours la même chose:

— Je l'aime. Je vais me marier. Je l'aime...

Après, moi presque toute ma vie, je n'ai pu entendre un être humain dire: «J'aime...» sans avoir le cœur noué de crainte et vouloir de mes deux bras entourer, protéger cet être si exposé...

Georgianna, je ne la connaissais pas assez pour prendre son parti contre celui de maman. Cependant, il me

semblait que quelqu'un aurait dû être du côté de Georgianna, à cause de tout cet orgueil dans sa voix quand elle
reprenait : « Je l'aime, tu entends, je l'aime ! Personne ne
me fera changer d'idée. »

— Pauvre Georgianna, dit alors maman, tu parles de
l'amour comme s'il devait durer... Mais lorsqu'il finit...
s'il n'y a pas autre chose pour prendre sa place... c'est
affreux !

Elles devaient marcher en parlant, aller peut-être
l'une vers l'autre, ou, au contraire, s'éloigner l'une de
l'autre. Sur les murs de la chambre où j'étais je voyais
leurs ombres se promener. Une lampe renvoyait devant
mes yeux leurs gestes, et je finis par reconnaître ceux de
maman qui étaient désolés, ceux de Georgianna... De
temps en temps, maman levait les bras au ciel, comme
lorsqu'on est découragé.

Je ne me rappelle presque plus rien d'une autre journée que nous avons dû passer chez Georgianna, presque
rien de ce séjour jusqu'au moment où nous étions de
nouveau dans un train et qu'apparemment nous avions
échoué dans notre entreprise.

Je revoyais à rebours et ne paraissant plus du tout les
mêmes les petits villages rouge sombre de la Saskatchewan, les champs de blé, les élévateurs aux grandes lettres
noires.

Mais il nous arriva une aventure.

Sur le parcours que nous suivions, les Doukhobors
avaient brûlé un pont, pour protester contre une loi du
Gouvernement. Il n'en restait plus que les rails tenant à
peine sur quelques traverses à moitié calcinées. Le train
ne pouvait s'y engager. On fit descendre tout le monde
avec les bagages, et on entreprit de nous transporter de
l'autre côté de la rivière, pas plus que cinq ou six personnes à la fois, dans un *hand-car*. Les grandes personnes

furent loin d'être braves ; plusieurs crièrent que nous
allions mourir et firent des crises de nerfs. Mais je n'eus
pas peur, assise les jambes pendantes au-dessus de l'eau,
bien maintenue par maman qui me serrait à la taille. Un
employé activait à la main le petit wagon qui filait assez
vite. Je trouvai ça amusant. Jamais encore je n'avais traversé une rivière dont je pouvais très bien voir l'eau, à
travers un pont presque entièrement brûlé.

Les voyageurs étaient furieux contre les Doukhobors.
On devrait les jeter en prison, fit l'un, et un autre demanda : Pourquoi reçoit-on dans notre pays des gens qui
ne veulent pas se conformer à ses lois ? J'allais dire que
mon père aimait bien ses Doukhobors, qu'il les avait installés en Saskatchewan et que, lui, il ne les trouvait pas
méchants. Maman me rappela et me fit taire ; elle dit que
ce n'était pas le temps de crier partout que mon père était
ami avec ses Doukhobors.

Quand nous fûmes de l'autre côté de la rivière, le
chef de train lui-même vint nous dire que du secours
allait venir, de ne pas nous énerver, que la Compagnie
prendrait bien soin de nous et nous dirigerait vers
Regina ; de là nous pourrions continuer dans un train ordinaire.

Il y avait une petite butte sur ce côté de la rivière, et
tout le monde s'y assit, dans l'herbe. Ce devait être
l'après-midi. C'est le seul moment de ce voyage où je me
rappelle avoir vu des rayons de soleil ; il y en avait sur la
butte et sur les visages qui finirent par n'être plus fâchés.
J'étais la seule enfant parmi les voyageurs, et je reçus tant
d'oranges, tant de bonbons, que maman supplia les bonnes gens de ne m'en plus donner. Là, sur la butte, c'était
comme un pique-nique ; l'herbe était parsemée de pelures
d'oranges, d'écales de noix, de papiers gras, et l'on chantait de tous les côtés, tous chantaient, sauf maman et moi.

Alors, je pensai me distraire en cueillant des fleurs sauvages pour m'en faire un petit bouquet, mais maman me rappela encore : elle avait l'air de ne pas aimer aujourd'hui que je m'éloigne d'un pas.

Le train de secours arriva ; ce n'était que deux wagons de marchandises, rouges comme les élévateurs à blé, et sans ouverture autre que de grandes portes pleines. Les gens furent mécontents, ils dirent : « Oui, la Compagnie prend bien soin de nous en effet ; nous faire voyager dans un wagon de marchandises ! » Après, ce fut tout de suite la nuit ; je pense qu'elle vient plus rapidement en Saskatchewan qu'ailleurs. Un employé du chemin de fer agitait une lanterne ; ainsi il guidait les voyageurs dans l'obscurité et il les aidait à grimper dans le wagon sans marchepied. Moi, je fus soulevée dans ses bras et mise à l'intérieur comme un paquet. Le pays autour de nous était absolument noir ; il n'y avait pas de fermes aux environs ; c'était la vraie plaine, sans lumières de maisons. Mais, au long du chemin de fer, il y avait un va-et-vient ; des falots couraient près des rails. Des voix en anglais se croisaient : « *All right ?… All right… Ready ?… All clear…* »

Alors on suspendit une lampe au plafond du wagon. Elle n'éclairait pas beaucoup, juste assez pour voir les planches nues entre lesquelles nous étions enfermés. Presque tous les voyageurs s'assirent par terre. Maman et moi étions assises sur notre valise. Maman m'avait encore une fois enveloppée dans son manteau. Et bientôt nous avons senti que nous roulions, mais à peine ; la voie devait être endommagée sur un assez long parcours ; les grandes portes fermées sur nous, c'était comme dans nos rêves où l'on sait que l'on avance un peu, mais comment le sait-on ?

Quelqu'un avait un phonographe et des disques, et il fit jouer des *blues*, du jazz… Des couples se mirent à danser dans le peu d'espace libre entre les deux rangées de personnes assises sur le plancher. Le falot n'éclairait pas bien; les couples avaient de grandes ombres qui dansaient sur le mur... des ombres qui avançaient, qui reculaient... Parfois elles se détachaient les unes des autres puis elles se fondaient ensemble...

Une vieille dame près de maman se plaignit:

— N'est-ce pas terrible? Des jeunes gens qui il y a une heure ne se connaissaient pas, et voyez-les dans les bras les uns des autres! Et puis, danser dans un moment pareil!

Alors, ils dansèrent quelque chose de pire encore: un tango. Je sentais maman près de moi toute raidie. Ma tête était au creux de son épaule. Elle mettait sa main sur mes yeux pour m'engager à les fermer, peut-être pour m'empêcher de voir les danseurs. Mais à travers ses doigts je voyais les ombres sur le mur...

Et j'ai demandé à maman:

— Georgianna ne t'a pas écoutée? Est-ce qu'elle va être malheureuse comme tu l'as dit?...

Maman dit qu'elle espérait bien que non.

Alors je lui ai demandé ce qu'il fallait pour se marier.

— Il faut s'aimer...

— Mais Georgianna dit qu'elle aime...

— Elle pense qu'elle aime, dit maman.

— Et les Doukhobors, eux, pourquoi brûlent-ils des ponts?

— Ce sont des illuminés, dit maman; ils prennent le mauvais chemin pour faire sans doute le bien.

— Est-ce qu'on ne le sait pas pour sûr, quand on aime?...

— Des fois, non, dit maman.

— Toi, tu le savais?

— Je pensais que je le savais.

Puis ma mère s'irrita. Elle eut l'air très fâchée contre moi. Elle dit :

— T'es trop raisonneuse ! C'est pas ton affaire… tout ça… Oublie… Dors.

(*Rue Deschambault*)

Claire Martin

Claire Martin est née en 1914 à Québec. Études chez les Ursulines et les Sœurs de la Congrégation Notre-Dame. Travaille quelques années comme secrétaire, puis devient annonceur à Radio-Canada de Québec et Radio-Canada de Montréal. Prix du Cercle du Livre de France en 1958. Prix France-Québec et prix de la Province de Québec dans les années 1960. Prix du Gouverneur général en 1966. Élue à la Société royale du Canada en 1967.

Avec ou sans amour (nouvelles), Montréal, Cercle du Livre de France, 1958.

Doux-amer (roman), Montréal, Cercle du Livre de France, 1960.

Quand j'aurai payé ton visage (roman), Montréal, Cercle du Livre de France, 1962.

Dans un gant de fer (mémoires), Montréal, Cercle du Livre de France, 1965.

Les morts (roman), Montréal, Cercle du Livre de France, 1970.

L'ange de pierre (roman), Montréal, Cercle du Livre de France, 1976.

Le monde des merveilles (roman), Montréal, Cercle du Livre de France, 1979.

Les mains nues

Elle s'ennuyait. Ça n'a rien d'extraordinaire. Ce qu'il y en a de ces petites femmes qui s'ennuient, qui s'ennuient, et qui passent leur temps en soupirs et en attentes. En attente du diable sait quoi. Mais il ne le leur envoie pas souvent. Et ce qu'il envoie, on n'en veut pas toujours. On rêve. Et puis, plus on attend plus on le fignole, son rêve. On le fourbit, on l'astique. Jusqu'à ce qu'il soit si sublime, si séduisant, si prestigieux, qu'il vous reste sur les bras. On recommence. Quand on meurt, ça doit vous en faire lourd de rêves mort-nés.

Lorsque cet ennui l'avait prise et qu'elle s'était mise à attendre, il était plutôt simple le rêve d'Elmire. Il avait une bonne tête modèle courant, un petit emploi qui le laissait un peu libre, et une bagnole. Il disait, sans façons, des choses gentilles : «C'est joli cette robe. — Vous avez de beaux yeux. — Voulez-vous venir déjeuner à la campagne avec moi.»

Ensuite, elle pensait plutôt à ce qu'aurait été le déjeuner tête à tête, ou la robe, ou bien elle allait se faire les yeux. Ce n'était pas, vous le voyez bien, un de ces rêves qui vous dessèchent une femme sur pied. Il ne servait qu'à meubler le vide. Il n'était encore qu'en son enfance.

Mais voilà qu'un jour, dans l'autobus, Elmire a trouvé une lettre. Une lettre brûlante, pleine de «mon doux amour, ma raison de vivre, ta peau satinée, jamais, toujours. » Une lettre, assurément, comme on n'en reçoit pas souvent dans une vie. Et l'autre, la sotte, celle à qui on l'avait écrite, elle l'avait perdue. Il y a des femmes, ma parole !...

En arrivant chez elle, elle l'avait cachée dans la grande casserole, celle dont on ne se servait qu'au premier de l'an quand toute la parentèle venait dîner. Dès qu'elle était seule elle la lisait, la relisait, jusqu'à ce qu'elle en eût usé l'émoi. Elle savait bien que c'était imprudent, mais elle ne voulait pas la détruire. À l'idée qu'on pourrait la trouver, elle frissonnait d'une peur exquise, de tout un mélange de vanité, de frayeur, du désir d'épater et de celui de faire souffrir. C'était comme si elle eût gardé, caché, quelque chose d'impossible et de dangereux. Du curare ou de la nitroglycérine.

Et puis, cela va sans dire, elle s'était mise à regarder les hommes. Oh ! elle l'avait toujours fait, comme ça, mais là elle s'y mettait sérieusement. Elle les regardait les yeux agrandis par l'espoir, cherchant celui qui porterait au front le signe de l'amour. Elle en voyait surtout qui y avaient l'espace propice à des ramures sensationnelles. Ce n'était pas toujours les plus trompés. L'être, ça n'est rien. C'est d'en avoir la gueule qui est grave. Ils l'avaient presque tous.

C'est affligeant, pour une femme qui attend, de voir comme il y a peu d'hommes possibles. Deux sur cent peut-être. Et sur ces deux-là, il y en a un qui n'est plus potable dès qu'il a ouvert la bouche. Par ce qu'il dit, ou par son haleine offensante. Parfois les deux. Évidemment, ils seraient bien bêtes de se mettre en frais pour des femmes qui égarent leurs lettres d'amour dans les autobus.

Un jour de mars qu'elle sortait du restaurant avec son amie Berthe, un bel homme brun avait stoppé sa voiture à leur hauteur et les avait fait monter. C'était le cousin de Berthe. Il avait du temps à tuer et il les avait emmenées faire une balade.

Ce qu'il pouvait être possible, celui-là! C'est rien de le dire. Des yeux follement noirs, une petite moustache et, dessous, une bouche... oh! rouge, pulpeuse. Dix sur dix pour la bouche. Et puis, bien mis, lainages souples, gants fins. Un homme comme on voudrait qu'ils soient tous: spirituel, gai, brillant, caustique. Un homme qui, au moins, nous aura beaucoup fait rire, s'il vous fait un jour pleurer.

Elmire aurait voulu que la balade ne finisse jamais, que Berthe ne soit plus là, que cette main, qu'elle imaginait chaude sous le chevreau, se pose sur la sienne. Mais Berthe était toujours là, la promenade s'achevait, et la main gantée resta sur le volant jusqu'aux adieux, jusqu'au *shakehand* qui fut pressant et lourd de projets.

Le lendemain, il téléphona et le surlendemain aussi. Tous les jours! Il disait des choses si tendres, avec une voix si émouvante, des intonations si précises, qu'Elmire en oubliait de relire la lettre. Il voulait l'amener déjeuner à la campagne, comme de bien entendu. Il connaissait une auberge, entourée de sentiers et de bosquets, que le début d'avril devait éveiller comme un amour naissant. Il voulait tellement, et elle aussi au fond, qu'il avait bien fallu qu'elle acceptât.

Elle choisit soigneusement sa robe, se fit le mystère des yeux, avec le fard et le rimmel, hésita longtemps entre un parfum jeune fille et un parfum vamp. Qu'attendait-il, qu'exigerait-il qu'elle soit, cet homme qui s'apprêtait à découvrir en elle l'image qu'il voulait? La femme-muguet ou la femme-chypre?

Elle préparait ses séductions, mais c'est à lui qu'elle pensait. À lui et au moment où il dirait, à son tour, les

mots de la lettre : «Mon amour, ma raison de vivre, toujours.» Le cœur lui battait haut et fort dans la poitrine. Il
n'en pouvait plus d'attendre qu'on le donne, celui-là. Il
faisait le désordonné et le fou, et le temps ne lui en paraissait que plus long.

Elle lui avait dit : «Je marcherai sur la grande avenue. Vous n'aurez qu'à me cueillir.» Elle y fut bien trop
tôt. Il faisait froid. Il pleuvait. Le nez lui violaçait. Enfin,
il arriva avec sa grosse voiture, ses lainages souples, ses
gants fins, sa moustache et sa bouche aux lèvres gonflées.
Une bouche qui semblait enceinte de plaisirs infinis.

Elle se sentait un peu enlevée et ça lui coupait le
souffle. Elle bafouillait, elle riait, elle ne savait plus du
tout ce qu'elle disait. Quelle belle journée ! pensait-elle,
pendant qu'un reste de pluie s'insinuait entre ses omoplates.

Il pleuvait maintenant si fort, qu'en arrivant à l'auberge, ils ne purent descendre tout de suite. La pluie faisait rideau, discrètement. Elle appuya la tête sur l'épaule
convoitée, en balbutiant «bonjour, bonjour». Elle avait
beau chercher, c'est tout ce qu'elle trouvait à dire.

La pluie se faisant moins rageuse, ils coururent entre
les flaques et entrèrent à l'auberge. Elle avait soif et, en
passant entre les tables, après qu'on eut pris leurs manteaux au vestiaire, elle regardait avec envie ce que les
gens buvaient.

Ils s'assirent et il lui prit les mains entre ses mains
nues. Elmire les tira sous son menton, puis, les repoussant à bout de bras, s'y accrocha de tout son poids,
comme le trapéziste qui confie son sort aux deux mains
tendues. Mais, soudain, ce fut comme si elle était lâchée
dans le vide. Toute la fièvre qui la brûlait se glaça d'un
coup. Au bout de chaque doigt, il y avait un gros ongle
bordé de noir.

Elle détourna lentement les yeux, dit : «Je vais aller me remettre un peu de poudre», et se leva.

Puis elle a repris son manteau au vestiaire et elle est partie sous la pluie. Avec sa soif.

(Avec ou sans amour)

Le talent

En sortant du cinéma, j'aperçus, ce soir-là, Francis Thierry donnant le bras à une longue femme rousse, vêtue de vert, naturellement. Les femmes rousses savent, en naissant, que le vert leur donne un aspect incantatoire, qu'il argente leur peau blanche, et que leurs cheveux, qui brûlent au-dessus de cette absinthe, les font paraître sortir de la cornue d'un alchimiste. Pour peu qu'elles aient aussi les yeux verts, on a envie qu'elles vous fassent l'horoscope ou qu'elles vous amènent au sabbat. Circé devait être une rousse aux yeux verts. Pauvre Thierry, est-ce qu'il savait seulement ce que c'était que Circé?

Je ne l'avais jamais vu qu'avec des blondinettes sentimentales et plaintives qu'il épatait sans effort. Elles croyaient être aimées d'un poète et se pensaient obligées d'être dolentes, de soupirer languissamment et de montrer leurs sclérotiques à tout propos.

Thierry écrivait pour elles de petits poèmes crème et sucre qui les faisaient tomber sur son cœur à pleines brassées. Il n'avait pas tort. Chacun ses armes. Mais ensuite, il les publiait, ces poèmes. Il n'avait pas raison.

Cela avait commencé vers sa quinzième année quand, sa puberté le tarabustant et n'ayant pas d'argent pour offrir les glaces, il n'avait rien trouvé de mieux, pour conquérir les petites filles de sa rue, que de recopier à leur usage des extraits de *Toi et moi*.

Les petites filles, souvent blessées par les brutalités des autres garçons, en bavaient des ronds de chapeau, comme on disait à l'époque. Et puis, petit à petit, il avait eu envie de les pondre lui-même, les poèmes «clefs des cœurs». Mais il était resté voué aux «mon petit oiseau, ma petite âme, mon enfant adorée». Et cela se vendait. Pourquoi pas? D'abord, il était très volage. Et chacune voulait posséder le bouquin où figurait son poème. Par ailleurs, elles étaient souvent huit ou dix à considérer le même comme leur. Thierry ne perdait pas le nord, même pour la plus charmante des petites âmes et la poésie n'exclut pas le sens pratique, c'est bien connu. Et puis, il y avait celles qui attendaient leur tour et prenaient patience en s'excitant sur la veine des autres. Tout cela faisait, bon an mal an, un joli petit noyau de lectrices.

Au poste radiophonique où je travaillais, on lui prenait, chaque semaine, un sketch d'une demi-heure. L'eau de rose y glougloutait à flots pressés, on s'y noyait. Qu'importe. Le *rating* était bon. Le commanditaire était content.

L'auteur venait en personne surveiller le travail. Il n'aurait pas manqué ça pour une terre en bois debout. Il interrompait la répétition pour nous inciter au sentiment, pour nous demander si nous avions quelque chose là. Quand chacun, l'ayant assuré que si, avait été individuellement supplié de le trouver, on recommençait. Puis, juste avant le *stand-by*, il faisait le tour des épaules, tapotant celles des comédiens, enlaçant celles des comédiennes, baisant des mains, des joues, des cheveux, en répétant tendrement: «Du sentiment, mes enfants, du sentiment.» Pendant l'émission, il fermait les yeux et remuait doucement les narines aux passages les plus palpitants.

La demi-heure à peine terminée, tous les téléphones se mettaient à sonner en même temps. Les standardistes étaient débordées, accablées, exténuées. Mais Francis buvait du lait. Bien calé dans un fauteuil, l'air d'un gros chat ronronnant, il répondait à des douzaines d'admiratrices qu'il tutoyait pour la plupart. Il ne se départait jamais de cette voix basse et tendre qu'il avait eu tant de peine à acquérir. Il passait là une petite heure à répéter inlassablement : « C'est à toi que j'ai pensé en écrivant ce sketch, mon petit oiseau. »

Et puis venaient les signatures d'autographes que nous appelions le recrutement, car c'était durant cette opération que Francis levait le plus clair de ses nouvelles conquêtes. Ça rendait, ça rendait.

Puis il y avait eu cette rousse. Dieu sait où il l'avait dénichée. Assurément pas au recrutement. Ça n'était pas son genre. Elle s'appelait Sonia, comme de juste, et semblait considérer le monde du haut d'un iceberg. Elle semblait aussi intimider furieusement notre Thierry, ce dont il avait l'air d'être le premier étonné. Peu de temps après cette soirée au cinéma, il l'avait amenée écouter le sketch au poste. Pour asseoir son prestige sans doute. Le pauvre cher garçon !

Nous eussions préféré qu'il l'installât dans la salle d'écoute. Mais Thierry voulait se faire voir dans toute sa « glamour », avec toute son autorité. Aussi la garda-t-il avec lui.

Elle s'était posée, du bout des fesses, près de l'ingénieur du son et, au travers de la grande vitre qui séparait le contrôle du studio, nous ne pouvions faire autrement que de voir son sourire glaçant. De toute évidence, la prose de Thierry ne remplissait pas, ici, sa fonction.

Les comédiens, qui avaient grand besoin d'encouragement pour régurgiter tout ce miel, perdaient pied

chaque fois que, levant les yeux de leur texte, ils aperce-
vaient ce menton blanc, projeté en avant, et qui semblait
les désigner au mauvais sort. Gênés de leurs répliques,
comme ils l'auraient été d'autant d'aveux pénibles, ils
essayaient de tempérer, de jouer sobre. Après sept ou huit
répétitions sur le mode délirant, c'était désastreux.

Le mot de la fin dit, Sonia se leva comme une déesse
qui retourne à l'Olympe et sortit du contrôle. Thierry la
suivit. Quand nous sortîmes du studio, quelques secondes
après, il venait de lui présenter le directeur avec qui elle
resta à causer jusqu'à la fin des appels téléphoniques.

Dès la semaine suivante, il apparut tout de suite que
Francis avait du plomb dans l'aile. On le vit bien à
l'heure des admiratrices. Il avait essayé de faire différent
et, mon Dieu, il en était fort incapable.

Sonia avait préféré, dès cette semaine-là aussi, rester
dans la salle d'écoute où le directeur lui tint compagnie.

Et puis, ce fut la même chose toutes les semaines.
Thierry continuait de se chercher et il ne trouvait rien.
Après chaque émission il revenait la trouver, l'œil à la
fois quémandeur et désespéré d'avance, humble. Mais le
petit menton blanc était toujours aussi impitoyable. Et le
rating dégringolait.

En août Thierry fut convoqué au bureau du directeur
pour s'entendre dire que son contrat ne serait pas renou-
velé, mais qu'on avait besoin de quelqu'un ayant un joli
brin de plume pour écrire les textes de la publicité. Après
avoir, en vain, offert ses services à tous les autres postes
radiophoniques de la ville, il fut bien obligé d'accepter.

La même semaine, il reçut une courte lettre qu'il me
montra, les larmes aux yeux. Sonia lui expliquait, en quatre phrases, qu'ils n'étaient pas faits l'un pour l'autre.

Et là, nous eûmes ce spectacle imprévu, inimaginable, ce spectacle qui eût bien épaté les blondinettes du

temps jadis : Thierry désespéré, hagard, maigre, les yeux cernés et les lèvres grises. Ce petit bourreau des cœurs payait pour toutes les autres et il payait comptant.

Et pourtant il ne connaissait pas encore toute sa disgrâce. Il croyait avoir été plaqué parce qu'il n'était plus rien, comme il disait, le pauvre. Il racontait à qui voulait l'entendre qu'elle n'avait aimé en lui que l'auteur à succès. Quand la saison recommença, il ne dit plus rien. Sa demi-heure avait été confiée à Sonia.

Il se mit à faire son terne boulot, bouche cousue, délaissé de tous, il va sans dire. En quelques jours, il avait pris ce teint bilieux qui ne l'a plus quitté depuis. Il devait publier un volume de poèmes vers la Noël. Il ne publia rien du tout et nul ne s'en préoccupa. Seul dans son coin, il écrivait inlassablement et personne n'avait jamais vu de scripteur publicitaire travailler avec autant d'ardeur. Il tapait du matin au soir et je voyais souvent passer sur son visage des ondes de fureur qui lui tordaient la bouche et le nez. Pas joli. J'en chuchotai dans les coins avec les autres pendant quelques semaines et puis je m'y habituai.

Les mois passaient. Sonia faisait maintenant, au poste, la pluie et le beau temps. Ses sketchs, excellents il faut bien le dire, avaient un vif succès, et on ne lui ménageait pas le battage. Elle était très lancée, au mieux avec le directeur. Nous lui faisions consciencieusement la cour. Francis, lui, semblait vivre sur une autre planète. Il ne levait même pas la tête quand la jupe verte passait auprès de lui.

Vint le mois de mai. Un midi, je ne l'oublierai jamais, j'étais à lui parler travail quand son téléphone sonna. Avant de décrocher, il regarda l'heure et pâlit un peu. Et pendant qu'il écoutait, je voyais une expression extraordinaire envahir son visage. J'y voyais ce battement pathétique qui défigure le coureur atteignant le poteau. Ce fut très court. Il raccrocha d'un geste cassé, feignit de ne pas voir mon regard interrogateur, s'excusa, et partit précipitamment me laissant sur ma faim.

Je n'y pensais déjà plus, quand un groupe gesticulant et piailleur émergea de la salle des dépêches. Francis Thierry venait de gagner le grand prix du roman. Nous étions sidérés et, il faut bien en convenir, nous avions tous des gueules de coupables.

Nous les avions encore quand il revint tranquillement reprendre sa place, le lendemain matin. Il fallait nous voir, l'un après l'autre, tortillant péniblement du derrière, pour aller le féliciter. Il n'y eut vraiment que le directeur et Sonia à le faire de façon désinvolte. Francis secouait toutes les mains avec le même sourire aigu et, aussitôt libéré, plongeait le nez vers son clavier.

Quelques jours plus tard, le livre était en librairie. Nous savions déjà, par les articles de journaux, les reportages, les interviews, qu'il ne s'agissait pas d'un roman rose, mais de là à imaginer… Ah! je vous jure bien qu'on était loin des «enfants adorées» et que si Thierry y avait appelé son héroïne «petite âme» on aurait tout de suite compris que son vocabulaire avait changé de valeurs. C'était un livre étonnant, qu'on aurait dit poussé à son terme à coups de cravache. La phrase dure, rigoureuse, portait merveilleusement ce fardeau de haine et de cruauté qui pesait tout au long de chaque page, et dont l'auteur se délestait sans jamais l'épuiser.

Sonia avait d'abord essayé de tenir le coup. Que ce fût d'elle qu'il s'agissait dans ce roman, ça ne faisait pas l'ombre d'un doute, mais cela, elle feignait de ne pas même le soupçonner. Nous aussi. Ce qu'elle ne put supporter ce fut la pluie d'honneurs qui se mit à choir sur la tête de Francis.

Pendant plusieurs jours, il n'y eut pas un matin qui n'apportât une nouvelle bénédiction. C'était les États-Unis qui demandaient une traduction en anglais, l'Amérique du Sud qui en voulait une en espagnol. Hollywood décidait d'en faire un film. Un éditeur de Paris demandait le contrat du bouquin suivant, par téléphone, pendant que nous entourions Thierry d'un cercle de bouches bées. Sonia fit ses bagages et partit au Mexique pour des vacances indéfinies.

Il ne parut jamais, le bouquin suivant. La haine, je veux dire la vraie, l'efficace, ça se défait encore plus vite que l'amour. C'est platonique. C'est self-nourri. Il y manque la participation, la provocation des corps. Ça vous file entre les doigts. Thierry a changé de situation : ça n'est pas les offres qui lui ont manqué, il s'est marié avec une petite blonde, rose et tendre, il a eu une ribambelle d'enfants, blonds et roses. Avec l'argent d'Hollywood il s'est acheté une propriété magnifique. Et il a pardonné à celle à qui il devait son petit moment de génie.

Et puis, pour finir, il a repris son véritable nom : Gaston Dupont.

(Avec ou sans amour)

Wilfrid Lemoine

Wilfrid Lemoine est né en 1927 à Coaticook. Il étudie au Collège du Sacré-Cœur. Suit des cours à la Sorbonne et au Collège de France. Devient par la suite journaliste. Critique littéraire et cinématographique à *L'Autorité* et à la *Revue des Arts et des Lettres*. Animateur à la radio et à la télévision pendant de nombreuses années.

Les pas sur la terre (poèmes), Montréal, Éditions Chanteclerc, 1953.

Avant-poèmes (aphorismes), Montréal, Éditions de l'Autorité, 1955.

Les anges dans la ville (nouvelles), Montréal, Éditions d'Orphée, 1959.

Sauf-conduits (poèmes), Montréal, Éditions d'Orphée, 1963.

Le funambule (roman), Montréal, Cercle du Livre de France, 1965.

Le déroulement (roman), Montréal, Leméac, 1976.

L'ange gardien

Latitude zéro. Juste au point le plus éloigné des pôles. Précisément à l'endroit où l'atmosphère atteint au maximum de chaleur, il pourrait y avoir une ville. Cette ville se trouverait en l'exact milieu de l'axe terrestre. Au centre de cette ville de feu, il y aurait des rues torrides et des hommes et des femmes qui devraient circuler sur des brûlants trottoirs de ciment. Là comme partout, il y aurait aussi un bar avec ses illusions multiples.

En plein été, à midi juste, sous un ciel de fer liquéfié, pourrait bien se dérouler la scène que voici.

Suspendu au plafond du bar, un haut-parleur. Dans toute la pièce, une musique de jazz qui ne s'arrête pas. Elle remplit de longs silences, ceux des hommes qui ont trop chaud et qui parlent peu. Mais qu'est-ce que cette chaleur ?

Assis au bar, un homme qui a déjà vidé plusieurs verres. Le barman le regarde furtivement chaque fois qu'il lui verse à boire. Puis il dit :

— Je m'excuse, monsieur. Je dois enlever tous ces verres vides.

L'homme semble complètement sobre. Volontaire mais calme, il dit :

— Non, vous les laisserez.

— Mais monsieur, il faut les laver, les ranger !

— Il faut surtout que vous laissiez tous ces verres devant moi. Et que vous m'en apportiez d'autres.

Le barman s'inquiète. Il lui semble que l'homme a déjà assez bu :

— Monsieur, je vous ferais remarquer que déjà...

— Vous croyez que je suis ivre ?

Le barman regarde tous les verres et la bouteille asséchée :

— Il me semble impossible que vous ne le soyez pas, monsieur.

Toujours sur le même ton, calme et lucide, l'homme répond :

— C'est moi qu'il faut regarder, barman, moi l'homme. Pas les verres.

Le barman le regarde et l'homme dit :

— Maintenant, pouvez-vous affirmer que je suis ivre ?

Le barman le regarde toujours. Il lui verse un verre. L'homme demande :

— La bouteille ! Allez, donnez-moi la bouteille.

— C'est que, habituellement...

— Surtout ne me parlez pas d'habitude aujourd'hui !

— Quatre verres vous suffisent, d'hab...

— Silence.

Le barman laisse la bouteille devant l'homme et lui donne un autre verre propre. Il reste là, devant l'homme.

— Allez, ne restez pas là. Faites votre travail.

Il boit tout un verre. Il continue :

— Un autre verre. J'ai soif.

Le barman lui montre le verre qu'il vient de vider :

— Autant vous servir du même.

— Je veux un verre propre.

Résigné, le barman lui donne un autre verre qu'il remplit.

— Merci, dit l'homme.

Et il boit.

— Préparez-en d'autres. À compter d'aujourd'hui, je m'habitue au changement. Un verre pour chaque rasade. Il faut bien se mettre au pas, hein ?

Devant le silence du barman, il répète :

— Se mettre au pas, hein ?

— Oui monsieur. Il le faut.

L'homme boit beaucoup.

— D'autre verres, s'il vous plaît.

Le barman en dépose quelques-uns devant l'homme. Il veut reprendre quelques verres vides. L'homme l'arrête et ses paroles semblent le récit d'un texte mémorisé.

— L'habitude est fatale à l'homme. L'homme ne doit pas sombrer dans l'habitude, sinon la fidélité le détruit. Il faut du changement et la seule habitude permise est celle de changer. Je me servirai donc moi-même.

Il se verse de l'alcool dans un verre propre. Le barman tente à nouveau de prendre quelques verres sales. L'homme l'arrête :

— Vous ne saisissez donc pas ? Il faut varier ses plaisirs et pour ne jamais s'arrêter, il faut l'image de toutes ses conquêtes. Laissez tous les verres, ceux que j'ai vidés, ceux que je viderai.

Dans un soupir, le barman :

— Demain, vous aurez peut-être changé d'avis !

— Quel jour est-ce ?

— Aujourd'hui ?

— Aujourd'hui. Vous venez de vous répondre.

— Mais…

— Suis-je en état d'ébriété ?

Le barman le regarde :

— Si vous ne parliez pas, malgré tous ces verres, on vous croirait sobre.

— Ma diction s'est ramollie?

— Non. Ce sont les mots qui ne sont plus les mêmes.

— Ce ne sont que des mots.

Le barman le regarde longuement:

— Et vous avez au fond de l'œil comme un nuage noir.

Le barman saisit tout à coup la bouteille. L'homme l'arrête:

— C'est votre whisky qui le tient là, le nuage noir!

Le barman s'approche des yeux de l'homme. Il les regarde. Il tient encore la bouteille. Lentement, il l'abandonne:

— Il vaudrait peut-être mieux… qu'il ne crève pas… le nuage…

Le barman a semblé avoir très peur. Il a décidé de ne plus empêcher l'homme de boire. Il feuillette un journal, à l'autre bout du bar, près de la porte d'entrée. L'homme boit, toujours selon le même manège. Il remplit un verre propre qu'il vide en trois ou quatre gorgées. Il dépose le verre vidé avec les autres. Il prend un verre propre, le remplit et continue.

Entre une femme assez bien mise. Elle s'assoit au bar. Seulement deux sièges la séparent de l'homme qui ne semble pas l'avoir vue. Elle demande une consommation. Le barman prépare l'alcool et dit:

— Il fait chaud, n'est-ce pas?

— Très.

— Il faudrait un peu de ventilation ici.

— Il faudrait.

— Heureusement, l'été n'est pas long.

Alors, la femme:

— J'aime l'été.

— Eh! bien moi, les courants d'air chaud, ça me donne le rhume. C'est dans la famille.

Et la femme :

— J'aime l'été. Le travail est plus facile.

Lui apportant son verre, le barman la regarde d'un air entendu, avec un petit sourire. Elle demande :

— Pourquoi le sourire ?

Tout bas, il répond :

— Vous aimeriez que je me compose une tête comme la sienne ?

Elle jette un bref coup d'œil à l'homme :

— Je préfère quelqu'un qui se mêle de ce qui le regarde.

— Compris. Mais c'est que vous êtes nouvelle dans le quartier, alors je me demandais…

— Ne vous posez pas de questions inutiles.

— Oh ! vous savez, faut pas vous en faire. Derrière ce comptoir à longueur de jour, on en voit de toutes sortes. C'est pas que vous en ayez l'air. Mais j'ai pris une décision, un jour. Je me suis dit *elles en sont toutes*.

Il retourne à son journal :

— Depuis ce temps-là, je suis en paix, parce que, comme vous le dites, je ne me pose plus de questions inutiles. Il fait quand même chaud ici.

— Vous n'avez qu'à ouvrir.

— Mais non. J'endurerai jusqu'au bout, à cause du rhume. Comprenez ?

La femme boit. L'homme boit encore. Ils ne se regardent pas. La musique a cessé. L'homme dit :

— J'ai froid.

La femme regarde l'homme, puis le barman qui fait un geste d'hébétude. La femme parle à son verre :

— Je comprends.

— J'ai froid.

Parlant toujours à son verre, la femme :

— C'est bien possible.

Le barman s'éponge le front. L'homme, sans paraître surpris, regarde la femme. Il vide un autre verre. Le regard de la femme rencontre celui de l'homme. L'homme dit:

— Est-ce possible?

— Moi aussi, j'ai déjà eu très froid, un dix-huit juillet, sous un soleil de cent quatre degrés.

— Vous?

— Et moi aussi, je me croyais seule à frissonner ce jour-là.

L'homme avale un autre verre d'alcool. Mais il se lève quand même avec facilité, transportant verres et bouteille près de la femme où il s'assoit. Il dispose bien en ordre d'un côté les verres qui ont servi, de l'autre, les verres propres. L'homme semble s'agiter:

— Vous, vous savez donc? Vous…

— Oui, moi, vous et tous les autres.

Il avale une autre rasade. Il dit:

— Non, pas tous les autres. Il y a ceux qui ont froid et il y a ceux qui donnent froid.

— Nous désirons nos frissons.

— Je vous comprends mal madame.

— Vous ne voulez pas me comprendre.

L'homme boit encore. La femme:

— Il y en a qui frappent, quand ils ont trop mal. Il y en a qui tuent. Il y en a qui font semblant d'aimer. Il y en a d'autres qui se tuent.

— Pas moi.

La femme regarde les verres:

— Chacun a sa façon de se donner l'illusion du suicide. Et quand même, le soleil brille.

— Ce n'est pas vrai. Le soleil, la chaleur, c'est la suprême illusion.

— Soyez plus simple et avouez que l'amour n'existe pas.

Hésitant, il avoue:

— C'est vrai.

— Égoïste! C'est faux. Un homme perd une femme et il voudrait s'anéantir avec tout l'amour de la terre. Vous êtes ridicule.

L'homme regarde droit devant lui. Le barman s'approche de la femme. Assez bas, il dit:

— Je n'ai jamais rien vu de pareil. Il n'est pas encore saoul.

— Ce n'est pas l'alcool qui peut lui faire le plus de mal aujourd'hui, croyez-moi.

— Je n'ai jamais vu ça! Ce n'est pas possible, tellement boire sans se saouler!

— Mais oui c'est possible, regardez-le.

Le barman regarde l'homme, puis la femme à laquelle il dit:

— Vous me faites peur.

— Moi?

— Vous comprenez tout.

Le barman s'éponge toujours le front. Il l'entend dire:

— Ce n'est pas vous qui devriez avoir peur. Vous, vous avez chaud et vous avez raison de suer. Et les courants d'air chaud vous donnent le rhume, alors vous n'ouvrez pas. Je vous le dis, vous avez raison.

— Moi, j'ai raison? Mais bon Dieu, à quoi sert d'avoir raison? J'aimerais mieux avoir tort et moins suer.

— Personne n'a tort.

L'homme a vidé quelques autres verres. Il écoute. La femme continue:

— Lui, il a raison d'avoir froid. Elle, son amoureuse, elle se dit avoir de bonnes raisons de le tromper. Moi, j'ai raison de lui parler.

— Alors, si tout le monde a raison, si tout le monde est honnête, pourquoi tout ce malheur?

Souriante, elle répond :

— Liberté… liberté… liberté !

— La liberté, ce n'est pas vrai ! Je ne peux pas cesser de suer, lui ne peut pas s'arrêter de boire… et d'être malheureux.

L'homme :

— Il a raison. Chacun de ces verres est un ange gardien et je ne suis pas libre de m'en priver parce que je ne veux pas me tuer.

Il se regarde dans la glace. La musique de jazz reprend en éclats de trompettes. Il continue :

— Je suis entré chez moi et je l'ai vue, elle, avec mon frère. Et ils riaient, et elle lui disait qu'elle était heureuse, qu'ils partiraient ensemble. Je les ai vus, dans mon lit, sur mes draps, dans la pièce où je travaille tous les jours, là où elle pose pour moi, où nous nous aimions, exactement là, à l'ultime centre de ma vie. À cause d'elle, de sa présence, de sa chaleur, je suis peintre, je suis devenu un homme, un homme avec des désirs violents, des espoirs toujours dépassés. Elle était là, avec lui, et elle a continué d'aimer mon frère sous mes yeux. Je suis parti.

Il la regarde dans les yeux et lui demande :

— Suis-je libre ?

Le barman s'est discrètement retiré. Il fait mine de lire son journal. Elle lui demande :

— Sans cette femme-là, l'homme que vous êtes n'a plus sa place ?

— Non.

— Elle est donc si merveilleuse que ça ?

— Elle l'était. Et pour un autre, elle l'est encore.

— Si supérieure à vous que son éloignement vous détruit ?

— Elle était la vie, le soleil.

— Mais le soleil ne s'éteint pas, la vie ne s'arrête pas. Votre erreur est de croire encore et malgré tout qu'une personne est le soleil, qu'une personne est la vie. Croyez-moi, personne n'est digne de remplacer le soleil, même pas vous qui avez aimé. Tellement aimé que la réalité vous broie comme du mauvais grain.

Silence. Elle continue :

— Le soleil est là-haut dans le ciel. Il est impossible de le toucher.

— Je ne peux plus.

— Êtes-vous un homme ou un ange ? Vos boyaux vivent, vos veines vivent, votre peau vit, vos pensées vivent. Pourquoi ne pourriez-vous pas vivre, vous ?

— Ça ne me suffit pas.

— Parce que le petit garçon a perdu son cerf-volant, il s'imagine ne plus pouvoir s'amuser.

— Il n'est pas ici question de jeux !

— C'est à voir. Nous sommes tous plus ou moins des enfants. Nous ne voulons rien perdre surtout pas notre confort, nos illusions de confort.

— Elle n'était pas une illusion.

— Non, pas elle, mais ce que vous désirez d'elle. Mais ce que vous lui commandiez. Et comme le cerf-volant, un jour, elle a brisé le fil.

— Elle n'est pas vraiment heureuse.

— Croyez-vous qu'il existe une seule personne sans illusion ?

L'homme est devenu moins sûr de lui. Il a cessé de boire :

— Il fait trop froid.

— Regardez le barman, il sue à grosses gouttes.

— Lui ? il ne sait pas.

— Vous ne pouvez pas l'affirmer. Chacun a son désespoir. Quant à moi, je sais et je survis.

— C'est possible?

— Oui. J'ai eu froid en juillet, moi aussi, et j'existe encore. Je vis. Je suis plus vivante que je ne l'étais avant les froids de juillet.

Pour la première fois, les yeux de l'homme s'éveillent:

— Madame, comment se fait-il que vous soyez ici, à mes côtés, juste à ce moment, avec votre expérience, avec vos paroles que je commence à croire? Comment se fait-il que vous sachiez?

Brusquement, il lui prend la main:

— Venez avec moi, vous m'aiderez, vous me comprendrez. J'ai besoin de vous. Garçon, l'addition.

Le barman s'approche. Il fait le compte. L'homme continue:

— Si la liberté n'existe pas, le destin est là, ou la providence, ou le hasard. Il y a quand même quelque chose. Je le sais. Une fraternité des êtres humains qui se dévoile tout à coup et qui réchauffe même un homme complètement vidé de lui-même.

Elle s'est levée. Elle ajuste son corsage et prend son sac à main. Le barman:

— C'est dix-neuf dollars.

L'homme prend son portefeuille, l'ouvre, y cherche de l'argent tout en continuant de parler à la femme. Il dit:

— Vous me parlerez, longuement comme vous venez de le faire, vous me direz comment vous vous en êtes tirée, vous serez là, avec moi.

L'homme ne trouve d'argent qu'une pièce de monnaie. Il dit au barman:

— C'est tout ce qu'il me reste. Je regrette. J'avais oublié, les toiles se vendent mal, je vous paicrai demain.

L'homme se retourne. Elle est rendue à la porte. Elle sourit:

— Oui, il passera demain. Au revoir.

— Madame, attendez, attendez-moi, j'arrive. Oui, demain nous reviendrons, déclare-t-il au barman.

La femme a ouvert la porte. Elle s'apprête à sortir :

— Je regrette, monsieur, mais je n'y puis rien. Tout se paie, même les anges gardiens.

Puis elle ajuste son chemisier. L'homme chancelle, il se tient au comptoir. Le barman lui donne un autre verre d'alcool. Elle continue :

— Je regrette. Il vous faudra vendre vos toiles et en vendre beaucoup.

— Mais… ça ne se peut pas !

— Je suis libre.

— Non, attendez.

— Vous voyez, moi aussi j'ai encore des illusions.

L'homme avale l'alcool. Il veut rejoindre la femme, mais il s'écroule sur le comptoir, soudainement ivre. Le barman se précipite à son secours. La femme est sortie. En direction de la porte, le barman crie :

— Je le disais bien, elles en sont toutes.

Il se penche sur l'homme qui s'est blessé le visage sur les éclats de verres. Il saigne quand le barman le retourne pour écouter battre son cœur :

— J'entends quelque chose. Mais je ne comprends rien.

(*Les anges dans la ville*)

André Giroux

André Giroux (1916-1977) est né à Québec. Études à la Faculté des arts de l'Université Laval. Fonctionnaire pour le gouvernement du Québec. A publié deux romans et un livre de nouvelles. Prix Montyon de l'Académie française en 1949. Prix de la Province de Québec en 1950. Prix du Gouverneur général en 1959. Membre de la Société royale en 1960.

Au delà des visages (roman), Montréal, Éditions Variétés, 1948.
Le gouffre a toujours soif (roman), Québec, Institut littéraire du Québec, 1953.
Malgré tout la joie (nouvelles), Québec, Institut littéraire du Québec, 1959.

La belle vie

Cinq heures de l'après-midi.

Rolande Crevier pénètre sur la pointe des pieds dans la chambre du malade. Elle vient prendre son quart, comme elle le répète chaque soir à l'infirmière, avec un pauvre sourire minable, le même toujours.

Drôle de quart, auprès d'un navire en dérive !

Car, depuis cinq jours, Lucien Crevier agonise dans ce lit qu'il n'a pas quitté depuis trois mois.

Et depuis cinq jours l'épouse n'a plus à masquer son chagrin, immense comme la vie, puisque l'être aimé nage, sans jamais remonter à la surface, dans les paysages sous-marins qu'invente le délire.

L'infirmière, qui au début remplissait de grandes feuilles où elle détaillait les progrès de la maladie, ne griffonne plus que quelques lignes : température normale, pouls faible et irrégulier, malade toujours inconscient.

Rolande aussi a modifié son comportement ; ainsi, elle ne pose plus à l'infirmière les interminables questions dont elle l'assaillait aux premiers jours : deux regards qui se croisent, un haussement d'épaules et de sourcils chez la garde-malade, et la femme sait que rien n'a changé depuis huit heures. Sans doute le mal a-t-il progressé puisque Lucien est condamné — le médecin ne vient même plus — mais rien n'a trahi ce progrès.

L'infirmière met un peu d'ordre sur la table de chevet, s'assure, en la portant à la hauteur de ses yeux, que la seringue contient bien la dose de morphine que l'on doit injecter au malade s'il survient une autre crise, se retire, elle aussi, sur la pointe des pieds, bien que Lucien Crevier soit devenu imperméable aux bruits du monde. Mais on ne se débarrasse pas en cinq jours d'une habitude vieille de trois mois !

Restée seule, Rolande s'approche du lit, contemple amoureusement son malade, pose une main sur le front sec, va s'asseoir dans le fauteuil encore chaud de la présence de l'infirmière. D'un geste machinal elle tire son chapelet de la poche de sa jupe — le chapelet qu'il lui a donné le jour de leur mariage— et, les yeux rivés sur le visage de son mari comme sur un crucifix, elle s'engage dans la litanie des Ave en négligeant, sans s'en rendre compte, le Credo et les Pater.

Les doigts glissent sur les grains, s'immobilisent au milieu de la deuxième dizaine.

Lucien a souri ! Elle jurerait qu'il a souri ! À quoi peut-il bien penser ? À quelle image sourit-il ?

Revoit-il, comme elle en ce moment, les vingt-deux années de bonheur qu'ils ont vécues ensemble ? Car Rolande les revoit ces vingt-deux années, elles défilent en son esprit comme une action de grâces. C'est d'ailleurs cette vision, forte comme une présence, qui a immobilisé ses doigts sur le sixième grain de la deuxième dizaine.

Y eut-il au monde couple plus uni que celui qu'ils formaient tous deux ? Elle ne le croit sincèrement pas.

Y eut-il au monde mari plus tendre, plus affectueux, plus attentif que Lucien ? Elle jurerait que non !

Les yeux de Rolande dévorent le visage de Lucien, y plaquent tout le passé, contemplent ce passé.

Elle l'a connu à la kermesse de la paroisse. Les mères des jeunes gens avaient mystérieusement ménagé cette rencontre. Lucien ne l'apprit que le jour des fiançailles. S'il avait ri de bon cœur, ce jour-là !

Rolande, elle, avait flairé quelque chose d'anormal lorsque sa mère l'avait conduite dans un institut de beauté et, pour la première fois de sa vie, lui avait fait épiler le menton. Il y a de ces initiatives maternelles qui ne trompent pas. En se dirigeant vers la kermesse, Rolande savait déjà que son destin s'y jouerait.

Ce soir-là, Rolande gagna à tous les jeux de hasard, y compris celui de l'amour.

Au fait, elle n'avait eu qu'à cueillir Lucien ! Il était si timide, le pauvre ! Avant elle, il n'avait jamais fréquenté de jeunes filles. Après elle… il n'y eut pas d'après elle : elle fut l'épouse !

Et pendant vingt-deux ans, il menèrent une existence heureuse, sans heurt, sans drame.

Quel amoureux passionné il était, Lucien ! S'ils n'eurent pas d'enfants, et ce fut là leur seul chagrin sérieux, ils n'ont rien à se reprocher : Dieu le voulut ainsi.

Quel amoureux il était, Lucien !

Rolande s'attendrit à cette évocation qui lui rend plus intolérable encore la pensée de la séparation prochaine, de la séparation actuelle, car jamais plus l'homme inconscient auprès duquel elle s'est approchée, sur lequel elle se penche, jamais plus il ne l'étreindra dans ses bras puissants. Pauvre Lucien !

Rolande s'assied délicatement sur le pied du lit.

Il partait tous les matins à neuf heures moins vingt-cinq, après avoir préparé le petit déjeuner qu'il lui portait au lit.

À midi moins dix, il lui téléphonait, notait les quelques messages qu'elle lui confiait, s'en acquittait à la perfection, arrivait à la maison à midi et demi. À deux heures moins vingt-cinq, il l'embrassait tendrement et repartait pour le bureau. À six heures moins vingt, il réintégrait le foyer, racontait sa journée par le menu détail, lisait son journal, le résumait à sa femme qui s'affairait au dîner.

Après le dîner, il essuyait la vaisselle puis, ensemble, bras dessus, bras dessous, ils allaient faire le tour du quartier, s'arrêtant à l'église pour y dire leur prière du soir.

Une fois, une seule fois en vingt-deux ans, Lucien avait été prendre l'apéritif avec des amis. Ce jour-là, c'était cinq mois après leur mariage, il était rentré à la maison à sept heures ; Rolande se souvenait de l'heure exacte car, cachée derrière les draperies, elle avait tant guetté le retour de son mari. Lucien avait certes prévenu sa femme qu'il rentrerait plus tard que de coutume, mais vraiment, sept heures ! Elle s'était heureusement fort bien dominée, ne lui avait adressé aucun reproche ; simplement, Lucien avait trouvé la table desservie, et Rolande, couchée, reniflant doucement dans son lit.

Il avait compris et jamais n'avait récidivé.

Au début de leur mariage, les Crevier visitaient et recevaient quelques couples amis. Mais Rolande trouva bien vite que ces rencontres réduisaient leur intimité. Elle les espaça. Lucien protesta bien un peu, mais elle plaida si bien la cause de leur Amour qu'il se rendit à ses arguments : ils ne virent plus personne et vécurent heureux, à la chaleur de leur tendresse réciproque.

Une fois par mois Lucien devait, pour son travail, séjourner quelques jours dans la ville voisine. Jamais il ne fut question qu'il y allât seul. Bien portante ou indisposée, Rolande l'y accompagnait. Ainsi Lucien était-il à l'abri de l'ennui, et Rolande savait tous les maux que l'ennui charrie avec lui.

Une fois, timidement, Lucien avait fait remarquer à sa femme que ces voyages étaient coûteux et que, somme toute, elle n'y prenait aucun plaisir puisqu'elle ne connaissait personne dans la ville où ils descendaient.

« Et la joie d'être avec toi ! » lui avait-elle répondu.

Il avait voulu reprendre la thèse de la dépense que représentait…

« Quant à la question dépense, ne te tracasse pas ! Je devais m'acheter un manteau de fourrure, je garderai cet argent pour les voyages ! »

Et comme Lucien n'avait pas semblé tout à fait convaincu :

« Dis donc, toi ? La présence de ton ange gardien te fatiguerait-elle, par hasard ? »

Non, la présence de son ange gardien ne fatiguait pas Lucien ! Au contraire ! Bien au contraire ! Aussi ne reparla-t-il jamais de partir seul.

Lucien a remué dans son lit. Rolande se penche doucement sur lui, lui parle avec tendresse. Mais il n'entend rien, il redevient statue, sa respiration irrégulière continue d'emplir la chambre d'un sifflement aigu.

Oui, songe l'épouse, combien de couples peuvent se vanter d'avoir mené une existence semblable à la nôtre ? Toute d'amour. Toute tissée de milliards de battements de deux cœurs.

Des larmes embuent les yeux de Rolande qui saisit la main inerte, la presse doucement. Une bouffée de gratitude lui monte de la poitrine à l'endroit de cet homme. La bouffée dépasse l'homme, s'élance jusqu'à Dieu. Un cri sourd de son cœur : « Merci, mon Dieu ! Merci de la belle vie que Vous nous avez donnée ! »

Mais, Lucien s'agite. Ses paupières se soulèvent lentement, découvrent des yeux d'aveugle. Il sourit. Il grimace. Il sourit de nouveau. Il ouvre la bouche comme un enfant à l'heure de la tétée.

Rolande se penche avidement sur cette bouche, la dévore des yeux comme si elle s'attendait d'en voir émerger, sous une forme visible, des mots.

Lucien poursuit son jeu inconscient de mimique. Ses yeux balaient les murs qu'ils ne voient pas. Des petits cris de poulet raclent sa gorge, irréguliers comme son souffle. Une longue plainte se substitue aux cris syncopés.

Les sons s'éteignent progressivement, le visage se détend. Les yeux s'ancrent dans le vide.

Les sons renaissent incohérents. Le visage de Lucien grimace comme sous la poussée d'une gestation douloureuse.

Rolande ne le quitte pas des yeux. Elle attend, frémissante.

— Qu'il parle, mon Dieu ! Qu'il parle ! Je sens, je sais qu'il a quelque chose de précieux à me confier avant de mourir ! Sans doute veut-il me redire son amour ! Qu'il parle, mon Dieu !

Lucien ouvre démesurément la bouche que semble étreindre un étau, et d'une voix aiguë il articule faiblement : « Ennuyés… Rolande… ennuyés à mourir… ensemble… »

Les yeux de Lucien chavirent, sa mâchoire s'affaisse. Deux jours plus tard, Lucien Crevier était enterré. Comme un os.

(*Malgré tout la joie*)

Roger Fournier

Roger Fournier est né en 1929 à Saint-Anaclet près de Rimouski. Études au Séminaire de Rimouski et à la Faculté des lettres de l'Université Laval. Réalisateur à la télévision depuis 1954. Étudie la mise en scène en Europe en 1957. Prix du Gouverneur général en 1984.

Contes, Montréal, *Écrits du Canada français*, tome VIII, 1961.

Inutile et agréable (roman), Montréal, Cercle du Livre de France, 1963.

À nous deux (roman), Montréal, Cercle du Livre de France, 1965.

Les filles à Mounne (contes), Montréal, Cercle du Livre de France, 1966.

Journal d'un jeune marié (roman), Montréal, Cercle du Livre de France, 1967.

L'innocence d'Isabelle (roman), Montréal, Cercle du Livre de France, 1969.

La marche des grands cocus (roman), Montréal, L'Actuelle, 1973.

Moi mon corps mon âme Montréal etc. (roman), Montréal, Éditions La Presse, 1974.

Le cercle des arènes (roman), Paris, Albin Michel, 1982.

Pour l'amour de Sawinne, Montréal, Sand/Libre Expression, 1984.

Ti-Françoés La Fiole

Le Royaume des Cieux appartient aux forts. Alors il est presque impossible que Ti-Françoés La Fiole soit en paradis. D'autre part, on m'assure qu'il n'y a pas de saints tristes, et Ti-Françoés a toujours été heureux et de belle humeur. En ce cas, où peut-il bien être maintenant? Ne cherchons plus s'il vous plaît. Laissons cela à Dieu, car notre homme a vécu. Son histoire fait rire encore tous les habitants de sa paroisse, mais, en réalité, il s'agit d'un «sombre drame», et je dois déclarer, à ma plus grande honte, que les paysans sont sans pitié.

De fait, Ti-Françoés s'appelait François St-Laurent. Mais, comme on avait découvert, dans cette bonne famille, la vertu des boissons fortes, et qu'il y en avait presque toujours une bouteille à la maison depuis plusieurs générations, on avait donné le surnom de «La Fiole» à toute la famille depuis longtemps, à cause de la fameuse bouteille, source de tant de réjouissances. D'autre part, comme François était de taille presque moyenne, il fallait nécessairement accoler le mot «petit» à son nom, ce qui, en langue populaire se traduit par «Ti». Le surnom familial remplaçant facilement le nom de famille, cela donnait ce que vous savez maintenant.

Depuis plusieurs années, Ti-Françoés portait le même chapeau de feutre gris, un ancien «chapeau du dimanche», dont le ruban extérieur avait été remplacé par une couronne de couleur assez indéterminée mais plutôt foncée, qui était tout simplement le gras de sa transpiration On voyait à peine ses yeux, des petits yeux de marmotte, des yeux qui avaient l'air de flotter dans une espèce de bonheur à lui tout seul. Il avait la gueule légèrement tordue sur un côté, un bras qui se balançait constamment de l'autre comme un membre de marionnette, pendant qu'il penchait un peu sur la jambe opposée, qui avait l'air plus faible que l'autre. Malgré toute cette disgrâce, Ti-Françoés faisait un composé assez harmonieux, chaque défaut naturel étant balancé par un autre. Quand il marchait, tout cet organisme se mettait en mouvement avec élasticité, ce qui est toujours signe d'une certaine douceur.

Il est certain que cet homme portait son bonheur en lui-même, dans sa propre faiblesse probablement. Car, ni sa femme, ni sa «terre», ni ses enfants ne pouvaient lui en donner. Faisant deux fois sa taille et son poids, sa femme était une espèce de «poids lourd» tombant, morne, qui se traînait en robe sombre et en savates molles dans la maison et à l'étable. Elle trayait les vaches sans dire un mot, geignant seulement un peu lorsque la queue de la vache, pourchassant les mouches sur la peau grasse de la bête, venait s'abattre dans son œil. D'un naturel triste, elle s'était facilement habituée à la négligence de son mari, et elle était devenue plus négligente que lui. Mais aucun des deux ne songeait à faire un reproche à l'autre.

Il avait deux fils assez avancés en âge, mais ils n'aimaient pas la terre. De sorte qu'ils travaillaient avec désinvolture aux semences et aux foins, puis dès le moment des récoltes venu, ils s'enfonçaient dans les chantiers du nord, là où on peut «se faire des sous», et ils revenaient à Pâques, les poches pleines, faisant leur offrande à la divine liqueur, comme tous les «La Fiole».

Quant à sa terre, ce n'était pas un succès non plus. Elle ouvrait le quatrième rang, justement là où les pierres sont abondantes, et où les coteaux secs sont couverts de chardons et «d'éparvière». Bon an, mal an, Ti-Françoés ne récoltait jamais plus que quatre ou cinq fois sa semence, mais il ne s'en portait pas plus mal, et ne savait pas s'en plaindre. Comme je vous l'ai dit, il a toujours été heureux.

N'allez pas croire qu'il s'enivrait tous les jours à cette fin! Non, mais il avait des occasions. Par exemple, certains dimanches où son voisin Philippe Desjardins faisait «une soirée». Ti-Françoés voyait les voitures automobiles et les bogheis s'entasser autour de la maison de son voisin, il entendait la musique des violons qui venait jusqu'à lui dans la fraîcheur du soir, et alors, la joie et la simplicité du rythme à deux temps se mettaient à danser dans son cœur, pendant que des mollets et des poitrines de femmes lui sautaient dans les yeux. Finalement, il se décidait à sauter la clôture, et il rejoignait la fête. Quand il arrivait, les bouchons avaient sauté depuis longtemps, ce qui avait rendu tout le monde accueillant, et on le recevait à bouteille ouverte. Alors, il buvait sa part de bonheur, en regardant «les jeunes» danser.

Il y avait aussi les grandes fêtes religieuses de l'année qu'il fallait bien célébrer copieusement, sinon, on aurait fini par oublier le passage du Christ sur la terre. Les jours de naissance et de mortalité étaient aussi des jours fériés pour Ti-Françoés, ainsi que les jours de grandes surprises, événements spéciaux ou autres anormalités. Cela lui composait un calendrier assez balancé, lui faisant rencontrer assez souvent une oasis au milieu des jours de travail aride.

Sans qu'on ait jamais su comment, Monsieur le curé était au courant de toutes ces célébrations. C'était un bon

curé très sage et très doux, mais l'abus des «boissons eni-
vrantes» aux jours de fête religieuse, et surtout, ces
«veillées» qui se faisaient le dimanche lui apparaissaient
comme des moments de débauche vulgaire, justement
aux jours où Dieu veut qu'on pense à lui. À la grand-
messe, il revenait sur ce sujet presque tous les mois.

«Mes frères, je vous demande de prier pour les âmes
de quelques-uns d'entre vous. Dans certains endroits de
la paroisse, on semble oublier que le bonheur n'est pas de
ce monde, et on le cherche dans les plaisirs. Je ne prêche
pas contre les amusements, les amusements sains. Mais,
mes frères, croyez-vous sincèrement que les boissons eni-
vrantes et les danses modernes sont des amusements
sains? (il parlait toujours doucement). Vous ne pensez pas
que la vertu des jeunes filles et même la vertu des femmes, est en danger, quand elles perdent la raison dans
l'usage de l'alcool? Mes frères, je vous le dis sans cesse,
votre vie spirituelle, c'est comme une belle voiture neuve
que vous avez. Si vous essayez de la conduire en état
d'ivresse, vous ferez fatalement un accident grave un
jour, et vous détruirez tout...»

Et il continuait sur ce ton bonhomme pendant quelques minutes encore, cherchant à atteindre le cœur de ses
enfants du haut de la chaire. Tout le monde savait très
bien de qui il voulait parler, et les commères du village en
profitaient pour rire dans leur barbe (elles en ont toujours), pensant à toute l'estime que Monsieur le Curé
devait avoir pour elles, puisqu'il pouvait les voir tous les
jours à l'église. Quant aux habitants du quatrième rang,
ils avaient l'impression que tous les regards étaient fixés
sur eux comme autant de reproches de Dieu, et ils se
repentaient de leur mieux, Ti-Françoés y compris. Surtout
Ti-Françoés, car c'était lui le plus faible. Mais comme il
était le plus faible devant les remontrances de Monsieur

le curé, il l'était aussi devant les occasions. Et quand il sentait monter du fond de son âme une grande joie et qu'une belle bouteille se présentait devant lui, il oubliait «la belle voiture de la vie spirituelle», et il se réjouissait jusqu'au dernier verre. (N'oubliez pas la comparaison de la vie spirituelle avec la belle voiture. C'est très important.)

Il y a quelques années, comme mon père était le seul à posséder une batteuse assez perfectionnée pour battre le trèfle et le mil aussi bien que les céréales, «il battait» pour tout le monde de la paroisse et même pour quelques-uns des paroisses environnantes (au fait, chers amis, vous ne savez peut-être pas de quoi je parle? Alors il faut expliquer. Figurez-vous que le foin ne pousse pas comme ça, tout seul, comme on le désire et quand on le veut. Si on veut qu'il en pousse, il faut en semer. Chaque semoir à grain est divisé en deux compartiments, l'un pour le grain et l'autre pour la graine de foin: trèfle, mil, luzerne, etc. On sème le foin qu'on veut, évidemment. Le grain et la graine de foin sont donc mis en terre simultanément, au printemps. Mais le grain pousse et donne ses fruits dès l'automne, tandis que le foin ne fait que germer en terre, et pousse l'année suivante. Seulement voilà: pour semer de la graine de foin, il faut en avoir. Pour s'en procurer, on peut s'en acheter, mais ça coûte cher. Le moyen le plus simple et le moins coûteux, c'est donc de laisser mûrir à point la partie de la récolte où les épis de trèfle ou de mil sont les plus beaux. Donc, vous laissez mûrir le foin que vous avez choisi pour faire de «la graine», et vous le fauchez. Puis, vous laissez sécher pendant une semaine au moins. C'est alors que votre graine n'est pas encore à votre disposition, puisqu'elle est encore dans les épis. Pour l'obtenir, il faut battre ce foin que le soleil et la pluie ont roui ensemble. Et c'est ici qu'on se retrouve.)

Dans notre région, la graine de foin est mûre vers le début du mois d'août, juste avant le grain. Cela veut dire que vers le milieu de ce mois, il y avait affluence chez nous : on venait « faire battre sa graine ». (Il y a des choses auxquelles on doit se résigner…). J'aimais cette période de l'année, parce qu'elle me permettait de voir de plus près des gens que je voyais seulement de loin, en temps ordinaire, à la messe du dimanche ou dans leurs champs. Chose étrange, que je remarquais chaque année, tous ces gens-là étaient heureux, de belle humeur. Il n'y avait que la famille du père Gaspard qui était triste. Ceux-là, on ne les voyait jamais rire. Ils étaient tristes de nature. (D'ailleurs, le père Gaspard est mort fou, il y a quelques années, il ne faut pas être triste de nature.) Mais pour les autres, pour tous les autres c'était un plaisir de venir faire battre leur graine.

— Whoooo ! Whoooo ! Ce grand cri, lancé à pleins poumons, annonçait l'arrivée de chacun devant la grange, debout sur le devant de sa charge de foin mûr.

Soleil du mois d'août qui commençais à pâlir, vent du mois d'août qui commençais à te faire sentir et qui emportais avec toi dans les champs le bruit du moteur à deux temps qui faisait tourner la batteuse pendant des heures et des heures sans jamais se lasser, vous m'avez fait connaître des jours de douceur que je n'ai jamais retrouvés, nulle part. Tout le fenil tremblait sous les secousses de ces engins, et par les grands panneaux ouverts, il sortait une poussière noire qu'il fallait bien avaler. Mais, partout où il y a un fruit, il y a de la joie.

Un jour où il faisait particulièrement beau, où il y avait affluence et grande joie parmi tous, Ti-Françoés fit son apparition, assis sur le devant d'une charge trop grosse pour sa pauvre jument blonde. Il fut accueilli par des « étrives » (taquineries) simples et directes comme ceux qui les faisaient :

— Quins, Ti-Françoés, dis-moé pas que t'as récolté tout ça de foin c't'année?

C'était le grand Willy, toujours sûr de lui-même, levant son grand nez à tous les vents, et dont la voix ferme servait à toutes les enchères du village.

— Ta jument pisse l'eau, Ti-Françoés! Pis 'est maigre comme un clou. T'as jamais eu d'voène à y donner j'compte...

C'était Ernest St-Laurent, un des plus riches cultivateurs de la région, dont le lymphatisme s'accordait bien avec ses grosses joues molles et rouges, confiant dans sa belle paire de chevaux noirs qui l'attendait devant l'étable.

Ti-Françoés ne disait mot. Il riait avec sa béatitude ordinaire et même un peu plus largement, découvrant ainsi ses fausses dents blanches, dont il était si fier. Pour lui, c'était un grand jour, parce qu'il avait la certitude d'être le champion de l'année du point de vue graine. En effet, la saison avait été pluvieuse, et ses coteaux secs du quatrième rang en avaient profité, tandis que les grands « fonds » gras et humides de tous les autres en avaient souffert. Il avait donc failli croire au miracle cette année-là, en voyant ses misérables coteaux se couvrir de beau trèfle rouge. De fait, il n'y en avait pas tellement, mais pour lui, c'était « mer et monde ». Il avait donc choisi le plus beau morceau et n'avait pas hésité à le laisser mûrir, se disant en lui-même qu'il épaterait tout le monde au temps du battage.

Il fut remarqué que Ti-Françoés riait plus que nécessaire; et il fallut bien s'apercevoir qu'il fêtait les bontés de la Providence qui lui avait donné beaucoup de pluie, et partant, du si beau trèfle. Lorsque mon père parut entre les panneaux du fenil, noir de poussière et crachant tout ce que ses poumons ne pouvaient garder de ces saletés, il eut de la contrariété dans le visage en apercevant Ti-Françoés. Tous les ans, les gens du quatrième rang lui apportaient des charges de chardons et de chiendent, car leurs coteaux secs ne pouvaient rien produire d'autre. Comme il se faisait payer à la livre de graine pour faire le battage, il perdait du temps et de l'argent avec ces gens-là.

— Salut Fleurien (Florian) ! dit gaiement Ti-Françoés à mon père. Qu'est-ce que tu penses de ma graine de « treuffe » ? T'en n'as jamais vu de la pareille…

— Ouais ! On va voir ça.

Et il s'approcha de la charge, d'abord surpris par les beaux épis de trèfle que le soleil avait noircis, et qui abondaient. Il en prit deux ou trois et les écrasa dans le creux de sa main rugueuse avec un petit mouvement giratoire de son pouce.

— Mon pauvre Françoés, ta graine a été battue par les pucerons.

— Comment !

Il sentit qu'il allait dégriser, et il sortit sa bouteille de « chien » (mélange d'alcool et d'autres boissons fabriquées par les paysans eux-mêmes). Il s'en servait quelques bonnes gorgées, à même le goulot, évidemment.

—Quiens' r'gard moé çà, dit mon père, tu sais pas ce que c'est que des pucerons à treuffe ?

Et il lui montrait, du bout de son ongle, les traîtres petits points rouges qui se promenaient au cœur des épis comme s'ils avaient été dans leur salon.

Ti-Françoés eut un hoquet et la gueule lui resta croche d'interdiction pendant quelques secondes. Il n'avait pas pensé à examiner son trèfle avant de le laisser mûrir. Maudit ! Pour la première fois de sa vie il aurait pu exhiber une belle pochetée de graines venant de ses coteaux, ses pauvres coteaux dont tout le monde se moquait devant lui. Pour la première fois, il aurait pu être fier de sa terre,

elle qui était sur le point de le décourager tellement elle
était sèche. S'il n'avait pas été habitué à une certaine dose
de misère, il se serait mis à pleurer. Finalement, il prit le
parti de croire qu'il y avait quand même beaucoup de
graine dans son « voyage », et il répondit à mon père :
« Voyons Fleurien, tu sais bien que ces p'tites bêtes-là
sont pas capables de manger tout mon voyage de foin !
Envoye, envoye, on va batt'çà pis tu vas voer c'qui va
sortir de ta machine… »

Personne n'osa le dire, mais tout le monde qui était
là sentit que le courage de Ti-Françoés était aussi grand
que le soleil, aussi long que les pluies d'automne, et aussi
dur que l'hiver. Mon père ne put faire autrement que
d'accepter cette heure de travail à peu près perdue
(« Donnez-lui tout de même à boire, dit mon père. ») Et
Ti-Françoés sortit sa bouteille encore une fois pour la
rendre aux trois quarts vide.

Le bonheur revint sur son visage pendant qu'il
s'apprêtait à faire monter sa charge sur le fenil. Il avait
retrouvé sa joie habituelle, et il plantait sa fourche avec
toute sa petite force dans le foin roui qui crissait et tombait sur le plancher en levant une bonne poussière noire.
Quand la voiture fut vidée de son précieux contenu, on la
descendit à côté du pont pour recevoir le foin battu, et le
moteur partit en claquant de toutes ses six forces, pendant
que tout le manège de courroies et de poulies de la grosse
bête rouge commençait à tourner. Tout se passa très bien.
Mon père engrenait, et c'était Ti-Françoés lui-même qui
le servait à petites fourchetées. Pour rendre service, Willy
ramassait le foin battu et la balle qu'il allait jeter dans la
voiture à côté du pont de fenil. Tel que prévu les pucerons
avaient fait une bonne partie du battage et il ne restait pas
beaucoup de graines. Mais notre homme s'était déjà habitué à cette idée, se consolant du fait que, pour une fois au

moins, le foin avait été beau. Je crois qu'on s'habitue au malheur.

Tout se passa sans incident, excepté que le bon Willy, voyant la jument blonde de Ti-Françoés à chaque voyage qu'il faisait à la voiture, s'aperçut que la dite jument était en rut. En effet, à cette époque-là, mon père gardait un superbe étalon, pour son propre besoin et ses propres ennuis aussi, car l'animal étant fringant comme vingt diables, il avait brisé quatre ou cinq voitures en quelques années. Comme l'étalon était dans l'étable et que la jument ne se trouvait pas loin, les deux bêtes se sentaient et on pouvait entendre des hennissements qui couvraient même le bruit du moteur et de la batteuse. Willy était le seul à savoir pourquoi, puisqu'il voyait la jument faire pipi plus souvent que la normale, et d'une façon qui ne pouvait mentir.

Quant toute la charge fut passée dans la batteuse et que les hommes sortirent au grand air, le visage noir de poussière mélangée à la sueur, pour regarder les quelques livres de graines qu'on avait récoltées (il y en avait peu, mais elle était d'une belle couleur jaune et brun, et elle coulait entre les doigts) Willy s'approcha et dit, avec une espèce de sourire enfantin :

— Ti-Françoés, tu sais que ta jument blonde est en chaleur ?

— C'est vré ? Ah ! la garce !

Il y eut un moment d'arrêt où les regards se fixèrent sur mon père. Ils savaient tous que l'étalon était là, dans l'étable et qu'il ne demandait pas mieux que de satisfaire la pauvre jument. Mon père songeait, de son côté, qu'il n'était pas prudent de faire faire la chose devant témoin, car son étalon n'était pas enregistré et on pouvait le dénoncer, ce qui lui aurait coûté une bonne amende. À la fin, tout le monde dit ensemble :

— Vas-y donc, Fleurien, on dira pas un mot.

Et Ti-Françoés mit la dernière touche en disant, presque avec un air de fausse ingénue :

— Tu comprends, ça me consolera du p'tit peu de graines que j'ai eues. Çà s'ra autant d'acquest...

Dame, il lui en aurait coûté dix dollars pour faire engrosser sa jument par un mâle officiellement reconnu. Comme tout le monde avait secrètement envie de voir la bête «en prendre un bon coup», on promit un silence de mort, et mon père se dirigea vers l'étable, où l'étalon avait déjà mis ses batteries en position excité par l'odeur de la jument qu'il respirait de tous ses naseaux, les babines tirées, les dents découvertes, et la tête au plafond.

Dehors, on déshabillait la belle «blonde» de son harnais, et on faisait avancer sa nudité vers le seigneur du harem qui piaffait déjà dans le corridor. La porte de l'étable étant coupée en deux sur la hauteur, de sorte qu'on pouvait la fermer et que la partie du haut restait ouverte, le mâle sortit sa tête par cette ouverture, et les lèvres des deux bêtes se rencontrèrent par petites secousses fiévreuses, baisers passagers de deux êtres qui se connaîtraient seulement pour peupler le monde et où les naseaux sont les seuls à percevoir et à communiquer ce désir. L'étalon leva brusquement la tête pour lancer son grand cri d'appel, et la femelle ploya légèrement sur ses quatre pattes, roulant dans sa gorge quelques sons doucereux, ce qui est le signal, avec tout le reste, que tout est prêt pour le grand air.

Voulez-vous encore des détails ? Non. Évidemment vous êtes trop timides. Je vous dirai seulement que ce fut un chant en deux couplets, un chant d'une telle force et d'une telle puissance qu'une armée de deux mille hommes n'aurait pas été capable d'en atteindre la portée. Oh ! Force de la nature, comme tu es belle quand un être te recueille dans tous ses muscles et qu'il concentre toute sa puissance pour te donner à son semblable, afin qu'il y ait toujours une terre peuplée, et que la vie ne s'éloigne jamais de nous !

Ti-Françoés fut tellement heureux de voir le travail accompli avec une vigueur de si bon augure, qu'il sortit sa bouteille et but les dernières gorgées. Sa jument était «pleine» et lui aussi. On lui aida à remettre sa «blonde» dans son attelage, toute pantelante qu'elle était, et toute ramollie par les secousses amoureuses qu'elle venait de subir. Tout heureux de la voir satisfaite, Ti-Françoés lui donnait de grandes claques dans les flancs en la traitant de «putasse», et elle ne bougeait pas d'un poil, elle qui avait l'habitude de lever la patte et de se mettre les oreilles dans le coin dès qu'on lui passait la main sur le dos. (Quand le corps est repu, le mauvais caractère s'en va.)

Notre homme serait bien resté une heure encore à parler pour remercier mon père et louer l'ardeur de son étalon, mais il fallait travailler et on lui aida à monter sur sa voiture, car il était trop gris pour le faire tout seul.

— Salut ben !... À la r'voèyure !... Merci ben, là, salut !

Force lui fut de partir, et il leva son fouet qui retomba sur la croupe de sa jument encore engourdie. Il s'était assis sur le devant de sa charge, juste à la hauteur des échelons, oscillant et fier à la fois. Quelle journée tout de même pour lui ! Sa jument avait déjà un jeune poulain dans le ventre, il avait de la belle graine, pas beaucoup, mais elle était belle ! Hein ! Ça leur glissait entre les doigts, et c'était d'une belle couleur jaune, jaune comme certains oiseaux qu'il avait vus à l'exposition. C'était cela qui comptait : pour la première fois, on s'était assemblé autour de sa poche à graine, et on s'était émerveillé.

Il a passé près de la maison, perdu dans ses rêves. Il avait la tête pleine de ses futurs champs de foin. C'était

de véritables mers de trèfle, des mers rouges et blanches
où des lièvres blancs, même en été, sautaient avec joie,
pourchassés par l'amour et enivrés par le vent. Il passait
dans ces mers, assis sur une grande faucheuse de dix
pieds traînée par quatre chevaux blancs qui marchaient la
tête haute, pendant que le vent soufflait dans les troncs
d'arbre de la forêt voisine, et cela faisait une musique
immense qui réveillait toutes les joies endormies dans les
plantes et les bêtes. Comme tu étais heureux Ti-Françoés,
avec ton vieux chapeau couronné par la sueur, avec ta
barbe de trois jours qui faisait coller à ton visage toutes
ces poussières noires mêlées à ta transpiration. Oui, tu
étais heureux, là, assis sur le devant de ta misérable voiture, car tu espérais en la terre et tu attendais ses fruits
encore une fois.

Il en était à la musique dans les troncs d'arbres
quand il s'engagea dans la côte (il y a une côte juste derrière la maison de mon père, avec une courbe de quatre-
vingt-dix degrés dans le bas). Comme la musique était
très forte et que ses chevaux blancs captivaient toute son
attention, il oublia qu'il s'engageait dans la descente et il
ne vit pas que sa réelle jument, affaiblie par ses amours,
se laissait pousser par la charge au lieu de s'arc-bouter les
fesses dans l'acculoir. Pour comble de malheur, juste au
moment où notre homme s'engageait dans la côte, Monsieur le curé faisait la courbe du bas en sens inverse, au
volant de sa belle voiture neuve (la voiture neuve de la
vie spirituelle, évidemment). Ti-Françoés ne vit rien de
tout cela, bien entendu. Un coup de klaxon de la part de
Monsieur le curé et la vitesse que prenait graduellement
sa charrette le ramenèrent soudainement sur la terre.
Mais, comme il était passablement engourdi par l'alcool,
il n'eut que le temps de s'empêtrer dans sa corde à freins
et dans ses cordeaux. La jument et la charrette firent une

entrée triomphale dans la voiture de Monsieur le curé, qui n'avait eu que le temps de s'arrêter. Le choc avait projeté notre Ti-Françoés sur la route du haut de sa charge. Le prêtre réussit à sortir de sa voiture qu'il ne reconnaissait plus, et il s'approcha de cet homme heureux, étendu par terre.

— Comment! Vous, Monsieur le curé, vous avez eu un accident avec votre belle voiture neuve!

Il reçut l'absolution tout de suite, et il mourut sans en attendre davantage, car il s'était fracturé plusieurs membres, le crâne y compris. Je suis passé au cimetière, l'année dernière, et sur la tombe de Ti-Françoés, où personne ne va prier il y avait du beau trèfle rouge qui était en fleurs, et c'était au mois de novembre...

(*Écrits du Canada français*, t. VIII)

Jacques Ferron

Jacques Ferron (1921-1985) est né à Louiseville. Études à l'Académie Saint-Louis-de-Gonzague de Louiseville, au Collège Jean-de-Brébœuf, au Collège Saint-Laurent et au Collège de l'Assomption. Fait sa médecine à l'Université Laval. Romancier, conteur, dramaturge, pamphlétaire, essayiste. Il public de nombreux articles dans différentes revues. Prix du Gouverneur général en 1962.

Cotnoir (conte), Montréal, Éditions d'Orphée, 1962.
Contes du pays incertain, Montréal, Éditions d'Orphée, 1962.
Contes anglais et autres, Montréal, Éditions d'Orphée, 1964.
La nuit (roman), Montréal, Parti pris, 1965.
Papa Boss (roman), Montréal, Parti pris, 1966.
Le théâtre de Jacques Ferron (tome I), Montréal, Librairie Déom, 1968.
Le ciel de Québec (roman), Montréal, Éditions du Jour, 1969.
L'amélanchier (roman), Montréal, Éditions du Jour, 1970.

Le perroquet

Encore si elle avait été vulgaire, grotesque, fessue, cela aurait pu se concevoir, mais elle était au contraire une demoiselle fort distinguée, plutôt pointue : comment expliquer qu'elle montrât son derrière ?

Son neveu s'amena, gêné, ne sachant trop comment m'apprendre la chose.

— C'est que, docteur, dit-il ma tante Donatienne se conduit drôlement.

Et il requérait mes services pour la mettre à l'asile. Je ne fus pas surpris : la mode est à l'internement. Lorsqu'un indésirable n'est pas criminel, on le dit malade ; ainsi peut-on l'incarcérer sans procès. À ce point de vue la médecine est une institution commode, qui supplée à la justice. Les médecins d'ailleurs se prêtent au rôle ; ils font d'excellents geôliers. Il ne leur reste plus à apprendre que le métier de bourreau…

— Est-elle folle au moins, cette tante, demandai-je au neveu.

— Ah oui, docteur !

— Dans quel genre ?

Ça, il ne pouvait dire. Il me proposa de l'accompagner : je verrais le genre. Je l'accompagnai donc. La tante avait sa résidence dans la partie agreste de Coteau-Rouge.

— Arrêtez ici, dit soudain mon compagnon.

Nous nous arrêtâmes près d'un poteau sur lequel était écrit : Rue Sainte-Olive. L'écriteau eût fait la joie d'un philosophe nominaliste : il n'y avait pas de rue. À peine apercevait-on dans le champ deux ou trois maisonnettes. Le neveu, m'indiquant l'une d'elles, dit :

— C'est là.

— Mais c'est aussi chez monsieur Comtois !

— En effet, répondit-il.

Et d'un air sournois, il me demanda comment je le savais. J'avais rendu visite à ce monsieur Comtois, un an auparavant. Je me souvenais bien de lui : un petit vieux ayant de longs poils dans les oreilles, de la cocasserie plein le nez, malicieux comme un singe et qui vivait avec sa fille et un perroquet. La fille était une de ces créatures dessalées qui ont gardé néanmoins leur niaiserie et que l'on nomme morues. Il était assez surprenant qu'elle fût demeurée près de son papa. Quant au perroquet, il ne m'avait pas fait, non plus, bonne impression.

— Vous avez là un beau perroquet, avais-je dit à monsieur Comtois

À ces mots, comme s'il les avait entendus, l'oiseau s'était mis à se trémousser.

— C'est un petit vaniteux, avait répondu le bonhomme.

— Parle-t-il ?

— Non, mais il voudrait bien vous montrer quelque chose.

— Quoi donc ? avais-je demandé.

J'aurais pu me dispenser de cette question. Ma curiosité cependant avait été bien accueillie. On s'était empressé d'y satisfaire.

— Coco, avait dit la fille, veux-tu faire plaisir au beau docteur ?

Coco voulant (son trémoussement le disait) elle avait repris :

— Coco, montre ton cul ; montre ton cul au beau docteur.

Alors l'oiseau laborieusement l'avait montré.

La cérémonie achevée, l'hommage reçu, je m'étais occupé du bonhomme Comtois qui avait la colique. Son cas m'avait semblé mystérieux. Je l'avais néanmoins réconforté de mon mieux. C'est ma façon de pratiquer : je suis résolument optimiste. Le bonhomme ne m'avait jamais rappelé. J'en avais déduis sa guérison.

— Ce bon monsieur Comtois, comment va-t-il, demandai-je à mon compagnon.

— Il est mort, me répondit platement celui-ci.

C'est l'inconvénient de l'optimisme : on ne peut jamais le conserver longtemps. Même si je n'avais pas écarté la possibilité qu'il mourût, je n'avais pas prévu, cependant, que le bonhomme perdrait sa cocasserie si vite. « Il a dû tomber, pensai-je, entre les mains d'un médecin pessimiste. »

Nous approchions de la maisonnette. Le neveu m'expliqua que Comtois était le frère de sa tante Donatienne.

— Mais, ajouta-t-il avec gêne, il n'était pas le père de sa fille.

Après sa mort, on avait conseillé à l'orpheline de se trouver un autre papa ; et tante Donatienne était venue s'installer dans l'héritage. D'abord elle sembla heureuse, puis le perroquet mourut… Nous étions rendus.

— Entrez, docteur, dit le neveu.

J'entrai le premier. Une vieille demoiselle, modestement vêtue, se tenait sur le coin d'une chaise dans l'attitude d'une novice attendant son évêque. L'incommodité de la position semblait lui être naturelle. Elle lisait avec un air de doux contentement. Nous étions entrés depuis un long moment lorsqu'elle daigna s'apercevoir de notre présence. Feignant d'être surprise, elle se leva avec em-

pressement. Je la priai de se rasseoir. Ce qu'elle fit de
bonne grâce. La maison, fort propre, dégageait une atmosphère de distinction, rare dans la partie agreste de
Coteau-Rouge, et qui me parut céans une innovation, car
je ne l'avais pas remarquée lorsque le bonhomme Comtois y habitait avec sa morue.

La vieille demoiselle avait fermé son missel. Nous
engageâmes une conversation qui fut polie, fine et fleurie,
mais extrêmement banale, genre fleur-de-papier-pour-
autel-latéral. Dès que je voulais pousser un peu dans le
vif, elle était effarée et ses réponses devenaient évasives.
Gêné moi-même, je m'empressais de revenir aux pieux
artifices où elle trouvait sa convenance. Lorsque je la
quittai, je n'avais rien appris. J'étais même enchanté et je
n'eus, au neveu qui me reconduisait, que des félicitations
à faire sur sa tante.

— Pour être distinguée, c'est vrai qu'elle est distinguée, ma tante Donatienne, concéda le neveu. Mais ça
s'explique : elle a été avec sa sœur aînée modiste de chapeaux durant trente ans ; de chapeaux à plume pour
dames de la Société. C'est un métier qui raffine. Ensuite,
sa sœur morte, elle s'est retirée dans une institution religieuse, tout ce qu'il y a de plus parquets-cirés : il fallait la
grâce de Dieu pour pouvoir y marcher.

— Pourquoi n'y est-elle pas restée ?

— Dans son couvent ? C'est simple : la nuit, elle ne
dormait pas. Elle se promenait dans les dortoirs, comme
un fantôme. Ou bien quand une religieuse ou une pensionnaire lui plaisait particulièrement, elle allait s'asseoir
sur le bord de son lit et veillait sur son sommeil. Elle se
prenait pour une sorte d'ange gardien.

— Elle s'était trop raffinée.

— Oui, peut-être, mais surtout elle épeurait tout le
monde. À la fin on l'a mise à la porte. Je l'ai prise chez

moi. Puis, après la mort de son frère, elle est venue vivre ici.

— Je comprends mieux, dis-je.

Le neveu me regarde avec attention. Il s'est laissé emporté sur la distinction de sa tante Donatienne, distinction dont il est fier, mais il ne perd pas de vue son projet, qui est de la mettre à l'asile. Il me demande inquiet :

— Elle vous semble folle, n'est-ce pas, docteur ?

— Bizarre, peut-être, affectée, assurément, mais elle n'est pas folle. Autrement il faudrait vider les couvents, les académies, et mettre toutes les poétesses du Canada, toutes les nonnes de la terre à l'asile.

Il semble surpris de mon manque de discernement.

— Mais, reprend-il, est-ce que les nonnes et les poétesses du Canada montrent leur derrière aux passants ?

— Tante Donatienne ne m'a pas montré le sien, que je sache, dis-je, piqué.

C'est à mon tour de l'examiner. Il semble sûr de son fait. Le souvenir du perroquet me revient à la mémoire.

— Mon Dieu, est-ce possible ?

C'était pourtant la vérité. Tante Donatienne n'avait pas hérité seulement de la maison, mais aussi du perroquet, à qui d'abord elle avait essayé d'apprendre des invocations :

— Coco, dis : Loué soit Notre-Seigneur !

Peine perdue, Coco avait continué de montrer son cul. La vieille demoiselle avait dû s'y résoudre. Ensuite elle y avait pris goût. Le trémoussement de l'oiseau l'excitait. Dès lors, elle n'arrêta plus de lui demander :

— Coco, montre ton cul.

Tant à la fin que Coco en mourut. Après quoi elle a commencé de montrer le sien. Et les conséquences n'ont point tardé : elle ne sort plus sans avoir une bande d'enfants à ses trousses. Plus ces enfants crient, plus elle s'excite et plus elle montre ce qu'ils veulent voir. La nuit, les vicieux du quartier rôdent autour de la maisonnette, terrorisant celle qui se prit naguère pour un ange gardien.

La discussion nous avait immobilisés près du seuil. C'était par un après-midi de soleil. Les vitres reflétaient la lumière. Un nuage survint. Avant de m'éloigner, je jetai un coup d'œil à la fenêtre. Je vis quelque chose de blanc. C'était la tante Donatienne, c'était la fine demoiselle qui nous montrait son pauvre derrière de dentelle.

(*Contes du pays incertain*)

Mélie et le bœuf

Mélie Caron n'a eu que treize enfants. Elle en attendait davantage : un par année jusqu'au trépas, mais après
le treizième Jean-Baptiste Caron, son mari, lui a dit :

— Arrête-toi, Mélie !

La pauvre de s'arrêter, n'ayant pas encore cinquante
ans. Elle reste en appétit, loin de son dû, toute chaleur et
frisson comme une bête retenue au milieu de sa course.
Son mal toutefois n'est pas sans remède : ne garde-t-elle
pas ses treize enfants ? Treize enfants, c'est peu ; c'est
quand même une famille. Hélas ! le soulagement ne dure
pas : l'un après l'autre ses enfants la quittent. Elle les a
trop bien nourris : farauds sont les garçons, fondantes les
filles ; rendus à leur grosseur, il n'y a plus moyen de les
retenir. À la fin, la vieille Mélie les a tous perdus. Elle
reste seule avec son vieux.

Celui-ci, alors, tel un forçat la peine purgée, a retrouvé
sa liberté. Il n'est plus de la maison ; il passe le plus clair
de son temps avec les affranchis du village, vieux farfelus
de même engeance, parle-montant et faisant la loi ; trin-
quant à l'occasion, quitte ensuite à pisser goutte à goutte le
feu de sa repentance. Mélie en profite pour s'offrir :

— Laisse-moi te soigner, bonhomme.

La proposition suffit à rétablir le cours des eaux.
Quarante ans de ménage ont instruit le bonhomme ; il sait

qu'à la moindre défaillance sa femme l'agripperait et ne lâcherait plus qu'il ne soit devenu gâteux à force de bons soins. Il reste vigilant.

— Merci, Mélie ; je suis déjà guéri.

Or il arriva que la vieille, privé d'enfants et de mari, nonobstant sa corpulence, se sentit à l'étroit, ne pouvant convenir d'être restreinte à soi. Les humeurs lui montaient à la tête. Elle en eut d'abord la cervelle flottante, puis pensa chavirer. On était à la fin d'août. Seule dans sa cuisine, le tue-mouches à la main, elle prêtait l'oreille : pas une mouche dans la maison ! Ce silence l'avait stupéfiée. Faute de mouches elle s'attendait au pire : à des apparitions de serpents, de grenouilles à sornette, de diables bardés de scapulaires, contre lesquels son tue-mouches eût été inefficace ; à l'irruption de la folie stridente. Elle était sur le point de crier, elle entendit un meuglement qui la sauva. Fuyant ses monstres, elle sortit à la hâte.

Dehors, qui ombrage le seuil, un cerisier se dresse, entre les feuilles duquel bougent des éclairs de soleil et la rougeur des cerises ; plus bas s'étendent un jardin puis un pré jusqu'à la rivière. Mélie a traversé le jardin. Le veau du pré l'aperçoit ; la queue en l'air, par petits bonds maladroits il monte à sa rencontre. La clôture qui sépare le pré du jardin les arrête l'un l'autre. La vieille se penche ; le veau lève un museau rond et humide : ils se regardent. Et Mélie Caron d'éprouver soudain un sentiment à la mesure de son cœur. Ce museau, cette confiance l'ont bouleversée, des larmes lui viennent ; si elle pouvait pleurer du lait, elle fondrait sur place pour satisfaire à l'appétit du pauvre animal.

Le soir, lorsque Jean-Baptiste Caron rentra, elle lui annonça :

— À l'avenir, je m'occupe du veau.

La soupe fumait sur la table.

—Bon, fit le bonhomme en s'attablant.

Une discussion n'a jamais gardé la soupe chaude. Mieux vaut se l'envoyer dans le gosier et discuter ensuite. Quand il eut mangé à sa faim :

— Pourquoi, Mélie, t'occuperais-tu du veau ? demanda-t-il.

Elle répondit :

— Parce que je veux.

— Est-ce que par hasard je l'aurais mal entretenu ?

— Mal ou pas, tu ne l'entretiendras plus.

— Bon, fit le bonhomme, qui se souciait d'ailleurs assez peu du veau.

Il fut néanmoins surpris, quelques jours après, d'apercevoir sa vieille dans le clos, assise sous un grand parapluie noir qui la protégeait du soleil et dont l'ombre claire, loin de la dissimuler, attirait l'attention sur elle.

— Que fais-tu là, Mélie ?

— Je tricote.

Elle tricotait, en effet.

— Tu serais peut-être mieux dans la maison pour tricoter.

— Non, bonhomme, je suis mieux ici.

Elle ajouta :

— D'ailleurs on ne peut plus se passer de moi.

Il demanda inquiet :

— Qui, ça ?

— Voyons, bonhomme : le veau !

L'animal était couché aux pieds de la vieille Mélie. Le tableau ne manquait pas de charme. Cependant Jean-Baptiste le considérait sans le moindre agrément.

— Veux-tu que je te le dise, Mélie, veux-tu ?

Elle ne s'opposait pas.

— Eh bien, dit-il, tu as l'air, ni plus ni moins d'une échappée d'asile.

— Vieux fou, toi-même, répliqua-t-elle.

On ne raisonne pas une femme qui a ses facultés, encore moins lorsqu'elle les perd. La raison attaque de front, franchise inconvenante : il faut biaiser avec le sexe ou tout bonnement le prendre par derrière.

Si Mélie avait vingt ans de moins, se disait le bonhomme, quelques petites tapes sur les fesses rétabliraient sa disposition.

Le rajeunissement lui eût d'ailleurs été utile : il avait lui-même oublié depuis longtemps l'art des petits tapotements. Alors comment opérer le rétablissement ? Que faire pour que la manie de sa vieille ne devînt la fable du village ?

— Ce sera simple, pensa Jean-Baptiste Caron : puisqu'elle est folle d'un veau, je vendrai le veau.

Il espérait la guérir ainsi. Le remède était simple, en effet. Sur l'heure, il fut s'entendre avec le boucher. Le lendemain, au petit jour, cet homme de s'amener, la bédaine moulée dans un tablier blanc. Il avait mis pour la circonstance un chapeau melon. Il ramena le veau. Peu après, la vieille Mélie, encore embuée de sommeil, sortit de la maison, ne se doutant de rien. Le cerisier, haut troussé car il n'avait pas encore abaissé son ombrage, laissait voir un tronc étrangement svelte. Le soleil se levait. Éblouie, la vieille prit le temps d'éclaircir sa lunette pour s'engager ensuite dans l'allée du jardin, criant :

— Petit ! Petit !

Elle parvint à la clôture, le veau ne s'était pas montré. Derechef, elle l'appela, mais sans plus de succès. Alors elle examina les lieux : sur le travers comme sur le long, du jardin jusqu'à la rivière le clos était vide.

— Ah, mon dou fit-elle.

Et vivement de revenir sur ses pas, persuadée par la vue de l'eau que l'animal s'est noyé. Est-il chrétien aussi de mettre des rivières au bout des prés ? Cette disposition de la nature l'indigne. Dans sa hâte elle se heurte au cerisier qui, distrait lui-même, ne l'a pas vue venir, absorbé dans son feuillage à détailler ses grappes aux oiseaux ; ceux-ci s'envolent, des cerises choient et le mauvais domestique reste pris sur le fait à ses racines. À sa grande surprise la vieille continue. Alors il fait signe aux oiseaux de revenir.

Mélie Caron rentre dans la maison.

— Bonhomme, bonhomme, un grand malheur est arrivé.

Ce malheur ne suscite aucun intérêt.

— M'entends-tu, bonhomme ?

Il ne l'entend pas et pour cause : il est absent. La vieille court à sa chambre : sur le travers comme sur le long le lit de Jean-Baptiste Caron est vide.

— Ah, mon dou !

Mais la vue du vase de nuit ne l'alarme pas : un vieux qui a peine à pisser n'est jamais emporté par les flots. D'ailleurs le vase est vide. Cette incapacité de son mari à se noyer n'enlève pas, cependant, tout mystère à sa disparition. Mélie Caron reste songeuse. Le songe d'abord ne lui apprend rien ; au contraire il lui masque la vue ; le voile en est coloré, car elle songe à yeux ouverts. Soudain le voile s'écarte : elle aperçoit un couteau et derrière le couteau, qui le tient, la bedaine moulée dans un tablier blanc et coiffé pour la circonstance d'un chapeau melon, le boucher.

— Je rêve, se dit-elle.

Ce dont le boucher convient, refermant le rideau. Alors elle se précipite dans la coulisse et trotte, la mère Mélie, vers la boucherie. Chemin faisant, elle passe devant l'église.

— Mère Mélie, dit le curé, vous trottez comme une demoiselle.

— Oui-da, monsieur le curé, comme une demoiselle si ça peut vous plaire. Mais avez-vous vu mon vieux ?

— J'ai vu votre vieux et votre veau, l'un joyeux et l'autre pitoyable.

— Ah, le pauvre ! Ah, le brigand ! Priez pour lui, monsieur le curé.

Et la vieille de continuer. Elle arrive à la boucherie. Le boucher, qui n'a pas eu le temps d'ôter son chapeau, est surpris de la revoir si tôt.

— Bonjour, boucher. Où est mon veau ?

— Bonjour, madame. Votre veau, je ne le connais pas.

— Ah, vous ne le connaissez pas !

Elle se tient sur le seuil, le temps d'éclaircir sa lunette. Le matin est derrière elle, radieux, qui assombrit la pièce qu'elle a devant, où bientôt cependant elle commence à discerner les carcasses suspendues.

— Il y a beaucoup de veaux ici, dit le boucher, lui montrant les carcasses. Seulement ils se ressemblent tous depuis qu'on les a déshabillés.

— J'en aperçois un qui me paraît avoir gardé son poil.

— Où donc, Madame Mélie ?

Elle avance son doigt pointé jusqu'à toucher Jean-Baptiste fort penaud.

— C'est votre vieux, Madame Mélie.

— Donnez-m'en quand même un gigot.

— Il est bien maigre.

— Donnez, donnez, vous dis-je !

Le boucher refuse. La vieille lui ôte son couteau.

— Je me le servirai, moi-même, ce gigot.

Jean-Baptiste Caron d'intervenir.

— Fais pas la folle, Mélie. Ton veau, le voici.

Il lui tend une corde ; le pauvre cher animal est au bout, l'œil effaré, le museau rond et humide.

— Petit !

— On ne voulait pas lui faire de mal, dit Jean-Baptiste Caron : simplement le couper.

— Un veau se développe mieux ainsi, remarque le boucher.

— Taisez-vous, menteurs que vous êtes ! Mon veau restera tel que Dieu le voulut, entier.

S'étant assuré qu'il avait toutes ses parties et son petit phallus la vieille s'en fut avec lui. Le curé qui n'avait pas fini son bréviaire, était encore devant l'église.

— Eh, Mère Mélie, vous avez retrouvé votre veau !

— Oui, monsieur le curé, mais je suis arrivée à point : ils étaient pour le couper, le pauvre cher animal. J'ai empêché leur cruauté. Voyez, monsieur le curé : il a encore toutes ses parties et son petit phallus pointu.

— Je vois, Mère Mélie, je vois.

La vieille continua, traînant son veau. Peu après le bonhomme Jean-Baptiste survenait à son tour, la mine basse.

— Il paraît, dit le curé, que tu es jaloux d'un veau. Ta vieille m'a montré ce dont vous vouliez le priver.

— Elle vous l'a montré ! Excusez-la : elle n'est plus tout à elle.

— L'excuser de quoi ? Il n'y a pas d'offense. Tu ne voudrais tout de même pas qu'elle mette des culottes à son veau ?

La cloche de la messe sonnait. Le curé dut quitter le bonhomme. Un mois plus tard celui-ci se présenta au presbytère. La mine avait continué à lui baisser ; il marchait plié en deux. Quand il se fut assis, le curé lui aperçut la face : soucieux il le trouva.

— Soucieux, non. Dites plutôt que je suis faible.

— Eh quoi ! Tu prends de l'âge.

— Cela se peut, mais l'âge n'est pas seul : depuis un mois je ne mange que de la boëtte et de l'herbe.

— Non !

— Oui, de la boëtte et de l'herbe.

— Le régime des veaux ?

— Vous l'avez dit, monsieur le curé : le régime des veaux. Moi, j'aime la viande, les bines et le petit lard. Il ne me va pas du tout, ce régime. J'affaiblis et Mélie ne veut pas m'entendre. Elle prétend que nous sommes tous d'une même nation.

— Quelle langue parlez-vous à la maison ?

— On parle encore comme du monde faute de savoir meugler.

Le curé se mit à rire.

— Les Canadiens ne font pas autrement ; ils parlent encore comme du monde faute de savoir l'anglais.

Jean-Baptiste Caron hocha la tête.

— C'est bien possible qu'il soit anglais, dit-il, ce veau-là : il est en train de prendre ma place.

— Ta place ! Vivez-vous donc à l'étable ?

— Non, monsieur le curé, nous ne vivons pas à l'étable. Seulement le veau, lui, il vit dans la maison.

— Mé, mé, dit le curé, c'est sûrement un veau anglais.

— Sûrement : il n'a pas grand'religion.

Le curé se leva.

— Il faut le déloger.

C'était aussi l'opinion de Jean-Baptiste Caron.

— Comment faire ?

Jean-Baptiste se le demandait aussi. Le curé se toucha le front et cela eut un bon effet.

— Retourne à la maison, dit-il au bonhomme. Au préalable, redresse-toi et montre bonne mine. À la maison, mange ta boëtte avec plaisir et fais des mamours au pauvre cher petit animal.

— Je ne pourrai pas.

— Tu pourras. Après une semaine ou deux, Mélie croira que tu partages son sentiment. En même temps, introduis chez toi d'autres animaux.

— Vous n'y pensez pas, monsieur le curé !

— Des chats, des chiens, des souris, des lapins ; des poules même. Je ne dis pas d'introduire des vaches ni des cochons. Des animaux de maison auxquels Mélie s'attachera, se détachant autant du veau. Alors il sera possible d'user d'un stratagème.

Jean-Baptiste Caron :

— D'un stratagème ?

Le curé :

— Tu diras à Mélie que l'avenir du veau t'inquiète.

— Je dirai la vérité : dans six mois il sera devenu un taureau. C'est inquiétant, je trouve.

— Justement, il faut l'en empêcher. Après tout, c'est un veau anglais : la saillie n'est pas son affaire.

— On n'est tout de même pas pour l'envoyer à l'école !

— Non, pas à l'école : au séminaire.

Le curé ajouta :

— Un professionnel dans la famille, ce n'est pas un déshonneur.

— Vous avez raison, Monsieur le curé ; un professionnel dans la famille, ce n'est pas un déshonneur.

Un conseil à l'occasion n'est pas à dédaigner, surtout qui vient de son curé. Jean-Baptiste Caron de mettre à profit celui qu'il avait reçu du sien. En l'occurrence il ne pouvait mieux faire. Donc il se déclara le partisan des veaux, ce qui eut l'heur d'amadouer la vieille. Ensuite, il amena le projet d'instruction.

— Un professionnel dans la famille, mé, mé, on ne rit pas : c'est sérieux et honorable.

Mélie Caron ne riait pas. Seulement, toute à son veau, elle se souciait assez peu de l'honneur et de la

famille ; elle se demandait simplement qui, du taureau ou
du professionnel, lui conviendrait le mieux. Son cœur
penchait pour l'un, sa raison pour l'autre, et l'animal la
regardait, perplexe. Perplexe elle était de même.

— Que fera-t-on de toi, pauvre petit, lui demanda-
t-elle.

— Meuh, meuh, répondit le veau.

Cette réponse ne la tirait pas d'embarras. Alors elle
pensa non sans justesse qu'instruit l'animal s'exprimerait
plus clairement. Elle opta donc pour le professionnel, se
disant qu'après tout, si d'aventure il n'aimait pas cet état,
il pourrait redevenir taureau. Sans plus tarder elle s'en fut
chez le curé pour lui faire part de sa décision.

— Bonne idée, mère Mélie ! et puisqu'ainsi vous
voulez qu'il soit instruit, envoyez-le donc au Séminaire
de Québec : c'est là que j'ai étudié.

La vieille regarda le curé.

— Vous ne me direz pas !

Le curé dut en rabattre.

— Il ne faut rien exagérer, dit-il. Mais je pense quand
même que ce petit, fin comme il est, pourra devenir un
avocat, voire un docteur.

La vieille sembla déçue !

— Un docteur, on ne rit pas !

La vieille ne riait pas.

— Pouah, fit-elle seulement.

— Un avocat alors ?

Elle préférait l'avocat.

— Affaire conclue, mère Mélie ; dès la semaine prochaine on vient chercher votre petit ; un avocat il sera.

Tel que dit, une semaine après, jour pour jour, le
supérieur du Séminaire de Québec envoie son représentant, grand diable d'homme, moitié bedeau, moitié
député, lequel arrive à grand train dans une calèche tirée

par trois chevaux. L'équipage stoppe dans la cour du presbytère. On amène aussitôt le postulant.

— Ali baba perfectusse babame, s'écrit le représentant.

Ce qui signifie qu'à simple vue, sans autre examen, il a jugé le veau apte à devenir un avocat. L'animal à ces mots remue les oreilles. Le curé l'aperçoit.

— Mé, mé, il comprend le latin !

Mélie Caron, elle, ne l'entend pas.

— Amen, fait-elle quand même, le cœur gros.

Cet amen a un effet qu'elle n'a pas prévu : le représentant se dresse et debout dans la calèche la pointe du doigt :

— Toué Mélia répétatusse.

Amen, répète la vieille.

Alors le diable d'homme saute de voiture, s'empare du veau et l'emporte dans la grange de la Fabrique.

— Il ne vaut pas, dit le curé, le supérieur du Séminaire de Québec, n'étant que son représentant, mais vous verrez, Mère Mélie, il sait quand même manier l'instruction.

En effet, il n'est pas avec le veau entré dans la grange qu'il en sort, seul, tenant dans ses mains un long objet, lequel il remet à la vieille.

— Toué Mélia répétatusse.

— Amen, dit celle-ci.

Et le terrible pédagogue de rentrer dans la grange.

— Mais, s'écrie Mélie Caron, c'est la queue de mon petit !

— Oui, répond le curé, c'est la queue de votre petit. Gardez-la. Lui, il n'en a plus besoin.

Au même moment la porte de la grange s'ouvre et que voit-on ? Guindé, vêtu d'une longue redingote noire, marchant comme un petit homme, le veau paraître !

— Petit !

Il s'arrête, tourne lentement la tête vers la vieille. C'est une tête mal ajustée, trop haute, branlante, à physionomie rigide. Et il la regarde d'un œil vide.

— Petit ! répète la vieille.

Les oreilles ne lui bronchent même pas. La vieille ne sait que penser. Que lui a-t-on fait, à son petit, dans la grange de la Fabrique, pour qu'il revienne ainsi distant ? On lui a coupé la queue, bien sûr ; on l'a habillé, certes ; il marche sur les pattes de derrière comme un premier ministre, tant mieux ! En somme on l'a instruit, mais fallait-il pour autant le rendre aveugle et sourd ? À ce compte l'Instruction facilite les adieux.

Le veau séminariste, ayant de sa redingote tiré un mouchoir blanc, l'agita mais de loin, de loin : les doigts qui tenaient le mouchoir étaient déjà humains. Mélie Caron ne tenta rien pour le retenir. Il monta dans la calèche à côté du représentant du supérieur du Séminaire de Québec, et là, lui qui en usait pour la première fois, il se tint droit sur son séant. L'équipage s'ébranla et bientôt disparut.

— Eh bien, demanda le curé.

Eh bien, quoi ? La vieille l'ignorait ; elle ne répondit donc pas.

— Eh bien, oui, reprit le curé, il a des aptitudes, ce petit ! Il n'est pas encore au Séminaire qu'il n'a déjà plus du veau que la tête. L'instruction est son affaire. Un avocat il sera, et quel avocat !

— Quel avocat, demanda la vieille.

— Mais, répondit le curé, l'avocat Lebœuf ! Un fameux avocat, allez, soyez fière : il vous fera honneur.

La mère Mélie tenait la queue du veau dans ses mains, laquelle pendait piteusement. Fière ? Elle n'en éprouvait pas l'envie, la tête basse et la queue pour ainsi

dire entre les jambes. «Je suis bien contente», dit-elle, et
bien triste elle s'en alla. De la voir ainsi partir le curé
resta inquiet. Le lendemain, après sa messe, sans prendre
le temps de déjeuner, il s'en fut la visiter et la trouva dans
son jardin, donnant le grain aux poules.

— Je craignais de vous trouver au lit, mère Mélie.

— J'ai bien failli rester couchée, monsieur le curé.
Quand je me suis éveillée, je n'avais le cœur à rien sauf à
mourir: à mon âge on a bien le droit de se reposer. Puis
j'ai entendu le caquet des volailles, l'aboiement du chien,
le tapage animal du matin, et j'ai pensé à mes pauvres
lapins qui remuent la narine sans bruit. Qui aurait pris
soin de toutes ces bêtes hors moi? Je me suis donc levée.

Le curé enleva son chapeau pour respirer. Sa machi-
nation réussie, parti le veau, remise la vieille, que pouvait-il demander de plus dans le cas? Il était satisfait, il
ressentit sa faim. Mélie Caron le fit manger, manger à
regretter d'avoir eu faim. Quand il se leva de table, elle
restait en appétit: «Encore une petite bouchée, monsieur
le curé?»

— Ainsi vous n'êtes pas fâchée contre moi, Mère
Mélie?

Elle était fâchée qu'il mangeât si peu. Sur le reste,
elle n'avait rien contre lui, le considérant un bon chrétien.

— Mais votre veau, Mère Mélie?

Elle ne voyait pas là sujet à fâcherie. Son veau, ne
s'en était-elle pas séparée pour qu'il devînt un avocat?
Ç'avait été pour son bien; qu'importait son sacrifice de
pauvre femme?

— D'ailleurs, dit Mélie Caron, j'ai l'habitude de ces
séparations.

Elle pensait à ses treize enfants, tous gros et gras,
farauds les garçons, fondantes les filles, qui l'avaient l'un
après l'autre quittée. Où donc étaient-ils rendus? L'un

d'eux à Maniouaki, l'autre aux Stétes, un troisième en
Farouest. Quant au reste elle l'ignorait. D'ailleurs
Maniouaki, Maniouaki... Elle n'avait jamais sorti de
Sainte-Clothilde de Bellechasse : qu'est-ce que ça pouvait
lui dire, Maniouaki ? Et les Stétes ? Et l'Abitibi ? Et le
Farouest, donc !

— J'ai perdu mes enfants, monsieur le curé ; je peux
me séparer d'un veau. Il me reste d'ailleurs des poules,
des lapins, un chien, un chat et des souris, de quoi vivre
longtemps. Je ne suis pas au bout de mes provisions.

— Vous mourrez quand même un jour.

— La vermine m'en consolera.

— Mé, mé, Mélie ! Et le bon Dieu ?

— Après, la vermine repue.

Le curé pense à son affaire : rien dans l'Évangile
n'empêche Mélie Caron de se faire laver les os par la vermine avant de monter vers le Très-Haut. « Bon », fait-il en
prenant son chapeau pour s'en aller. La vieille, encore en
appétit, de lui demander s'il croit que le petit au Séminaire gardera sa tête.

— Sa tête de veau ? Bien sûr que non.

— Alors, comment le reconnaître ?

Le curé pense à son affaire et, soit qu'il ait oublié sa
théologie, soit que la question n'y soit pas traitée, il ne
trouve à répondre rien de très catholique. Il hésite, à
l'étroit dans sa soutane.

— Mère Mélie, dit-il enfin, il existe une chose que de
taurillon votre petit aurait porté en toute ingénuité, mais
que dans ses fonctions d'avocat il devra dissimuler ; c'est
par elle, car l'instruction ne la touche pas, racine incor-
ruptible, que vous le reconnaîtrez.

Et jugeant sans doute qu'il s'est trop avancé, sans
plus s'expliquer il s'en va, laissant la vieille, bien entendu, en appétit. Aussi s'empresse-t-elle, Jean-Baptiste

Caron rentré, de demander à celui-ci des explications. Jean-Baptiste Caron, que la théologie n'étouffe pas, répond sans hésiter : «C'est le phallus, pointu dans le cas du veau devenu taurillon.»

— Dans le cas du petit ?

— De même puisque l'instruction ne le touche pas. Il gardera sa racine tout avocat qu'il soit, facile ainsi à reconnaître.

Mélie rassurée de reprendre son train de vie et les mois de passer, les mois d'hiver, ceux du printemps et le cerisier de fleurir ; puis ce sont les mois d'été, juin, juillet, et les foins mûrs sont engrangés. En août, les gazettes annoncent la fameuse foire qui se tient à Québec au début de l'automne et que Jean-Baptiste Caron se promet depuis longtemps de voir.

— Vieille, dit-il, il faudrait bien voir l'Exposition Provinciale avant de mourir.

La vieille éclate de rire.

— Deviens-tu fou, bonhomme ?

Pour qu'elle en juge il lui tend une page de la gazette. Elle y découvre cette carte professionnelle : Maître Lebœuf, avocat.

— En tout cas, dit-elle, ta folie ne me déplaît pas.

À Québec donc ils s'amènent le cœur serré, les yeux grands. La ville, la foire, merveilles et plaisirs ont tôt fait de leur ôter le serrement. La fatigue est plus lente ; au bout de deux ou trois jours, toutefois, ils ont peine à garder les yeux ouverts et ils commencent à regretter le repos de Sainte-Clothilde.

— Seulement, dit la vieille, avant d'y retourner j'aurais quelqu'un à voir.

Jean-Baptiste Caron n'en est pas le moins du monde surpris.

— Quelqu'un à voir, demande-t-il.

— Oui, bonhomme ! Ce n'est pas parce que nous n'avons jamais eu de chicane que nous sommes pour nous laisser mourir sans avoir vu un avocat.

La vieille Mélie a raison : il faut voir un avocat. Il est ennuyeux toutefois que cet avocat soit Maître Lebœuf. Jean-Baptiste Caron ne présage rien de bon de la rencontre. Certes, il est simple de reconnaître un veau sous une toge ; il reste difficile d'en faire admettre le moyen par l'avocat. Qu'à tout événement Mélie aille seule.

— Moi, dit Jean-Baptiste Caron, j'ai soif ; je t'attendrai à l'Hôtel de la Traverse.

Mélie d'aller seule. Chez Maître Lebœuf elle arrive. «Entrez», crie celui-ci de sa belle voix grave. Elle entre et trouve dans un petit cabinet poussiéreux un jeune homme vêtu de noir, beau comme un archange, triste comme un orphelin, qui, après les civilités d'usage, s'enquiert de son nom, prénom et lieu de résidence : Mélie Caron de Sainte-Clothilde. Et le but de sa visite : à qui veut-elle intenter le procès ?

— À personne, répond la vieille.

Surpris, il la regarde ; et soulagé.

— Merci, dit-il.

À la vieille de s'étonner. Il lui explique que la profession d'avocat lui sert d'alibi.

— Qui êtes-vous donc ?

— Un poète, répond-il.

— Ah, fait-elle.

— Je m'en cache : si les hommes le savaient, ils me regarderaient comme une sorte de bête.

Mélie Caron baisse les yeux devant cette pudeur.

— Votre nom déjà, lui demande l'avocat.

— Mélie Caron.

— Je ne sais pourquoi, dit-il, ce nom me suggère l'image d'un pré et le bruit d'une rivière.

À ces mots ne doutant plus qu'il s'agisse de son petit, pauvre cher animal, la vieille Mélie tire de son sac l'objet piteux, qu'elle a conservé, et le laisse pendre à côté d'elle. Cependant l'archange, l'orphelin, le jeune homme vêtu de noir continue de sa belle voix grave, disant que si ce n'est pas le bruit d'une rivière, c'est le vent sur les herbes, dont l'ondée les blanchit au soleil.

— De dos la terre est noire et tache la main, mais que le vent passe, elle oublie son chagrin ; émue elle se renverse et montre son ventre blanc où l'herbe est douce comme duvet, où chaque brin est un tétin gorgé de lait.

Le pauvre, de penser la vieille, il aurait grand besoin de brouter !

— Entends-tu parfois, lui demande-t-elle, une voix qui t'appelle : petit ! petit !

— Oui, je l'entends.

— C'est la mienne, dit Mélie Caron.

— Je ne le savais pas, dit l'avocat. D'ailleurs, je ne puis pas répondre. Je suis pris dans une cage d'os. L'oiseau dans sa cage d'os, c'est la mort qui fait son nid. Naguère, j'espérais me libérer en écrivant, mais les poèmes que je fis alors ne rendaient pas mon cri.

Le pauvre, de penser la vieille, il aurait grand besoin de meugler !

— Es-tu marié, petit ?

Le jeune homme a un mouvement de retrait ; ses ailes d'archange frémissent ; il est profondément blessé qu'on l'ait cru capable d'une telle bassesse.

— Correct, correct, dit la vieille : je ne voulais pas t'offenser, cherchant seulement à savoir si tu étais libre.

— Je suis libre, dit-il, à la disposition de l'ineffable.

Elle lui tend le membre pileux :

— Alors reprends ta queue, petit, et suis-moi.

Elle l'entraîne à l'Hôtel de la Traverse où Jean-Baptiste Caron les attend.

— Bonhomme, c'est le petit !

De quoi elle semble si sûre que le bonhomme gêné baisse les yeux. Ensemble ils retournent à Sainte-Clothilde. « Mé ! Mé ! s'écrie le curé, on revient à la terre ! » On y revient, pour sûr ! Même qu'on dépasse le retour prêché. En effet, Maître Lebœuf ayant brouté ne tarda pas à reprendre son poil. Cependant sa toge tombait en lambeaux. Bientôt il ne lui resta rien de la belle instruction qu'il avait reçue au Séminaire de Québec. Un jour enfin il put rendre le cri du poète, un mugissement à rendre folles toutes les vaches du comté. Fidèle à sa racine il avait retrouvé son destin. Dès lors sous les yeux émerveillés de la vieille Mélie il mena une existence appropriée à sa nature et il laissa dans Bellechasse, où il avait été surnommé l'Érudit, le souvenir d'un fameux taureau.

(Contes du pays incertain)

Gérard Bessette

Gérard Bessette est né en 1920 à Sabrevois, près de Saint-Jean. Études à l'Externat classique de Sainte-Croix, à l'Université de Montréal où il fait sa licence, sa maîtrise et son doctorat en lettres. Romancier, essayiste, nouvelliste et poète. Enseigne d'abord à l'Université de Saskatchewan, puis à l'Université Duquesne (États-Unis). De retour au Canada, enseigne au Collège militaire royal de Kingston et termine sa carrière à l'Université Queen's de la même ville. Prix de la Province de Québec en 1947. Prix du Gouverneur général en 1965 et en 1972. Élu membre de la Société royale en 1966 et de l'Académie canadienne-française en 1988.

Poèmes, Monte Carlo, 1954.

La bagarre (roman), Montréal, Cercle du Livre de France, 1958.

Le libraire (roman), Montréal, Cercle du Livre de France, 1960.

Les images en poésie canadienne-française, Montréal, Éditions Beauchemin, 1960.

Les pédagogues (roman), Montréal, Cercle du Livre de France, 1961.

Anthologie d'Albert Laberge, Montréal, Cercle du Livre de France, 1962.

L'incubation (roman), Montréal, Librairie Déom, 1965.

Le cycle (roman), Montréal, Éditions du Jour, 1971.

La commensale (roman), Montréal, Quinze, 1975.

Les anthropoïdes (roman), Montréal, Éditions La Presse, 1977.

Le garden-party de Christophine (nouvelles), Montréal, Éditions Québec/Amérique, 1980.

L'emplâtre

Le vieillard fit claquer la porte derrière lui. Ses lèvres frémissaient de rage. Son visage labouré de rides avait une teinte livide. Il assura sa canne dans sa main osseuse et se mit à descendre l'escalier. «Ils ne me reverront plus; c'est fini.» À chaque marche, il devait tâter devant lui de sa canne comme un insecte ébloui par le grand jour. «Ils ne me reverront plus. J'irai vivre ailleurs.» Ils avaient fini de l'insulter, de se moquer de ses conseils, de son expérience d'octogénaire. «Je n'aurais jamais dû céder.» Toutes leurs promesses, leurs paroles mielleuses seraient désormais inutiles. Car c'était eux qui étaient venus le supplier de s'installer chez eux. («Vous verrez, vous serez tranquille. Nous avons une belle grande chambre qui vous attend. Personne ne vous dérangera.») «Les hypocrites! C'était à cause de ma pension, naturellement. Si seulement Léon n'avait pas ramené d'Europe cette grande Anglaise, après la guerre...» Le vieillard ne pouvait se faire à l'idée que Shirley, cette étrangère qui ne parlait même pas français, fût sa bru.

À son retour au Canada, Léon, naturellement, se trouvait sans emploi. Il n'avait jamais eu de talent pour se caser. Parce qu'on l'avait promu lieutenant durant la guerre, il s'imaginait qu'un poste lucratif allait lui tomber tout rôti dans le bec. En attendant, il «tâtait le terrain», disait-il, il se cherchait «quelque chose de bien, à la hauteur...» Son boni d'ancien combattant avait fondu sans qu'il eût rien trouvé. C'est alors que Shirley et lui avaient multiplié leurs instances pour que M. Denaud vînt s'installer chez eux. Et le vieillard avait cédé. Ils vivaient ensemble depuis près de cinq ans. Léon avait finalement dû reprendre son ancien emploi de caissier à la banque et M. Denaud, qui payait pourtant une pension généreuse, devait à chaque fin de mois débourser des sous pour tenir le ménage à flot. Shirley n'avait aucune notion de la valeur de l'argent, de l'administration d'un budget. Aussitôt qu'elle mettait la main sur quelques dollars, elle les dépensait en extravagances. «Quelle bêtise j'ai commise!» Il aurait dû les quitter plus tôt, alors qu'il avait la jambe plus solide, l'œil moins flou. «Tant pis; mieux vaut tard que jamais.»

Le vieil homme s'avançait maintenant à petits pas prudents sur le trottoir, maniant devant lui sa canne comme une antenne d'insecte pour prévoir les inégalités du pavé. Une chute serait catastrophique: il savait qu'il ne pourrait se relever seul. Comme tout le monde le connaissait dans le quartier, on le reconduirait à la maison; ou bien, pis encore, on irait chercher Léon. La chose s'était produite quatre ou cinq fois ces derniers mois. M. Denaud éprouvait depuis peu des étourdissements, des vertiges inexplicables dont il n'avait soufflé mot à personne et qui faisaient soudain chavirer, tourbillonner les choses autour de lui en une sarabande de cauchemar. «Il faudra que je me décide à consulter le médecin.» Cette pensée ne fit que lui traverser l'esprit. Il avait bien d'autres choses en tête pour le moment Ne lui fallait-il pas trouver un autre domicile, faire déménager ses effets, ses meubles? Les lèvres du vieillard à cette pensée se contractèrent en un rictus: ses meubles partis, le logement de Léon aurait l'air drôlement désertique. M. Denaud s'imagina la figure penaude de Shirley quand elle verrait ses pièces presque vides. Que resterait-il en effet? Une cuisinière, une table, trois ou quatre chaises, un lit, c'était à peu près tout. Le divan du salon? «Oui, évidemment, il faudra que je leur laisse le divan.» C'était le petit Richard qui y couchait. M. Denaud ne pouvait le leur enlever — d'autant moins que le garçonnet était malade. C'était même à cause de ça que... Le vieillard avala péniblement sa salive. Il ne voulait pas penser à ça pour le moment: les difficultés de la marche, les irrégularités du trottoir réclamaient toute son attention.

M. Denaud avait atteint la rue Sherbrooke, qui lui parut à cet endroit large comme une rivière. Traverser la chaussée le terrifiait. Des gouttes de sueur perlèrent à son front raviné. Les voitures filaient à des vitesses folles, avec des vrombissements, des pétarades étourdissantes. Il fallait franchir cet espace énorme sans autre guide que les deux lignes blanches à demi effacées qui marquaient le passage des piétons. Le vieillard ne pouvait se fier aux feux de circulation. Ils lui apparaissaient comme des globes flous, délavés, qui se mêlaient à l'enseigne lumineuse d'un pharmacien, rouge et verte elle aussi. Lors de ses promenades quotidiennes, M. Denaud évitait toujours cette intersection dangereuse, se rendait quatre coins plus loin, là où l'îlot de sûreté lui permettait de franchir la rue en deux étapes. Si un étourdissement le saisissait au milieu de la chaussée, qu'adviendrait-il? Il avait la bouche sèche, les yeux cuisants. Aujourd'hui, il ne pouvait se permettre le détour coutumier. Il lui fallait ménager ses forces. «Sans doute, je pourrai demander à un passant de m'aider.» Mais ce recours lui répugnait. C'eût été un aveu de faiblesse, d'impuissance à secouer la tutelle de Léon et de Shirley. Cette pensée lui insuffla du courage.

Il attendit que les voitures de la rue transversale se missent en marche et s'engagea lui-même sur la chaussée le plus rapidement possible en faisant glisser sa canne devant lui.

Quand il atteignit l'autre côté, il était en nage. Des pulsations tapaient à coups sourds dans ses oreilles. Il s'adossa à la vitrine du pharmacien pour reprendre haleine, et alors seulement il se demanda où il irait. Il n'avait jusqu'ici songé qu'à s'évader, à fuir le plus vite possible. Des idées contradictoires lui tourbillonnaient dans la tête. Pourtant une décision s'imposait. «Pas ici; je ne peux rien décider ici.» Il lui fallait trouver un endroit pour s'asseoir, se reposer, réfléchir.

Il repartit en direction de la rue Ontario, freinant ses pas d'une canne prudente à cause de la déclivité du trottoir. «Où aller d'abord?» Le Club de dames St-Édouard où il retrouvait de temps en temps de vieux copains? «Non. Si j'y vais, je mangerai le morceau.» On le questionnerait, le père Chartier surtout, et il ne pourrait s'empêcher de «se vider le cœur», d'étaler devant tous les détails de sa dispute avec Léon et Shirley. Le père Chartier demeurait lui aussi chez son garçon. «Ce pauvre père Chartier!» Il devait verser chaque mois à son fils toute sa pension de vieillesse et filer doux, obsédé qu'il était par la crainte de l'hospice. «J'en serais là moi aussi si je n'avais pas réussi à me ramasser un peu de bien.» Non, le club était hors de question. D'ailleurs, ses copains, il ne les reverrait pas non plus. Il voulait faire peau neuve, changer de vie, radicalement. Mais où aller entre-temps? Dans un restaurant peut-être? Non plus. Il n'avait pas faim. Une boule lui bloquait l'estomac. D'autre part, le thé et le café lui donnaient des palpitations; les eaux gazeuses, des brûlements. Sans doute aurait-il pu demander une consommation quelconque et ne pas y toucher, mais pareil gaspillage répugnait à ses habitudes parcimonieuses. Il avait tant de fois reproché à Léon et à Shirley leur prodigalité! Il n'allait pas maintenant tomber dans le même travers.

En délibérant ainsi, il avait atteint la rue Ontario. La sueur de nouveau lui couvrait le corps. Il se sentait épuisé, défaillant. Il fit encore quelques pas indécis, puis une senteur de malt et de levure soufflée sur le trottoir par un gros ventilateur lui frappa la narine. Un verre de bière lui ferait peut-être du bien. La tête vide, les oreilles bruissantes, il pénétra dans la taverne, choppa contre un type qui marmonna de vagues injures, et s'affala sur une chaise devant une petite table blanchâtre. Enfin, il pourrait se reposer, réfléchir. Une taverne, ce n'était sans doute pas l'endroit idéal. M. Denaud n'avait pas pénétré dans un de ces établissements depuis des années. Son père autrefois levait le coude un peu plus que de raison et rentrait souvent éméché, le vendredi soir, en se moquant brutalement des récriminations de sa femme… Comme tout cela était loin, sans importance maintenant. Luimême, M. Denaud, était un octogénaire à présent, un veuf sans famille, pour ainsi dire, puisque Léon ne comptait plus et que sa fille, Adèle, qui avait épousé un Américain, habitait à Miami…

Le vieillard avala une gorgée de bière. Certains affirmaient que c'était bon pour la santé. Au dire du père Chartier, ça activait la circulation. Or, les étourdissements ne proviennent-ils pas d'une circulation défectueuse? L'octogénaire se rappelait avoir lu ce renseignement dans une chronique médicale. Il s'essuya la moustache du revers de la main. Il se sentait ragaillardi. «Papa est mort à quatre-vingt-douze ans. Il n'a jamais eu de vertiges. Et il buvait bien sa demi-douzaine de bouteilles par jour.» Mais il chassa ces considérations de son esprit. Ce n'était pas de santé qu'il s'agissait présentement. Un autre problème plus urgent le réclamait : trouver un logement, faire déménager ses effets...

Le vieil homme soupira en promenant ses yeux brouillés dans la salle. À la table voisine, deux buveurs discutaient courses de chevaux. Le premier avait gagné trois cent cinquante dollars la veille. Il jubilait. L'autre n'avait pas eu de chance. Les deux chevaux sur lesquels il avait parié avaient fini les derniers. Il parlait avec un accent traînard comme celui de Léon. M. Denaud avala une nouvelle gorgée. Puis les circonstances qui avaient entraîné son départ lui jaillirent à l'esprit avec un relief intense, lui qui d'ordinaire avait la mémoire nébuleuse pour les événements récents.

Le drame, car c'en était un, remontait à la maladie de Richard, son petit-fils. Quoi d'étonnant que l'enfant fût tombé malade ? À maintes reprises, le vieillard avait averti Shirley de ne pas le laisser dormir la fenêtre ouverte. Elle, naturellement, n'en faisait qu'à sa tête. Elle prétendait que c'était bon pour la santé. Les résultats ne s'étaient pas fait attendre. Le petit avait attrapé un refroidissement, s'était mis à tousser, et toujours la fenêtre restait ouverte. Le vieux avait échangé des propos violents avec sa bru. Il l'avait même prévenue qu'il s'agissait d'une inflammation de poumons. Autant valait parler à une sourde. Quand elle s'était finalement décidée à appeler le médecin, Richard faisait cent quatre degrés de fièvre.

Le vieillard prit une lampée de bière et se tamponna la moustache de son mouchoir. À côté, les deux types discutaient toujours chevaux et paris mutuels. De nouveaux consommateurs entraient dans la taverne où bourdonnait maintenant le bruit des conversations... C'est un emplâtre de moutarde qu'il aurait fallu au petit dès les premiers symptômes du mal. M. Denaud l'avait recommandé à

Shirley, à Léon. Ils s'étaient moqués de lui: d'après eux, c'était là un remède de l'ancien temps, préhistorique. Aujourd'hui il n'était question que de pénicilline, d'oléomycine, d'antihistamine, etc., toutes des inventions sans valeur, destinées à arracher de l'argent aux pauvres gens. De la moisissure de champignon pour guérir une inflammation de poumons! C'était se moquer du monde. Mais les médecins, les pharmaciens s'enrichissaient. Allez donc protester! Quand le vieillard avait voulu intervenir, le jeune docteur l'avait presque sommé de se mêler de ses affaires. Et, comme d'habitude, M. Denaud avait dû payer l'ordonnance, car, naturellement, Léon était sans le sou.

Le vieil homme souleva son verre en soupirant. Le garçon vint lui demander s'il en voulait un autre. Il fit signe que oui sans y penser. «Les jeunes docteurs d'aujourd'hui sont des têtes chaudes, des incompétents.» La preuve, c'est que la pénicilline n'avait rien donné. Après une baisse temporaire, la fièvre de Richard était remontée à 103,7. Pourtant il existait un remède éprouvé, efficace contre l'inflammation de poumons. En voyant son petit-fils, la figure écarlate, congestionnée, se tordre en gémissant dans son lit, M. Denaud avait décidé de prendre les choses en main.

Sans souffler mot à personne, il s'était rendu chez l'épicier du coin pour acheter une boîte de moutarde. Les emplâtres, ça le connaissait. Il en avait préparé maintes fois. C'était simple comme bonjour. Il suffisait de délayer un peu de moutarde dans de l'eau, d'étendre la pâte ainsi obtenue entre deux morceaux de coton et de l'appliquer sur la poitrine du malade… Fier de son astuce, M. Denaud avait vite gagné la salle de bains muni de sa boîte de moutarde et d'une mince serviette de toile. Au moment de la préparation, il s'était demandé s'il ne vaudrait pas mieux mêler un peu de farine à la moutarde pour en diminuer le piquant. Il crut se rappeler que sa mère procédait ainsi lorsqu'un des enfants était malade. Mais il n'avait pas de farine. Fallait-il tenter d'en prendre à la cuisine? Shirley s'en serait certainement aperçue et elle aurait contrecarré son projet. «Après tout, c'est sans importance.» Il se contenterait de n'appliquer l'emplâtre qu'une dizaine de minutes…

Toujours assis à la même place dans la taverne, sa canne accrochée au rebord du guéridon, M. Denaud encensa plusieurs fois de la tête. Il porta de nouveau son verre à ses lèvres pour noyer sa rancœur… Aussi longtemps qu'il avait pu agir à sa guise, son projet s'était réalisé sans anicroche. En entrant dans la chambre de Richard, il avait collé le nez au réveille-matin pour regarder l'heure, puis il avait appliqué l'emplâtre. Mais tout de suite après, les choses s'étaient gâtées. À peine les couvertures rabattues, Shirley avait pénétré dans la chambre, une capsule et un verre d'eau à la main. C'était l'heure du médicament. «J'aurais dû la laisser faire, se dit M. Denaud, ne pas ouvrir la bouche.» Mais ç'avait été plus fort que lui. Il avait protesté avec véhémence contre ces nouveaux remèdes de charlatan. La fièvre de Richard n'avait-elle pas de nouveau monté en flèche? Alors, pourquoi s'entêter? Sa bru, avec un haussement d'épaules, lui avait sèchement signifié de se mêler de ses affaires. M. Denaud se préparait à riposter quand, après avoir reniflé deux ou trois fois, l'Anglaise avait remarqué qu'il flottait dans la chambre «une drôle de senteur». Ce disant, elle planta ses yeux dans ceux de son beau-père qui perdit contenance et s'empressa de concéder qu'après tout elle avait peut-être raison au sujet des capsules. Lui, il ne s'y connaissait pas en drogues modernes. Le vieillard s'en voulait maintenant de s'être humilié ainsi. «Pour ce que ça m'a donné…»

Il jeta un coup d'œil autour de lui dans la taverne. Elle était quasi pleine. Des groupes d'ouvriers venaient prendre la goutte avant de rentrer. Deux types s'assirent à sa table en riant à gorge déployée. L'un avait le front largement dégarni, un nez énorme semé de protubérances rougeâtres; l'autre, une espèce de nain, portait une casquette de baseball à visière de cellophane, et mâchonnait un long cigare. Avant que M. Denaud puisse s'y opposer, ils lui payèrent une tournée. Il trinqua avec eux en marmottant des remerciements qu'ils n'écoutèrent pas. «Si Léon me voyait, il n'en croirait pas ses yeux.» Un moment, le vieillard souhaita que son fils fût là pour constater qu'il n'avait pas besoin de lui, qu'il pouvait se tirer d'affaire tout seul. Mais il repoussa cette pensée qui était elle-même un signe de dépendance. «Il me faut balayer tout ça.» Léon avait été aussi coupable que Shirley, plus peut-être en un sens, parce que, après tout, il était son fils.

Quand Léon était arrivé inopinément du bureau deux heures plus tôt que d'ordinaire, alors que Shirley venait tout juste de quitter la chambre, l'emplâtre reposait sur la poitrine de Richard depuis exactement neuf minutes. Le vieillard avait collé le nez sur le cadran au moment où la porte s'ouvrait. Il avait sursauté et réprimé une grimace de contrariété. Sans enlever son paletot, Léon s'était précipité dans la chambre. Richard semblait assoupi. Les paupières closes, la bouche entrouverte, la respiration un peu sifflante, il reposait sans un geste, sans un tressaillement, sa petite tête blonde aux joues fiévreuses enfoncée dans l'oreiller. Incontestablement, l'emplâtre produisait déjà son effet. Si seulement Léon n'avait pas traînassé si longtemps dans la chambre! Les nerfs du vieillard étaient bandés comme des cordes. À chaque instant, il consultait le réveil dont l'aiguille implacablement dévorait les minutes.

Léon aussi avait remarqué qu'une senteur âcre flottait dans la pièce. Le vieillard prétendit qu'il venait de se mettre des gouttes de menthol dans le nez. Léon s'était contenté de hocher la tête. Puis enfin il était parti. M. Denaud s'était précipité vers le lit au moment où Richard, brusquement tiré de son sommeil, poussait un cri de douleur. Vite, le vieillard avait enlevé l'emplâtre, puis, en désespoir de cause, il l'avait jeté dans la corbeille à papier. Les pas de Shirley et de Léon martelaient déjà le corridor. Mais la moutarde saturait l'air d'une odeur si âcre que ce fut peine perdue. Léon avait tout de suite saisi l'emplâtre dans la corbeille pendant que Shirley, penchée sur la poitrine de l'enfant, poussait un rugissement de rage :

— *He'll kill him, that's what he's going to do!* Il veut le tuer !

Apparemment de grosses ampoules jaunâtres bosselaient la peau du garçonnet. M. Denaud, lui, n'avait rien vu. On ne l'avait pas laissé approcher. D'ailleurs, aurait-il pu les distinguer avec ses pauvres yeux de myope ? La violence de Shirley avait redoublé. Elle prétendait rester maîtresse chez elle. Elle ne laisserait pas tuer son enfant par un vieux détraqué. Si ça ne faisait pas son affaire, il n'avait qu'à ficher le camp. Et Léon n'avait rien dit : il n'avait pas protesté ! Léon, son propre fils...

— Vous avez du feu ?

Le vieillard sursauta, tourna la tête vers le buveur qui l'avait interpellé. Il fouilla dans ses poches, se souvint qu'il ne fumait plus depuis ses crises d'étourdissement.

— Non, je regrette...

Le type s'était déjà tourné vers un autre consommateur. M. Denaud s'enfonça de nouveau dans sa méditation. « Elle m'a pratiquement mis à la porte », marmotta-t-il. Si, au moins, il était parti de son plein gré, sa rancœur eût été moins cuisante.

Il finit son verre et resta affaissé sur sa chaise, le regard vague, la tête penchée sur sa poitrine. Sa respiration devenait plus difficile. Le flou de sa vue s'accentuait. «Je vais avoir le vertige.» La panique s'empara de lui. Que deviendrait-il, si loin de chez lui, dans cette taverne où personne ne le connaissait? C'était le manque d'air sans doute: l'atmosphère était saturée de fumée. «Il faut que j'aille respirer à l'extérieur.»

Saisissant sa canne, il se leva péniblement, posa une main exsangue sur l'émail de la petite table pour raffermir son équilibre. Après un moment, il se sentit mieux et risqua quelques pas. «Je ne suis pas si faible, si impuissant que ça, je…» À ce moment, son pied vint buter contre un obstacle: jambe ou patte de chaise. Il voulut s'appuyer sur sa canne, mais elle glissa dans une mare de bière. Il se sentit culbuter en avant, un objet dur lui frappa le crâne près de l'arcade sourcilière… Quand il revint à lui, le garçon lui posait une serviette froide sur le front. Un liquide chaud, visqueux coulait le long de sa tempe.

— Ça va mieux, le père?

Le vieillard fit oui faiblement de la tête, puis referma les yeux.

— Faudrait le ramener chez lui. Y a-t-il quelqu'un qui le connaît?

— Non, non, murmura M. Denaud, pas chez moi.

Il sentit en même temps qu'une main fouillait dans ses poches et enlevait son portefeuille. Allait-on le voler à présent? Il fit un geste pour reprendre son bien. Mais on voulait simplement connaître son adresse.

— C'est pas loin d'ici, fit une voix. Je vais appeler un taxi.

— Non, dit le vieillard, je ne veux pas.

— Vous êtes certainement pas capable de marcher, le père, fit le garçon. Allez, prenez un taxi. Ça vaudra mieux.

Il sentit deux bras puissants le soulever par les aisselles. Il esquissa un faible mouvement pour se libérer, mais la salle, les tables, les murs tourbillonnaient autour de lui. Une fatigue de plomb lui écrasait les épaules, lui coupait les jambes. «Me reposer dans un lit, n'importe où, mais me reposer.» Si personne ne l'avait soutenu, il se serait sûrement écrasé, il aurait perdu connaissance encore une fois. L'air refusait d'entrer dans ses poumons. Il respirait avec un sifflement rugueux. Quelqu'un lui mit son chapeau sur la tête et on le porta, pour ainsi dire, jusqu'au taxi. Deux types s'assirent de chaque côté de lui sur la banquette. Il fut à peine conscient du parcours. En montant l'escalier, toujours soutenu par les deux types, il émit un hoquet qui lui emplit la bouche d'un liquide amer, mousseux, puis il entendit la voix de Léon :

— Qu'est-ce qui lui est arrivé encore ? Il a voulu sortir seul, naturellement ! Je l'avais pourtant averti. Là, doucement, nous allons le mettre au lit.

— Il était dans la taverne, dit un type, et tout d'un coup il s'est étendu de tout son long. Il a dû se frapper la tête contre une table. Voyez, ça saigne encore un peu.

— *What dit you say ?* fit la voix traînante de Shirley. La taverne ? Il était à la taverne ? C'est le comble ! S'il faut qu'il se mette à boire maintenant, ça va être beau ! *Thank you, thank you very much.* Nous essayons de le surveiller, vous savez, mais aujourd'hui notre garçon est malade, alors il est parti en cachette.

— Ouais, dit le type, garder les vieux, c'est pas facile. Mon père est comme ça, lui aussi.

Le vieillard fit un violent effort pour se mettre sur son séant. Il n'allait pas laisser passer pareil mensonge sans protester. Ni Shirley ni Léon ne lui avaient jamais défendu de sortir. Mais il réussit tout juste à soulever la tête.

— Vous prendrez bien un café? Il y en a qui bout dans la cuisine, dit Shirley.

Les deux types refusèrent. M. Denaud entendit la porte se refermer. Il lui sembla qu'on le laissait seul pendant une éternité. «Personne ne s'occupe de moi. Ils ont voulu me chasser. C'est moi qui les fait vivre et ils ont voulu me chasser.» Tout à coup il pensa à Richard. Comment avait-il pu l'oublier si longtemps?

— Léon, Léon! lança-t-il d'une voix rauque.

Léon accourut:

— Qu'est-ce qu'il y a? Ça va plus mal?

Le vieillard sentait son cœur toquer dans sa poitrine. Il dut attendre quelques instants pour reprendre haleine.

— Richard, fit-il, Richard, est-ce que…

— Il va mieux, dit Léon. Le médecin est venu lui donner une piqûre. Ça l'a calmé.

Les traits de M. Denaud se détendirent.

— C'est l'emplâtre, prononça-t-il péniblement, c'est l'emplâtre.

— Ne parlons plus de ça, voulez-vous, fit Léon. C'est fini.

— C'est l'emplâtre, je te dis.

Léon garda le silence. Les lèvres du vieillard esquissèrent un sourire. Il respirait mieux. «Je savais bien qu'il finirait par se ranger à mon avis. Il a honte de l'avouer, mais il se rend compte qu'il a eu tort.» Une joie intense envahit M. Denaud à la pensée que, grâce à lui, Richard allait mieux. Son cœur s'était si atrocement contracté quand il avait vu le petit se tordre de douleur dans son lit, avec son pauvre visage écarlate, boursouflé par la fièvre… «C'est quand ils souffrent qu'on se rend compte à quel point on les aime.» Le vieil homme ferma un moment les yeux en branlant la tête. «Comment ai-je pu tout à l'heure nourrir le projet de quitter le petit? Aurais-je été capable de vivre sans lui?» Non. C'était inimaginable... Il valait mieux malgré tout endurer les brocards de Shirley. «Shirley...» Le vieillard était si fier d'avoir «sauvé» le petit qu'il céda à un mouvement d'indulgence pour sa bru. Bien qu'elle fût trop orgueilleuse pour l'admettre, elle devait maintenant rougir de sa conduite... Et, de plus, n'était-elle pas la mère de Richard? N'était-ce pas elle qui, sans le vouloir peut-être mais non moins réellement, avait procuré au vieillard une raison de vivre, une consolation pour ses vieux jours?

— Léon...

— Oui, papa.

— Tu diras à Shirley que je lui pardonne.

— Que vous lui pardonnez? Que voulez-vous dire?

— Tu diras à Shirley que je lui pardonne, répéta le vieillard.

Il vit Léon hocher la tête.

— Bon. Je le lui dirai. Reposez-vous maintenant.

Avec un profond soupir, M. Denaud ferma ses yeux las. «La vie va reprendre comme avant. Je n'aurai pas besoin de déménager. Je verrai le petit tous les jours...» Une bonne chaleur s'irradia dans sa poitrine à cette pensée. Avec un sourire aux lèvres, il se revit en train d'appliquer sur la poitrine de Richard l'emplâtre qui devait le guérir. «Je suis encore utile. Léon lui-même n'a pas osé le nier.» Son cœur battait moins fort. Il se remplit voluptueusement les poumons de cet air bienfaisant, si bon à respirer. Puis il glissa imperceptiblement dans le sommeil.

(*Écrits du Canada français*, t. XII)

Adrien Thério

Adrien Thério est né en 1925 à Saint-Modeste, près de Rivière-du-Loup. Études au Collège Saint-Alexandre, au Séminaire de Rimouski, à l'Université Laval, à l'Université Notre-Dame (États-Unis). A d'abord enseigné aux États-Unis avant de revenir au Canada. Il passe de l'Université de Toronto au Collège militaire royal de Kingston et finit sa carrière d'enseignant à l'Université d'Ottawa. Romancier, conteur, essayiste. Prix Arthur-Buies en 1991.

Les brèves années (roman), Montréal, Fides, 1953.

Jules Fournier, journaliste de combat, Montréal, Fides, 1954.

Mes beaux meurtres (nouvelles), Montréal, Cercle du Livre de France, 1961.

Ceux du Chemin-Taché (contes), Montréal, Éditions de l'Homme, 1963.

Soliloque en hommage à une femme (roman), Montréal, Cercle du Livre de France, 1968.

Les fous d'amour (roman), Montréal, Éditions Jumonville, 1973.

La colère du père (récit), Montréal, Éditions Jumonville, 1974.

Marie-Ève! Marie-Ève! (roman), Montréal, Québec / Amérique, 1983.

L'enchantement

Si vous aviez visité le Chemin-Taché il y a cinquante ans et que vous y repassiez aujourd'hui, vous ne vous y reconnaîtriez plus.

Tout a changé !

Car il faut vous dire que le pays d'où je viens n'était pas un pays fertile. Situé sur une montagne, une montagne qui devenait un plateau quand on y arrivait, un large plateau qui avait mauvaise figure et présentait d'abord ses crans, ses collines tortueuses et même ses bas-fonds où les pieds s'enlisaient dans la mauvaise terre, il semblait défier les horizons, défier tous les humains qui s'y aventuraient.

Je n'ai pas connu ce temps et j'ai peine à imaginer une chose pareille. Mais les vieux de chez nous parlent encore de cette époque avec une sorte de vague horreur dans les yeux, un regret mal défini fait de contentement et d'orgueil. Parce que c'est d'eux qu'est venu le bouleversement ! Ou plutôt ils ont été les témoins du bouleversement qui a changé tout le pays. Et si vous voyiez leurs yeux, un soir qu'ils sont en mal de souvenirs, vous pourriez vous imaginer ce que fut autrefois le Chemin-Taché.

Pays dur, aux abords difficiles, il avait été ouvert à la colonisation très tard. Pendant longtemps un mauvais chemin le traversait qui permettait seulement aux plus

aventuriers d'atteindre les villages voisins sans faire de
grands détours.

Un jour, des arpenteurs vinrent, divisèrent le plateau
en lots et peu après offraient ces nouvelles terres aux premiers venus. On promettait même une aide pour la construction de maisons et dépendances. Mais tout le monde
était prévenu et les colons se firent rares. Trois la première année! De peine et de misère, ils mirent à nu quelques arpents de terre. Mais le découragement les prit et
ils s'enfuirent, laissant une maisonnette inachevée, un
bout d'étable aux portes grandes ouvertes qui ressem-
blaient à des gueules géantes d'où s'échappait un flux de
malheur qui couvrait tout le pays. La terre qu'ils avaient
labourée ne leur avait donné que des roches et tout le
fond semblait pavé de la même fortune.

—Pardieu, dirent-ils, jamais on n'arrivera à faire
pousser du grain, dans ce pays du diable! Les roches, les
roches et toujours les roches!

L'année suivante, d'autres vinrent qui prirent la place
des premiers. Ils avaient au moins un abri pour eux et une
étable pour leurs quelques bêtes. Suivant l'exemple, attirés aussi par la subvention offerte à ceux qui défrichaient
un morceau de terre, d'autres vinrent prendre possession
des lots voisins. En quelques années, on vit apparaître au
bord de la route étroite qui traversait le pays, une tren-
taine de mauvaises petites maisons.

Cependant, les habitants du Chemin-Taché ne pouvaient s'habituer à cette contrée stérile. Chaque année,
sept ou huit familles disparaissaient, heureuses de partir,
de quitter une terre aussi avare et qui n'avait pour récom-
penser les meilleurs efforts que des cailloux bons seulement à casser les pointes de charrues.

Jusqu'au climat qui s'en mêlait. L'hiver, les tempêtes
étaient si fréquentes et le vent soufflait avec une telle rage

que plusieurs maisons en perdaient leur toit. L'été, jamais le soleil n'y déversait toute sa douceur. On eût dit que la vue seule du pays lui faisait grise mine.

Alors les gens devenaient maussades, maugréaient contre la température, la pluie, le vent, la neige ; maugréaient contre les crans nus, les roches qui ne cessaient d'apparaître sous leur soc ; contre les bas-fonds qui se trouvaient là on ne savait comment et qui ne voulaient jamais s'assécher ; maugréaient contre le destin, l'œil dur et sévère. Parfois, ils allaient même au milieu de leurs souches et de leurs abatis jusqu'à lancer des imprécations contre le mauvais sort qui s'attachait à eux.

Oui, ils faisaient cela, les gens du Chemin-Taché !

Quand ils avaient mâchonné trop longtemps les mots de malchance, ils partaient. Sans un regret. Sans même tourner la tête pour voir une dernière fois l'abatis qui fumait encore.

On ne les revoyait plus. D'autres prenaient la place et, peu à peu, s'habituaient à grogner contre la mauvaise fortune qui se collait à toute la montagne. Au bout de quelques années, quand ils jugeaient que leur « vie de chien » avait assez duré et qu'il était temps de mettre un peu de soleil sur leur figure durcie, ils partaient à leur tour, maudissant les alentours avec des jurons de leur invention.

Presque subitement tout changea !

Ce fut d'abord dans les esprits que la transformation s'opéra. Puis, on s'aperçut que les cailloux étaient moins nombreux, que le climat était plus amène et que le plateau prenait figure nouvelle.

Ce bouleversement, ce fut l'œuvre d'un homme arrivé au Chemin-Taché depuis peu. Cet homme s'appelait Laurentin — longtemps, on ne sut que son prénom — et s'était établi sur une ferme désertée l'année précédente, à l'écart de tout le village, sur une route transversale menant au canton Raudot.

Laurentin était un homme comme les autres. Quand il allait à ses affaires, les gens disaient simplement comme ils auraient dit de Pierre et de Charles :

— C'est Laurentin qui passe.

C'était tout. Laurentin entrait au magasin, en sortait, prenait la route et filait chez lui. Là, il faisait comme ses voisins : abattait les arbres, tassait les abatis, essouchait, ramassait les roches et semait la terre neuve. Tout le jour, il travaillait dur. Le soir, après souper, il s'asseyait sur le perron et de là contemplait tout le village, sans un mot, content de la journée finie, fier d'entendre les cris des enfants qui jouaient aux alentours.

À la nuit tombante, il entrait à la maison et quelques secondes plus tard, il revenait s'asseoir au même endroit, tenant un violon dans ses mains.

C'était alors un bruit sec de cordes pincées, une courte plainte dont les sons étaient faux. Soudain, la plainte devenait un chant, un chant que l'on reconnaissait sans peine, né plusieurs générations auparavant et conservé par tout le peuple.

De longues soirées de printemps, Laurentin fit chanter son violon. Il repassait tous les airs connus. Les gens du village écoutaient, s'attendrissaient parfois, chantaient les mots qui allaient avec l'air et quand la musique s'éteignait, ils s'en allaient dormir rassérénés.

Ces airs, qui appartenaient à tout le monde, aidaient les gens à oublier leurs tourments mais ne les empêchaient pas de quitter le Chemin-Taché. Un bon matin, le découragement s'infiltrait comme un serpent au milieu des crans et des terres mal essouchées. On apprenait le soir que deux ou trois familles avaient quitté le pays. C'était la rançon d'une fatalité qui s'acharnait à coller son ventre nu aux entrailles du grand plateau qui formait depuis quelques années un village assez piteux.

Mais Laurentin avait une idée.

Dans l'hiver qui suivit son arrivée au Chemin-Taché, il y travailla sans relâche. Pendant que ses enfants travaillaient à leurs devoirs et que sa femme filait la laine, lui, les yeux fermés, il essayait des airs sur son violon.

— T'as désappris de jouer ! lui disait quelquefois sa femme.

— Comment ça, désappris ?

— Depuis que tu joues plus pour le village, on entend jamais les airs connus.

— J'compose un air ! Tu sais, ça prend du temps !

Sa femme le regarda, ne sachant trop si elle allait rire de lui ou rire de contentement. Lui, Laurentin, il composait un air ! Avait-on déjà vu ça ? Jamais, elle n'avait pris la peine de penser que les airs qu'elle connaissait, quelqu'un les avait composés. Et voilà qu'une seule parole de son mari lui faisait voir soudain une longue file de violonistes qui essayaient leur archet de façon différente. Le bruit lui en arriva aux oreilles dans une telle confusion qu'elle ne put reconnaître aucune des chansons qu'elle savait si bien. Maintenant, elle commençait à comprendre ce que Laurentin lui avait dit.

— Toi qu'as jamais été à l'école, tu pourras jamais !

— Pas besoin d'aller à l'école pour jouer du violon.

— Pour jouer, non, mais pour composer, c'est différent !

— On verra bien !

Laurentin avait continué de faire aller son archet de façon indécise, essayant une note, se reprenant, glissant sur toute la gamme, ouvrant un crescendo ; puis, il déposait son violon, fermait les yeux, essayait de capter un bout de mélodie, un accent de valse. Subitement, il reprenait l'instrument et les cordes vibraient pendant qu'un éclair de joie apparaissait dans son œil attendri.

À la fin de l'hiver, la mélodie était née ! Au printemps, quand il put s'asseoir sur le perron, il recommença à jouer les airs connus. Pour sa mélodie, il attendait. Il fallait que le jour fût propice.

Un soir de juillet chaud, alors que tout le village reposait dans le calme, qu'une sorte de voile poreux, doux comme du velours, s'étendait sur les foins mûrs et qu'un parfum inaccoutumé envahissait toute la montagne, Laurentin crut le moment venu.

Il sortit sur le perron, tenant d'une main son violon, de l'autre son archet. Il resta debout. Et soudain, de ses doigts tremblants, il fit courir l'archet sur les cordes sensibles.

Ce fut d'abord un chant mol et doux, une valse troublante dont l'accent semblait sourdre de la terre ; ce fut un refrain à vive allure plein de notes gaies qui entraient par les fenêtres et soulevaient l'enthousiasme ; ce fut un crescendo frémissant terminé par une explosion de joie triste, une espèce de large effluve qui s'étendait sur le Chemin-Taché, s'identifiait à lui, racontait ses misères, en prenait possession, le caressait.

Les gens comprirent qu'une chose extraordinaire se passait et que cette mélodie qui enveloppait le village dans une étreinte amoureuse avait un sens particulier.

Tous prêtèrent l'oreille. Les cordes du violon vibrèrent de nouveau. Un long frémissement qui s'infiltrait partout, dans les foins mûrs, autour des abatis, sous les toits des maisons, qui pénétrait au cœur des habitations, envahissait les régions secrètes de l'âme et changeait subitement une façon de penser acquise depuis des années !

Un besoin de joie qui s'emparait de tout le plateau ! Une joie immense, sorte de grand hamac tissé de labeur

fécond où s'entassaient les milliers de souvenirs rappe-
lant la dureté du pays, les découragements, les peines, les
misères endurées en commun et qui se balançait dans la
nuit douce et chaude.

Alors les gens devinèrent que les longues inquiétudes
et les obstacles d'hier allaient porter leurs fruits; que le
pays, de stérile qu'il avait toujours été, deviendrait prospère; qu'on ne pourrait plus maudire ses crans et le quitter en lui jetant un regard haineux.

Au loin, le violon chantait toujours. Dans la nuit,
c'était comme un chavirement complet qui s'opérait dans
l'esprit des gens. Le rythme de la musique était si nouveau et convenait si bien au pays que les habitants se
demandaient s'ils n'étaient pas tous plongés dans un rêve
qui allait bientôt finir.

Là-bas, le violon s'était arrêté. Presque aussitôt, une
voix d'homme, forte, sans déraillement, pleine et ronde
comme les arbres du pays, laissait couler un chant dont
les paroles se moulaient sur l'air qui venait de mourir
dans les cordes du violon. C'était Laurentin qui expliquait maintenant avec des mots le sens de la musique.
Ces mots, c'était le grand plateau du Chemin-Taché lui-
même; c'était sa route tortueuse, ses maisons modestes,
ses pâtis roussis au soleil, ses crans nus et arrogants, ses
souches brûlées, ses abatis fumants; c'était le regard dur
des hommes qui avaient fait le pays et la voix contrefaite
des femmes qui n'avaient plus l'habitude de la douceur et
de l'accent féminin. Toute l'âme du pays vibrait dans ces
paroles et c'était un enchantement, un délire inexplicable
de bonheur qui gonflait les poitrines.

Quand la nuit fut partout, le chant cessa. Et le sommeil des gens fut peuplé de rêves où s'enroulaient à la
façon de nuages des airs d'incantation qui provenaient du
violon à Laurentin.

Les soirs suivants, Laurentin reprit son violon. Quand il voulut jouer les airs connus, on vint lui demander de recommencer la chanson du pays. Tout l'été, Laurentin joua sa chanson. Un soir d'automne, les bois de son instrument se brisèrent dans ses mains et Laurentin demeura longtemps seul, debout à caresser les cordes divines et le bois sacré d'où avait jailli l'air inoubliable.

C'en fut fini de Laurentin et de son violon. Mais les gens savaient la chanson. Ils ne l'oublièrent jamais. De ce moment, le Chemin-Taché était devenu un tout autre pays.

Rares sont les jours où le soleil ne s'y montre pas maintenant; rares sont les personnes dont le visage ne respire pas la joie quand vous les rencontrez sur le chemin nouveau qui a remplacé la vieille route tortueuse.

Pour chasser le malheur, on n'a plus qu'à siffler un air, un air connu de tous les gens du Chemin-Taché et qui fut autrefois composé par Laurentin.

Vous ne vous étonnerez plus maintenant, si je vous dis que le Chemin-Taché est devenu une contrée prospère, un large plateau qui présente de longues belles terres, unies, vertes au soleil du printemps, jaunes au soleil d'été, roussies à l'automne et que c'est à peine si l'on peut encore voir quelques crans ici et là.

On ne peut plus quitter le pays sans y revenir. Quand l'absence se fait trop longue, un appel soudain sourd de votre cœur, un appel qui devient un chant large comme un fleuve et fait vibrer toute votre sensibilité.

Plusieurs générations ont passé depuis le grand soir. Même si une famille nouvelle a remplacé Laurentin sur sa ferme, on dit toujours en passant par là: «Chez Laurentin». C'est une façon de se souvenir.

Si vous y allez un jour, arrêtez-vous un moment sous les arbres en bordure de la route, vis-à-vis de «Chez

Laurentin », et vous entendrez sûrement vibrer les cordes d'un violon et chanter l'âme de tout un pays...

(*Ceux du Chemin-Taché*)

Le coup de sabot

Philémon possédait un cheval dont il était très fier. Pour le faire admirer, il le mettait dans un pacage bordant la route du Chemin-Taché. Ainsi, tous les passants pouvaient regarder la bête à loisir, commenter sur la courbe délicate du dos, du cou et s'extasier devant le port et l'élégance de ce fier animal.

Jean-Léon, son voisin, n'avait rien contre le cheval de Philémon et s'il en vint à le détester comme d'ailleurs son maître, ce fut sans l'avoir voulu. Jean-Léon avait un pacage tout à côté du champ de Philémon. N'ayant pas de cheval à faire admirer, il y laissait ses veaux paître pendant l'été.

Curiosité ou attirance du champ voisin, il arriva un jour qu'un des veaux de Jean-Léon passa dans le champ de Philémon et voulut engager la conversation avec le cheval. Quelqu'un en avertit Philémon qui ne vit là rien d'anormal. Il sortit sur son perron pour voir comment ces deux-là se comportaient.

Il est probable qu'ils avaient déjà eu le temps d'engager la conversation. Ce qu'ils se dirent, personne ne le saura jamais. Nous pouvons en conclure en tout cas que l'entretien n'avait pas été amical. En effet, au moment où Philémon se préparait à rentrer à la maison, le cheval fit demi-tour et lança son meilleur coup de pied au visiteur. Le veau tomba à la renverse en meuglant.

Philémon partit à la course à travers le champ. Le veau était étendu sur le côté et gémissait. Jean-Léon arriva sur les lieux en même temps que Philémon pour constater que le veau avait une hanche cassée et qu'il était inutile d'aller chercher le vétérinaire.

— Il vaut mieux le rachever, dit Philémon. Ça me crève le cœur de voir souffrir une pauvre bête comme ça !

— C'est beau à dire, reprit Jean-Léon. Le boucher voudra jamais l'acheter quand il saura que c'est ton cheval qui lui a donné son coup de mort.

— Tu le mangeras. C'est pas tous les jours qu'on peut se payer du steak de veau.

— Et qui me le paiera ? Un veau qui m'aurait rapporté au moins soixante dollars à la fin d'août !

— La municipalité peut tout de même pas te payer pour te faire manger du veau.

— Après tout, c'est la faute de ton cheval. Ce qui veut dire que c'est ta faute.

— Tu veux dire que je devrais te le payer ?

— Exactement.

— Tu te trompes d'adresse. Si c'était un cochon, je dis pas. J'aime le rôti de porc. Mais un veau du printemps… pas de chance !

— T'es responsable, oui ou non ?

— Entendons-nous. Si c'était ton veau qui avait fait le fanfaron ? Mon cheval n'a jamais levé la patte sur personne. C'est la première fois. Il ne l'aurait pas fait si y avait pas eu d'agresseur.

— Comment peux-tu prouver que c'est mon veau qui a commencé ?

— C'est facile : où était ton veau quand l'accident est arrivé ? Ici même, dans mon champ. Pourquoi voulait-il rendre visite à mon cheval ? Tout simplement parce qu'il avait de mauvaises intentions. Ça t'apprendra à mieux

dresser tes veaux et à leur enseigner à respecter les clôtures.

— Je t'ai dit il y a quinze jours de réparer ta clôture.
Il manque un pieu dans la troisième pagée du bout. C'est
par là qu'il a passé. T'es donc responsable deux fois.

— Qui te prouve que c'est par là qu'il a passé?

— Y pouvait pas passer ailleurs.

— Y pouvait sauter, non?

— Sauter! Un veau de trois mois!

— Un veau de trois mois, ça saute aussi bien qu'un
veau de six mois.

— Va essayer de faire sauter les autres, tu verras
bien!

— Il faudrait les mettre dans l'atmosphère. Que les
mouches se mettent à leur sucer les oreilles et tes veaux
vont apprendre à sauter plus vite que tu penses.

— Philémon, tu déraisonnes!

— Pas assez pour te payer un veau qui vient se faire
tuer sur mon terrain. Si quelqu'un l'avait vu passer par la
pagée de clôture où il manque un pieu, je t'en paierais
peut-être la moitié. Mais tant que tu pourras pas prouver
qu'il a passé par là, je soutiens qu'il a sauté. Et je refuse
de payer.

— Tu vas me le payer!

— J'te paierai rien pantoute.

— Tu me fais perdre soixante dollars et tu te sens la
conscience tranquille?

— Ça me fait de la peine de voir mourir ton veau,
mais je peux tout de même pas pleurer. Si c'était moi qui
l'avais tué, ce serait différent. Je pouvais pas avertir mon
cheval que ton veau viendrait l'agacer et qu'il faudrait
éviter de lui toucher. Tu vas un peu loin, Jean-Léon.

— Tu refuses de comprendre. Admets-tu que je vais
perdre soixante dollars par ta faute?

— Tu poses mal le problème. Tu seras obligé de le manger ce veau. C'est donc toi qui engloutiras le soixante dollars.

— Et si je refuse de le manger.

— Tu laisserais perdre de beaux quartiers de viande fraîche quand il y a tant de monde qui souffre de la faim ? Ce serait pas chrétien.

— Tu veux me faire de la morale maintenant.

— C'est toi qui as commencé.

— Je voulais savoir si t'avais de la conscience.

— C'est une insulte à me faire. Tu sais que j'ai de la conscience et tout le monde le sait.

— Alors, paye-moi mon veau.

— Je te répète que je te paierai rien.

— Dans ce cas, je refuse de toucher au veau.

— Si tu refuses d'y toucher, je le tue et je le mange. Ça prend rien qu'un sans-cœur pour laisser souffrir un veau dans un état pareil. Tu devrais même te compter chanceux que je te permette de le rachever sur ma propriété.

— C'est comme ça que tu raisonnes, eh ! bien, fais à ta tête. On verra ce qu'on verra !

Et Jean-Léon fila chez lui.

Devant pareil entêtement, Philémon décida d'agir tout de suite. Il traîna le veau près de son hangar, le racheva comme il disait, lui enleva la peau, le sépara en quartiers qu'il suspendit dans sa remise et commença dès le lendemain à festoyer. Il se rendit même chez Jean-Léon pour l'inviter à venir choisir le quartier qui lui plairait.

Jean-Léon entra dans une colère noire.

— Espèce d'effronté, de polisson ! Tu t'empares de mon veau, tu le tues et maintenant tu veux me faire la charité avec mon bien !

— Tu m'as obligé à m'en emparer !

— On réglera la question devant le juge.

— Si ça te fait plaisir.

Philémon continua calmement à manger du veau sans se préoccuper des menaces de Jean-Léon. Mais il savait bien que l'incident n'était pas clos.

Deux mois plus tard, les deux voisins comparurent devant le juge. Ce dernier trouva l'histoire plus drôle que dramatique et s'accrocha à la logique de Philémon. Jean-Léon eut beau essayer d'expliquer que le veau avait passé dans le champ voisin par une pagée de clôture où il manquait un pieu et qui appartenait à Philémon, que le coup de sabot fatal avait été administré par le cheval de Philémon, rien n'y fit. Le juge trouva que Jean-Léon avait montré bien peu de sens dans toute cette affaire et débita un petit discours qui disait que l'entêtement ne menait jamais à rien.

Philémon, en quittant le juge, voulut donner la main à Jean-Léon. Celui-ci refusa net et dès qu'il fut hors de la portée du juge, déclara :

— Mon veau, tu vas me le payer !

— Tu t'entêtes de plus en plus. Tu ferais mieux de te souvenir de ce que le juge t'a dit !

— Tu ferais mieux de te souvenir de ce que je te dis, moi, Jean-Léon Joncas !

Ils revinrent chez eux et pendant un an évitèrent de s'adresser la parole.

Mais Jean-Léon préparait sa vengeance Tout autre avec moins d'imagination eût pu en faire autant. En effet, Philémon, sans le vouloir, lui avait facilité les choses. Il avait, au printemps qui avait suivi l'incident de la ruade, semé du blé dans le champ de pacage où son cheval se prélassait l'été précédent De l'autre côté, le champ des veaux était resté en pacage. Cet été-là, Jean-Léon déménagea ses veaux dans un autre champ et une ou deux fois par semaine envoya ses vaches dans l'ancien champ des veaux. Il en avait bien le droit. Personne d'ailleurs ne voulut le lui contester.

Au mois de juillet, au moment où le blé de Philémon commençait à mûrir, il mit ses vaches, la nuit, dans l'ancien pacage des veaux. C'était encore là son droit et Philémon ne pensa même pas à redire. Mais ce que Philémon avait oublié, c'est qu'il manquait un pieu dans la troisième pagée du bout. Cela ne portait pas à conséquence puisqu'il s'agissait du deuxième pieu d'en bas. Profitant d'une nuit où il n'y avait pas de lune, Jean-Léon traversa son pacage en semelles de bas, s'approcha de la pagée de clôture en question, ébranla les piquets quelques instants et, bientôt, la broche qui les tenait enserrés céda. Les pieux tombèrent. Jean-Léon revint chez lui, espérant que ses vaches comprendraient ce qui leur restait à faire.

Elles le comprirent en effet. Le lendemain matin, au moment où Philémon sortit pour aller faire sa besogne, il vit le troupeau de Jean-Léon dans son blé. Au lieu d'aller leur courir après, il courut chez Jean-Léon. Il arriva au moment où celui-ci sortait de sa maison. Il lui cria :

— Tes vaches !

— Quoi ? Mes vaches !

— Elles sont dans mon blé !

— Je comprends pas ! Y a pourtant une bonne clôture ! Allons les faire sortir tout de suite. Elles peuvent en mourir.

Jean-Léon avait pris ses précautions. Il avait fait tomber les pieux à la fin de la nuit. De cette façon, les vaches n'auraient pas le temps de manger assez de blé pour se rendre malades. L'important, c'était qu'elles écrasent le blé ! Et dix-huit vaches dans un champ de blé, selon Jean-Léon, cela faisait soixante-douze pattes.

Ils partirent donc tous les deux à la recherche du troupeau. Les vaches retrouvèrent d'elles-mêmes la pagée de clôture défectueuse. Quand elles eurent regagné leur domicile, Philémon et Jean-Léon se mesurèrent de nouveau devant la fameuse pagée de clôture.

— Je te l'avais pourtant dit, l'année passée, de réparer cette clôture ! Si mes vaches sont malades, tu en paieras les conséquences.

— Et mon blé ? Qui est-ce qui va payer pour mon blé ?

— C'est pas de ma faute si tu négliges de réparer ta clôture !

Philémon examina la pagée de clôture pendant quelques instants, regarda la broche et dit :

— Ces piquets-là ont été forcés !

— Qu'est-ce que tu dis ?

— Je dis que quelqu'un a forcé ces piquets-là. Y a qu'à regarder la broche pour s'en rendre compte.

— Aurais-tu l'intention de m'accuser ?

— Si c'est pas toi, c'est une vache. Ça revient au même. Tu vas me rembourser ma perte.

— En v'là une bonne ! Je t'ai averti plusieurs fois de réparer ta clôture. T'avais beau m'écouter !

— Jean-Léon, tu vas payer mon blé, tu entends !

— As-tu payé mon veau, toi ?

— C'est donc pour te venger du veau que t'as fait passer tes vaches dans mon blé !

— Tu t'imagines peut-être que j'aurais risqué de faire mourir mes vaches à manger ton blé pour le plaisir de la chose ? T'en as de beaux raisonnements !

— T'as forcé les piquets que je te dis !

— Peux-tu le prouver ?

— Je te connais assez pour le savoir !

— Si tu tiens à m'accuser, tu le feras devant le juge. Tu l'as dans ta manche. Ce sera pas difficile de le

convaincre. Entre temps, tu ferais mieux de refaire ta clôture car je te préviens que mes vaches seront encore dans
ce pacage la nuit prochaine. Si un malheur arrive, je te
tiendrai responsable.

— On se reverra, Jean-Léon! Tu auras peut-être le
caquet plus bas!

Jean-Léon enjamba la pagée de clôture et s'en alla.
Philémon avait bien eu l'idée de le saisir au collet et de
lui donner une leçon sur-le-champ, mais il n'en fit rien. Il
restait là, planté au bord du champ de blé, incapable de
trouver la moindre injure à l'endroit de son voisin. Au
bout d'un moment, Jean-Léon se retourna et dit:

— Surtout oublie pas de réparer la clôture!

— Pisseux de vinaigre, lui cria Philémon.

— On pisse ce qu'on peut, dit Jean-Léon.

— T'as pas fini d'en pisser, prends ma parole!

— Et toi, t'as pas fini de manger du veau, tu peux en
être sûr!

Les injures s'arrêtèrent là. Philémon retraversa son
champ de blé tout écrasé et rentra chez lui. Le même jour,
il revint avec une masse et de la broche refaire sa clôture.
Il n'osa pas reparaître devant le juge avec cette nouvelle
histoire, car il manquait de preuves. Mais il ne s'avoua
pas vaincu pour autant. À son tour, il cherche le moyen
de prendre sa revanche. Il le trouvera sûrement, car un de
ces jours, ce sera peut-être la clôture de Jean-Léon qui se
brisera quelque part. Philémon attend l'occasion de frapper un grand coup. Quant à Jean-Léon, il est déjà prêt à
tout oublier car il s'est dit en revenant chez lui:

— Il me l'a payé, mon veau! Ça lui apprendra!

(Ceux du Chemin-Taché)

Andrée Maillet

Andrée Maillet est née en 1921 à Montréal. Commence très jeune à écrire. Collabore au *Petit Journal*, au *Photo-Journal*, aux *Écrits du Canada français* et à *Amérique française*. A dirigé *Amérique française* de 1952 à 1960. Andrée Maillet a pratiqué à peu près tous les genres littéraires. Prix littéraire de la Province de Québec en 1965. Élue à l'Académie canadienne-française en 1974.

Profil de l'orignal (roman), Montréal, Amérique française, 1962.

Le lendemain n'est pas sans amour (contes et nouvelles), Montréal, Éditions Beauchemin, 1963.

Les Montréalais (roman), Montréal, Éditions du Jour, 1963.

Élémentaires (poèmes), Montréal, Librairie Déom, 1964.

Les remparts de Québec (roman), Montréal, Éditions du Jour, 1965.

Nouvelles montréalaises, Montréal, Éditions Beauchemin, 1966.

Le doux mal (roman), Montréal, L'Actuelle, 1972.

À la mémoire d'un héros (roman), Montréal, Éditions La Presse, 1975.

Lettres au surhomme, vol. I (roman), Montréal, Éditions La Presse, 1976.

Le miroir de Salomé. Lettres au Surhomme, vol. II (roman), Montréal, Éditions La Presse, 1977.

Les doigts extravagants

La Quatorzième Rue est un chemin qui mène à l'East River.

Un soir, à dix heures, la foule avait un visage de plâtre et des souliers morts. Millième aspect d'une civilisation synthétique.

La rue, aussi sombre qu'un corridor de couvent. Quelques gens allaient vers l'exit, de l'est à l'ouest ou en sens contraire, à un rendez-vous, à un gîte; allaient nulle part.

Le décor, réaliste à l'excès; littéraire.

À gauche, des couleurs jaunes, rouges brique, brunes, délimitées par des lignes noires qui leur donnaient des formes, des formes de maisons.

Tout cela me semblait assez vague, car je marchais à droite. De mon côté, dans un sous-sol, une boutique de barbier, illuminée, une taverne écœurante et pleine de confusion. Plus loin, des murs de bois placardés, un enclos que dépassait la tête d'un arbre. Des affiches déchiquetées annonçant un film ancien et célèbre: «*Mädchen in Uniform*».

Je ne pensais pas. J'absorbais goulûment toutes les impressions et observations qui s'imposaient à mon esprit vacant.

Au coin de la Première Avenue, un individu s'arrêta. Il alluma une cigarette comme si elle lui avait été indispensable pour traverser l'avenue. Moi, je la franchis sans halte et je vis que derrière l'homme à la cibiche s'avançait un drôle de type dont je pus voir la figure grâce au néon d'une vitrine de chaussures.

Il marchait rapidement et tenait un paletot. Son bras gauche levé en équerre devant lui se terminait par un gant de boxe.

Quand nous fûmes parallèles, il s'arrêta, voyant que je le regardais non sans quelque étonnement. Ses yeux gros roulaient dans sa face. Il me lança le manteau qu'il tenait et s'enfuit en silence, le poing ganté toujours brandi en l'air et le regard hagard.

Que faire d'un paletot d'homme ?

« S'il me paraît assez propre, me dis-je, je l'enverrai à l'U.N.R.A. »

Au loin, les réverbères brillaient et bordaient la rivière. Bientôt mon fardeau me pesa. J'eus un instant la tentation de l'abandonner sur un des bancs qui longeaient la berge.

Je ne sais ce qui me retint d'y obéir. Mon démon, sans doute.

Des cargos sans beauté tiraient sur leurs amarres ou traçaient des circonférences autour de leurs ancres.

Des gamins exécrables se poursuivaient. La racaille n'est nulle part aussi déplaisante qu'à New York.

Que ferais-je bien de ce paletot ? Ah ! Oui. Le donner à l'U.N.R.A. Ou l'expédier moi-même à quelque ami, en France. Non. Trop compliqué. Pas encore permis d'envoyer des vêtements.

Des îlots, dans la nuit, arrivaient des cris, des lumières bleues, vertes. Ajoutons la lune au décor, et sur le parapet une fille assise jambes pendantes, et près d'elle un garçon, pas beau, pas laid, ordinaire.

Un ouvrier passa. Il n'avait pas non plus le genre que j'aime. Il portait une boîte en fer et un grand bout de tuyau.

Malgré les taches d'huile et les déchets qui flottaient sur l'eau, l'air sentait bon, peut-être à cause de la brise marine.

Marine est une hypothèse. Je supposais que le vent venait de l'océan. L'illusion, si cela en était une, était assez forte pour que je puisse goûter le sel en passant ma langue sur mes lèvres.

Je parcourus deux *blocs* ou trois et puis, enfin lasse, je repris la route de mon logis.

Tout à coup, des suppositions effarantes me vinrent à l'esprit.

Un homme donnait un manteau, comme ça, en pleine rue, à moi, une étrangère, et sans ajouter au geste une seule parole. Pourquoi?

Le vêtement était-il *chaud*, comme on dit aux États-Unis, quand on désigne un objet volé?

Recelait-il en ses poches une arme à feu, un trésor ou un crotale? Appartenait-il à un bandit qu'un adversaire venait d'abattre, prenant bien soin de détruire ou d'enlever tout ce qui pouvait identifier la victime?

Mon donateur de fortune avait des gants de boxe. Deux gants de boxe ou un seul? Je ne me souvenais que d'un seul; celui qu'il brandissait avec une sorte d'exaspération. Sans doute était-il un boxeur. Il avait assommé, peut-être tué l'autre pugiliste et fuyait la justice. Peut-être. Alors, embarrassé de ce lourd paletot, (le paletot de qui?) il l'avait jeté à la première personne venue.

Explication non plausible. Étais-je le premier passant venu? Non. Plusieurs autres avant moi avaient dû croiser cet homme au poing de cuir, et de plus, j'étais une passante. Il avait donné le manteau d'homme à une jeune femme. Pourquoi?

J'arrivai à mon domicile, à bout de conjectures.

Le foyer d'étudiants qui m'abritait, moi et mes rêves et mes efforts d'artiste, offrait une apparence fort convenable. On y accédait de la Douzième Rue, par sept marches de pierre.

À l'intérieur, lamentable, la pension entretenait outre des étudiants aussi pauvres que moi, des blattes, des rats, et parfois des Polonais.

Ma chambre, sous les combles, au cinquième étage, me semblait belle quand j'y arrivais le soir par les longs escaliers aux paliers incertains, après mes cours, après un long voyage à travers les longues rues.

Ce soir-là dont je parle, j'entrai dans ma chambre avec le manteau d'homme. D'un coup de poing, j'ouvris la fenêtre.

Je dois dire que je cultivais avec soin tout ce que ma nature m'inspirait de réflexes virils, voulant par là équilibrer la féminité excessive de mon extérieur. Mon idéalité de l'époque était qu'un être parfait doit être moitié homme, moitié femme. Je ne ménageai pas non plus les jurons.

J'ouvris donc cette fenêtre d'un coup de poing, et les côtés s'écartèrent l'un de l'autre vers l'extérieur, c'est-à-dire qu'il fallait que je les tire à moi pour les remettre ensemble. Les Américains donnent à ce genre d'ouverture le nom de fenêtre française.

Et puis, je tombai sur mon lit. Soupirs. Détente. Calme. Les impressions du jour affluèrent.

Le paletot, mal placé sur le dos de la chaise, glissa. Un peu de la lumière de la rue se répandait dans ma chambre, assez pour que je puisse distinguer les objets, pas assez pour leur faire subir un examen.

J'allumai donc la monstrueuse applique qui balançait au-dessus de mon nez, sa chaîne allongée d'une ficelle. Aussitôt les cancrelats (chez nous ont dit les coquerelles) qui jouaient dans ma cuvette disparurent le long des boyaux de fonte. Je me levai. Le sommier chanta. Il berçait chaque nuit mes cauchemars.

J'examinai le manteau.

C'était un polo en poil de chameau ocre clair. Encore très propre, il avait une large ceinture et deux poches en biais. Je glissai ma main dans l'une des poches pour savoir ce qu'elle contenait. J'en sortis quelque chose dont le premier contact m'émut jusqu'au cœur.

Ce que ma main avait retiré de la poche, elle le jeta sur la table et mes yeux virent l'horrible chose.

Mes yeux virent les cinq doigts d'une main gauche d'homme, coupés au-dessus des phalanges et reliés entre eux par un lacet.

J'eus deux réflexes auxquels j'obéis sans hésitation. D'abord, je vomis dans le lavabo et puis, je pris l'extrémité du lacet et je lançai l'horreur par la fenêtre.

Un grelottement me secoua. Je ne refoulai pas les hoquets. Durant les dix minutes suivantes, je crus mourir. Je n'avais heureusement pas dîné; mon estomac se calma rapidement après quelques convulsions douloureuses.

Décidément, ce soir, je n'irai pas au petit bar où se réunissaient mes camarades du Greenwich Village: quelques peintres en mal de talent, une actrice déchue, des poétesses pleines d'espoir. Les plus veinards offraient aux rapins de ma sorte, un sandwich rassis, un café au cognac.

Cette boîte pseudo-française, située dans une cave, s'appelait *Le Plat du chat*, et les habitués n'étaient guère mieux pourvus, mieux léchés que des chats de gouttières.

Je dégrafais ma blouse avec des gestes lents, lorsque me tournant vers la fenêtre, j'aperçus les ongles de ces affreux doigts qui avaient grimpé tout le mur de la maison jusqu'à ma croisée.

Horreur! Horreur!

Je pris mon soulier, à coups de talon je leur fis lâcher prise. Ils retombèrent et je fermai vivement la fenêtre.

Étais-je en pleine hallucination?

Saisissant le paletot, je sortis de ma chambre et descendis chez la concierge.

— J'ai trouvé ce vêtement sur un banc près de l'East River, lui dis-je. « Donnez-le à votre mari. Il ne m'est d'aucun service ».

— C'est un très beau polo, répondit-elle, et vous auriez pu le vendre. Je diminuerai votre note.

Je remontai chez moi. Peut-être maintenant aurai-je la paix.

Je ne comprenais rien à ce qui arrivait. Et vous, l'eussiez-vous compris ?

Dès que je fus dans ma chambre, mon cœur remonta dans ma gorge. Les doigts, les maudits doigts tambouri naient sur la vitre comme pour se faire ouvrir.

Je poussai les battants.

— Entrez ! criai-je. Entrez ! Finissons-en !

Les doigts descendirent sur le parquet. Ils martelèrent très fort le parquet, s'avançant d'une bonne vitesse, d'une allure assurée vers la table. Ils se cramponnèrent fortement au pied de la table de bois. Ils montèrent en glissant le long du pied de la table.

Quel abominable esprit les guidait !

Ils s'affaissèrent sur la table. Sidérée, debout au pied du lit, je les regardais agir, sans argument, sans aucune curiosité, sans me donner la peine de chercher une raison à cette horreur que je voyais. Sans argument devant ma folie, si toutefois ce que je voyais était l'image de ma folie. Sans raisonnement pour calmer mon horreur.

Or, les doigts s'étant reposés, bousculèrent le carton à dessin, le réceptacle à fusain, tirèrent de dessous un cahier, des feuilles blanches.

Ils se crispèrent autour de ma plume et ils écrivirent. Un invisible métacarpe extrêmement alerte les faisait se mouvoir d'un côté à l'autre de la page.

L'angoisse grandissait en mon âme. L'air se densifiait. Les bruits s'intensifiaient. À peine pouvais-je respirer.

D'où j'étais, je voyais très bien ce qu'ils écrivaient.

« Nous fûmes les habiles instruments d'un homme gaucher que son ennemi mutila. L'homme mourut ce soir. Il n'est plus que par nous et nous ne subsisterons que par toi. »

Une buée épaisse et noire obscurcit mon regard un instant. Tandis que les doigts coupés écrivaient, je remis mon gilet, mon béret. Je dévalai l'escalier.

Je courus dans la rue. Je courus. Je courus. Je compris que la peur, que l'horreur s'étaient pour toujours implantées dans ma vie. En courant je me dis : « La Quatorzième Rue… est un chemin qui mène à l'East River… où il n'y a pas d'effroi… »

Le parapet n'était pas très élevé. Je l'enjambai. Une force inattendue me retint en arrière. Le vent marin balaya sur ma face le rictus qu'y avait mis l'angoisse. Je m'assis sur un banc tandis que s'en allaient du fond de mon cœur, les dernières révoltes. N'y resta qu'une pesante résignation.

Les doigts qui m'avaient retenue du suicide gisaient à mes pieds. Je ne me demandai point comment ils m'avaient suivie.

Je les pris et les mis dans mon béret que je tins dans ma main tout le long du retour.

Chez moi, je secouai mon couvre-chef au-dessus de la table. Les doigts s'écrasèrent avec un *ploc*!

— Exprimez-vous, dis-je à cette chose.

Ils se nouèrent derechef autour du stylo et moulèrent ces mots :

« Nous ferons ta fortune. »

— Moyennant quoi ?

« *Garde-nous. Sans âme nous nous désagrégerons.*
Prête-nous la tienne. Les êtres sont immortels dans la
mesure du souvenir ou de l'amour qu'on leur conserve.
Être conscient d'une présence, c'est déjà l'aimer. Nous
ne demandons rien d'autre que l'appui de ta pensée.
Prête-nous ta vie, nous ferons ta fortune. »

Quel pacte satanique me présentaient-ils là ? Et pourtant j'acquiesçai. Je le signai en quelque sorte, d'un mot.

— Restez. Et j'ajoutai, voulant me garder une porte de sortie. Vous êtes exécrables. Je ne vous tolérerai jamais qu'avec répugnance.

Les doigts s'agitèrent avec impatience et puis se mirent à l'œuvre.

Je ne vous dirai pas que cette nuit-là je dormis.

Dans l'obscurité de ma cambuse, j'entendais gratter, gratter sur le papier, la plume guidée sans relâche par les doigts.

Le lendemain, j'empruntai une machine à écrire et les doigts recopièrent le texte. Le jour suivant, manuscrit sous le bras, les doigts dans la poche de mon gilet, je les sentais contre moi, j'entrai à Random House où le président m'accueillit.

Il jeta à peine les yeux sur le tas de feuilles que je posai devant lui, et m'offrit un contrat magnifique que j'acceptai ainsi qu'une avance de dix mille dollars sur mes royautés à venir.

Il m'imposa un agent visqueux qui me trouva, sur le parc, un appartement meublé, agrémenté d'un jardin suspendu.

Un grand magasin renouvela ma garde-robe. Un coiffeur de renom modifia ma tête. Plusieurs photographes la fixèrent, et j'eus la surprise de la voir dans tous les journaux et revues d'Amérique, reproduite maintes fois avec maints commentaires toujours flatteurs.

Cet agent nommé Steiner me promena dans tous les restaurants et théâtres de la ville et ne parlait de moi qu'avec la plus grande vénération. À mon nom vint s'ajouter l'épithète de génie.

Moi, je savais quel était mon génie : cinq morbides objets qu'un lacet de bottine retenait ensemble.

Quand les doigts écrivirent mon second chef-d'œuvre, j'étais plus connue qu'Einstein, plus célèbre qu'une étoile de cinéma.

Parfois, si j'étais seule, je tâchais de retrouver ma figure véritable. Je dessinais. Mes croquis, pour malhabiles qu'ils fussent, étaient miens, venaient de moi.

Bientôt, on me coupa cette porte d'évasion.

Steiner m'ayant surprise en train de dessiner les gratte-ciel, saisit un paquet d'esquisses et s'en servit pour fin de publicité.

On se les arracha et l'on parla beaucoup d'eux comme étant « le passe-temps favori d'une femme géniale ».

Je conçois que les hommes sont pis que les cancrelats. Ils infestent mon existence, et le paradis faux que m'ont donné les doigts vivants de cet homme mort est plus effroyable que l'enfer.

Ils vivent par moi, ces doigts extravagants, je ne suis plus qu'un être sans vie propre.

La nuit, ils fabriquent des romans, des articles, des élégies. Comme je ne dors plus, je les entends écrire.

Au petit jour, ils se laissent choir sur le tapis et viennent dans ma chambre. Ils s'agrippent à la courtine du lit. Et puis, je les sens près de mon cou, glacés, immobiles.

Lorsque je n'en puis plus d'horreur, je me lève. Je fais jouer des disques. Je m'enivre souvent quoique je hais l'alcool.

Je ne jetterai pas les doigts par la fenêtre. Ils reviendraient. Je ne leur dis rien. Un jour, peut-être, je les brûlerai. Je les détruirai avec des acides.

Je perçois que bientôt il me sera impossible de subir leur présence. Or, ils m'aiment et devinent sans doute ma plus secrète pensée.

N'ont-ils pas, ce matin, encerclé ma gorge avec plus de vigueur?

(*Le lendemain n'est pas sans amour*)

Jean Simard

Jean Simard est né à Québec en 1916. Études au Petit Séminaire de Québec et à l'École des beaux-arts. Il enseigne d'abord à l'École des beaux-arts et, en 1969, à l'Université du Québec à Montréal. Romancier, dramaturge, essayiste et traducteur. Prix Kormann de l'Académie française en 1947. Prix du Cercle du Livre de France en 1956. Prix Duvernay en 1963. Prix de traduction du Conseil des Arts du Canada en 1976. Élu à la Société royale en 1962.

Félix (roman), Montréal, Éditions Variétés, 1947.

Hôtel de la Reine (roman), Montréal, Éditions Variétés, 1949.

Mon fils pourtant heureux (roman), Montréal, Cercle du Livre de France, 1956.

Les sentiers de la nuit (roman), Montréal, Cercle du Livre de France, 1959.

Treize récits, Montréal, H.M.H., 1964.

Le matin d'une longue nuit (roman), Montréal, H.M.H., 1967.

Pouvoirs de l'imagination (essai), Montréal, H.M.H., 1969.

L'appel du Nord dans la littérature canadienne-française (essai), Montréal, Hurtubise HMH, 1972.

Mon père, ce héros (roman), Montréal, Cercle du Livre de France, 1975.

Le singe et le perroquet (récits), Montréal, Cercle du Livre de France, 1983.

Un voyage de noces

Un matin limpide de début d'été, quelque part entre Montréal et Lévis.

Il faut se représenter cette savane monotone quasi désertique, déroulant à perte de vue sa vertigineuse horizontalité. À peine, de loin en loin, une cabane de planches, une ferme isolée, quelque triste village pelotonné autour d'une église au clocher de tôle. La terre n'est guère fertile, revêche, texturée de fardoches, d'épinettes grêles, de trembles et de jeunes bouleaux, nés des cendres des derniers feux de forêt.

Tel une rayure égratignant le paysage, le rail de l'Express-Maritime ; serpentant à côté, le méandre indiscipliné d'une petite route de rang.

Un train de passagers. À intervalles irréguliers, son long cri déchirant, qui couvre un moment la respiration de la diesel. Incitées à l'épreuve de vitesse, bruyantes, klaxonnantes, enrubannées de blanc, la demi-douzaine de voitures d'une noce villageoise. Aux feux rouges, aux barrières zébrées des croisements, elles se pétrifient, halètent sur place, avant de repartir à la poursuite du train.

La jonction s'effectuera à une petite gare où convergent et s'épousent la route et le rail.

Une petite gare peinte en rouge, comme elles sont toutes.

Avec le *parking* des taxis, son sol charbonneux, un îlot de gazon rachitique, des géraniums écarlates dans l'étreinte d'un vieux pneu. C'est une gare sans importance, perdue au milieu des champs, et portant le nom d'un saint quelconque du calendrier liturgique. Le train ne fait que ralentir, la plupart du temps, happer un sac postal, en jeter un autre sur le quai ; ou s'il arrête, ce n'est que l'affaire d'un instant, pour déposer ou cueillir un voyageur solitaire, quelques *crates* de fraises ou de volailles, des bidons de lait…

Cette fois-ci, ce sera la noce !

Le fracas des rires, d'exclamations et de blagues rituelles. Les pères, les mères, les frères, les sœurs, les oncles, les tantes, les cousins, les cousines — et puis, les mariés, bien sûr ! — tous en fête, chahuteurs et endimanchés. Selon le sexe et l'âge, portés aux larmes ou à la gaudriole.

Ces transports, néanmoins, seront brefs. Déjà, le convoi se remet en marche. Le conducteur pousse les nouveaux mariés vers leur wagon. Et pas le *coach*, le *pullman* : on ne se marie pas tous les jours ! Le nègre de service les mène à leurs fauteuils, les y installe. Ils ne peuvent se défendre de l'examiner furtivement : natifs d'un petit village, c'est le premier Noir qu'ils approchent de leur vie, en chair et en os ! Celui-ci est toutes dents blanches, gentillesse ; avec cependant je ne sais quelle ironie sous-jacente, obscur quant-à-soi qui le fait participer, aux yeux des jeunes mariés, à tout ce que cette journée peut comporter de fabuleux, d'un peu terrifiant.

En outre, il ne parle qu'anglais — ce qui n'est pas fait pour les rassurer.

La femme est jeune, efflanquée, un tantinet souffreteuse.

De longs antécédents laborieux l'ont déjà marquée : les parents ont dû «en arracher», elle-même a beaucoup travaillé. De la vaillance, certes. Mais jointe à cette lassitude précoce de qui se sait né, comme on dit, pour un petit pain. Elle aura vite la matrice retournée, un têtard tous les dix mois. Jolie, avec ça, désirable. Le gars a bien fait de l'épouser.

Lui, le garçon, c'est un bon type ordinaire, sympathique. De petite taille, mais râblé. Les cheveux noirs, trop longs, gluants de brillantine. Il travaille de ses mains, dont aucun savon ne parvient à curer les ongles rongés, sertis de noir. Il est timide, c'est visible, mais courageux. En outre, il est amoureux... Ce qui lui arrive aujourd'hui n'est agréable pour personne : il comprend que c'est un mauvais moment à passer, et s'applique à faire bonne figure.

Ils ont grand-hâte de parvenir à destination. C'est-à-dire l'hôtel Saint-Roch, à Québec, où ils doivent passer les quelques jours de leur voyage de noces. Ils sont jeunes, ils se désirent : voilà longtemps qu'ils attendent, car les parents étaient aux aguets, les « bons soirs », armés de principes religieux. Ils « y » pensent, les chromosomes bien d'équerre ! Le trajet en chemin de fer ne représente donc qu'une obligation pénible : le dernier obstacle, avant d'arriver à « la chambre »...

Ils ont pénétré dans le wagon les bras encombrés : lui, les malles, du flambant neuf, mais de qualité plus que médiocre ; elle, divers paquets, son bouquet de mariée qu'elle a oublié de lancer aux gens du cortège, comme c'est l'usage ; et dont elle se trouve maintenant tout empêtrée, n'osant, superstitieuse, s'en débarrasser. Abasourdis, ils se sont d'abord assis tout ronds, sans se soulager de leurs manteaux. Petit à petit, à mesure que la chaleur du train et la confiance reconquise les y inclineront, ils se mettront à l'aise. Le chapeau à voilette ira rejoindre, dans le filet aux bagages, le bouquet défraîchi, les sacs, les colis. La jeune femme fait bouffer ses cheveux trop frisés, son corsage ; le jeune homme, qui sait vivre, garde son veston — à cause des bretelles. Mais tous deux, subrepticement, retirent leurs chaussures neuves, massent leurs orteils endoloris.

— Ce que j'ai mal aux pieds !

— Tu peux le dire ! Ça fait longtemps qu'on est debout…

— Des souliers neufs, on devrait toujours les porter durant quelques jours, avant la noce.

— C'est bien que trop vrai !

Ils risquent un regard circulaire, dans la direction des autres passagers. Un petit nombre de personnes renfrognées, visages lugubres, lunettes et journaux. Ils se regardent, incertains, se sourient. Les voilà embarqués pour la grande aventure : il y a de quoi être troublés.

— Ça a été une belle noce.

— Ah ! oui.

— Ça a dû coûter cher à tes parents ?

— Ils étaient contents. Je suis la première à me marier. Alors, tu comprends…

— Oui, ils sont pas regardants. Et puis, recevants.

Un temps.

— Étais-tu bien nerveuse, à l'église ?

— C'est effrayant ! T'as pas vu comme mes mains tremblaient, quand tu m'as passé la bague ?

Elle fait chatoyer le bijou — qui ne chatoie pas beaucoup. Lui porte un anneau, legs d'un sien oncle. Ils regardent leurs mains, attendris.

— Sais-tu qu'elle fait pas si mal, l'alliance de l'oncle Alphonse.

— Certain ! C'est de l'or pur…

Un temps, puis elle fait :

— Quand monsieur le curé a parlé, j'ai pas tout compris. Mais j'avais envie de pleurer…

— Oui, il parle bien ! Il a dit que tu devais m'obéir.

— Et toi, que tu devais m'être fidèle…

— Y a pas de danger pour ça !

Ils se regardent, complices, très amoureux.

— Nous voilà mariés : ça fait drôle, quand même !

Apparaît le contrôleur, poinçonnant les billets. Ceux-ci sont à leur place — on a souvent vérifié — dans le portefeuille, la poche intérieure du veston. Puis on regarde, à la fenêtre, défiler le paysage. Toujours les mêmes landes désolées, les mêmes épinettes courtes, exténuées, dans la limpidité de la lumière nordique.

C'est maintenant le garçon du wagon-restaurant. «*First call for dinner*»… Impeccable, dédaigneux, il symbolise un monde élégant, dispendieux, auquel nos jeunes mariés n'auront jamais accès.

Le *pullman* s'étant peu à peu vidé, l'épouse s'enhardit à tirer d'une boîte de carton quelques victuailles, reliefs du repas de noces.

— Est-ce qu'on mangerait une bouchée ? Maman m'a donné un *lunch*, en cas. Regarde, des sandwiches, des olives, des restes du gâteau… Je sais pas si ma petite sœur va en mettre un morceau sous son oreiller ?

Après le casse-croûte, la jeune femme secoue les miettes, récupère les papiers gras, les kleenex froissés, les chalumeaux ramollis, fourre le tout dans la boîte de carton, n'en sait que faire, la dissimule sous le siège.

Lui, l'époux, s'endort bientôt, lourdement, avec des soubresauts de digestion difficile. Il avait faim, incapable d'avaler une bouchée depuis la veille : il a mangé vite, la poitrine serrée. Elle, l'épouse, laisse errer sans objet un regard vacant, qui s'enténèbre peu à peu de pensées affligeantes. La voici remplie d'alarme, séparée des siens, orpheline, auprès de cet inconnu qui ronfle. Elle ouvre, puis referme son réticule, pour de futiles vérifications, essuie quelques larmes furtives, se raisonne — « prend sur elle », comme sa mère lui a si souvent recommandé de le faire — se remet un peu de poudre et de rouge, tourne vers le paysage des yeux encore humides.

L'homme s'éveille, s'étire, bâille, grogne, sourit à sa femme, regarde dehors en se raclant les aisselles.

— Ouf! J'ai dormi...

— J'ai bien vu ça!

— J'avais trop mangé... Et puis, ces derniers jours, j'avais pas souvent fermé l'œil.

Cependant, le train a ralenti, par degrés, pour s'immobiliser tout à fait sur une voie d'évitement, après quelques manœuvres de *shunting*. Il faudra attendre, en rase campagne, le passage d'un autre convoi roulant en sens contraire, et qui a du retard.

Tout est devenu curieusement silencieux, bucolique, dans cette prairie piquée de marguerites, où paissent des vaches. On entend croasser une corneille. Les hirondelles volent bas, en rase-mottes, signe de pluie...

La plupart des voyageurs se sont endormis ou abîmés dans la lecture. Le garçon en profite pour s'emparer de la main de son épouse, lui glisser à l'oreille des choses qui la font rougir. Il l'embrasse dans le cou, chatouillée et confuse. Toutefois l'angoisse, qui n'est jamais loin, s'est réinstallée dans le cœur de la jeune femme. Elle demande, incertaine :

— Est-ce qu'on va... Crois-tu qu'on va pouvoir — téléphoner? Oui, à maman... Elle doit s'inquiéter, tu la connais! Peut-être, ce soir, à l'hôtel... qu'on pourrait?

L'homme s'est rembruni. Il n'avait pas réfléchi à cela.

— Un « longue-distance », ça coûte cher!

— Pas trop, encore! Mon amie Marie-Rose — celle qui travaille au bureau de poste — elle dit qu'après six heures...

L'œil fixe, il s'absorbe en un calcul mental, pour eux gros de conséquences.

— Tu connais maman : ça lui ferait tellement plaisir !

— Peut-être bien, alors… Il faudrait pas parler trop longtemps.

— Bien sûr ! Juste pour donner des nouvelles…

Un temps. La jeune femme suit son idée. Aveugle, sourde, inconsciemment implacable, elle enchaîne :

— Je me demande si on pourrait… Penses-tu ?… M'acheter des souliers ?… Pas chers, tu sais : pour la marche. Y a pas mal de côtes, à Québec… Ceux-ci sont pas endurables !

L'homme a maintenant le visage perlé de sueurs. Pitoyable, le front barré, il souffre ombrageusement, maudit sa condition.

— T'en as pas apporté d'autres, des souliers ?

— Non, tu comprends. J'ai pensé qu'à Québec, ils seraient plus à la mode que par chez nous… D'ailleurs, j'ai un peu d'argent : papa m'en a donné, avant de partir…

— T'es ma femme : c'est à moi de m'occuper de toi ! Tu vas voir… Un jour, on va cesser de tirer le diable par la queue, de toujours arriver juste… C'est vrai, on se fend la face à travailler, et puis…

— Tu sais, l'argent fait pas le bonheur.

— Ça aide en maudit, par exemple ! Mais ça va finir par changer : je vas mettre de l'argent de côté, et je vas me bâtir un garage, à moi, tu vas voir ! Le père a dit qu'il me donnerait un morceau de terrain, sur la grande route, juste à la sortie du village — un bon *spot*…

— Certain !

— Je vas bâtir ça moi-même. Et puis, les compagnies de gazoline vous aident, le Gouvernement. On a vingt ans pour payer ! Deux pompes à gaz, une fosse pour le graissage, un atelier de réparation... Je connais la mécanique. À part ça, je suis pas manchot : on va se tirer d'affaire...

Il rêve.

— Dans ce temps-là, on sera pas toujours obligé de compter. Quand tu auras besoin de souliers, ça sera pas un problème. On ira au magasin, et je te dirai : choisis !

Un grondement, dans le lointain.

Le rapide approche, qu'on attendait. Il passe en trombe dans un long hurlement, déchirant le silence comme une étoffe. Plongés soudain dans un tunnel, les jeunes gens se rejettent en arrière : cinglés au visage par l'éclair de magnésium qui défonce l'obscurité, entre chaque fourgon — noir, blanc, noir blanc, s'allume, s'éteint, s'allume... s'éteint... s'allume...

Le monstre a disparu, traînant sa clameur par les cheveux.

Le convoi s'est remis en marche, doucement d'abord, puis de plus en plus vite, sur la voie enfin libre. Encore ébranlés — mais comme soulagés, aussi — les jeunes époux se retrouvent, reprennent possession l'un de l'autre. La lumière, revenue, a chassé les fantômes. Les choses... Les choses finiront bien par s'arranger.

— On s'aime. C'est ça l'important !

— Ah ! oui, si tu savais !

Appuyés de toutes leurs omoplates au dossier du fauteuil, synchronisés au mouvement du train, enfin «accordés», ils glissent vers le terme du parcours. La campagne s'est faite plus riante, à mesure que le train oblique vers le fleuve. Il y a maintenant des bosquets, des lilas, des pommiers en fleurs, de grands arbres bien feuillus. Des gens qui travaillent dans les jardins, agitant la main au passage du convoi. Des maisons, des voitures sur les routes, des stations d'essence pour les ravitailler. Et enjambant le fleuve, le pont de Québec qu'on aperçoit. Le nègre sourit de toutes ses dents, commence à recueillir les bagages, les pourboires. « *Yea! Boss, yea!* » Et les jeunes gens, qui n'en ont plus peur maintenant — qui n'ont plus peur de rien ! — déposent une pièce dans la paume claire.

Le rapide s'engouffre bientôt en gare de Lévis.

Bras dessus, bras dessous, les amoureux se perdent dans le brouhaha du quai, la cohue des voyageurs, saluant au passage le mécanicien, dans la cabine de sa diesel. Le nègre remet de l'ordre dans le wagon, ramasse un bouquet de noces flétri, abandonné sur un siège.

— *Yea! Man...*

(*Treize récits*)

Jean Hamelin

Jean Hamelin (1920-1970) est né à Montréal. Journaliste, critique littéraire et traducteur, il a travaillé à *La Presse*, au *Petit Journal* et au *Devoir*. Il est nommé, en 1964, conseiller culturel adjoint à la Délégation générale du Québec à Paris.

Les occasions profitables (roman), Montréal, *Écrits du Canada français*, tome X, 1961.
Le renouveau du théâtre au Canada français, Montréal, Éditions du Jour, 1962.
Nouvelles singulières, Montréal, Éditions HMH, 1964.
Un dos pour la pluie (roman), Montréal, Librairie Déom, 1967.
Les rumeurs d'Hochelaga (récits), Montréal, Éditions Hurtubise HMH, 1971.

La gare d'Axelles

Il n'avait sûrement pas l'intention de les suivre ainsi jusqu'à la fin du monde. Ces hommes balourds, qui posaient des questions idiotes ou dénuées d'intérêt, à propos de tout et de rien, lui tombaient depuis assez longtemps sur les nerfs. Ils étaient maintenant agglutinés autour des stands de cartes postales, recherchant niaisement les mêmes paysages qu'ils avaient photographiés toute la journée. Nous n'en avions pas fini. Ce serait long. Impatient de leur échapper, ne serait-ce que quelques instants, il disparut dans les w.-c.

Ce fut un dépaysement complet. À leur arrogance de parvenus, à leur effervescence d'écoliers, correspondait un grand silence blanc ponctué de bruits reposants, d'un tout autre ordre. Des chasses d'eau. Des dégoulinements. Des robinets ouverts, puis fermés. Le frottement sourd d'une serpillière promenée d'une main molle sur le parquet de tuiles luisantes de propreté (car il n'y a pas à dire, pour être propres, ils sont propres). De grandes glaces rectangulaires se faisant face multipliaient à l'infini cette blancheur. La préposée lui sourit. Il se considéra un moment dans la glace, se donna un coup de peigne, puis attendit. Uniquement pour se donner du temps. Pour se décontracter aussi. Pour essayer de les oublier. Hélas, ce n'était qu'un sursis qu'il s'accordait. Il faudrait les

retrouver à la sortie. Ce seraient des questions. Où étiez-
vous donc? On vous cherchait partout. Pourquoi ceci?
Pourquoi cela? De grands enfants, au fond. Vous n'avez
pas acheté de cartes postales? Elles ne sont pas chères.
Tenez, regardez. Pour le même prix, vous avez tout cela.
L'Opéra. La Bourse. La Cathédrale. Le Jardin public. Le
Théâtre municipal. La Gare. Oui, la Gare, naturellement,
car la Gare est aussi un monument. Ils ont tout fait en
monuments. Jusqu'aux pissotières.

Mais pas celles-ci, heureusement. C'est pour cela
qu'il s'y attardait. La préposée fit chanter les pièces dans
une assiette blanche. Il y en avait des blanches et des
bronzées. Des neuves et des tout usées. Aussi un billet
replié sur lui-même, à ne pas savoir ce que c'était. Il
répondit au sourire de la dame. Et laissa tomber sa pièce
dans l'assiette. Une belle pièce blanche qui tinta. Merci,
monsieur. Merci bien, monsieur. Il sortit. Il fit exprès
pour ne pas regarder dans la direction où devait se trouver
le groupe. Il les verrait bien assez tôt. Leurs bedaines.
Leurs imperméables fatigués. (Car il pleut dans ce pays,
ce qu'il pleut dans ce pays!) Leurs kodaks en bandou-
lière, ou bien encerclés par une courroie usée autour du
cou, retombant ensuite sur la poitrine. Il y en avait même
qui traînaient des jumelles. Pour voir quoi, je vous le
demande, des jumelles? Pas l'intérieur des maisons, toujours! Les fenêtres sont toutes fermées par de petits carreaux bruns et opaques. Rien à y voir. Et les cygnes, hein,
pour les regarder avec des jumelles, il faut être un peu
frappé. Les photographier, passe encore, mais.

Le comptoir des journaux. Il fait comme s'il n'était
pas venu avec eux. Tiens, ils ont les journaux de tous les
pays. Naturellement. Et de toutes leurs provinces. Mais
leur langue est incompréhensible. Il n'y a qu'eux pour la
comprendre. Ce qui l'a frappé, c'est qu'ils semblent se

comprendre entre eux, qu'ils la parlent, cette langue, avec
une certaine animation, avec une certaine intelligence, et
qu'ils éprouvent même, ce qui est le comble, un certain
plaisir à la parler. C'est leur langue ! Il a presque envie de
se retourner, car il ne les entend plus. Mais il s'est juré de
faire le tour, c'est-à-dire de longer ce pan-là et ce pan-là,
avant de les rejoindre. Ce sera bien assez tôt.

Car après ce pan-là et ce pan-là, il est sûr qu'inévita-
blement, il butera contre le troupeau. Et que les questions
recommenceront. Car ils sont bavards et curieux. Il faut
toujours qu'ils crient à tue-tête pour bien montrer qu'ils
existent. Ou afin d'être sûrs de ne pas passer inaperçus.
Justement ils ne crient plus, on dirait. Tentation de. Il doit
sûrement se passer quelque chose. Mais non. Continuer
dans le même sens. Il finira bien par tomber dessus. Bon,
ici c'est la sortie des taxis, gardée par un type à casquette.
Le salon de coiffure pour messieurs. Bientôt, cela se voit,
il va fermer. La liste des prix. Moins cher que chez lui.
Cela ne leur fait pas une plus belle tête. Un couloir qui
mène à l'administration. Fini pour ce pan-là. L'autre. Il
ne s'approche pas trop. Une demi-douzaine de bonshom-
mes à casquettes galonnées gardent une demi-douzaine
de tourniquets. Ils perçoivent et poinçonnent. Le boulevard se voit par là. C'est l'heure de pointe. Six heures.
Alors, rempli de monde. Ça passe dans tous les sens. Des
taxis rouges. Des tramways jaunes. Et des autos. Beaucoup d'autos. Des américaines en grand nombre. Et du
monde qui court, qui marche, qui gesticule. On a toujours
l'impression que ça va se faire écrabouiller. Qu'il y aura
des morts. Mais non. C'est la vie qui passe.

Assez regardé ce manège. Le monde extérieur, quand
on est en marge, comme il l'est maintenant, en observa-
teur impartial, complètement en dehors de la question,
paraît bien artificiel. Tenez, rien d'autre sur ce pan que la

rue ouverte et les percepteurs installés comme des chiens de garde de la société ferroviaire. Fini ce pan-là, fini ce pan-là. Donc attention. C'est le moment choisi. Il va se retourner. Finies, écoulées les dix minutes de liberté. Il se sent mûr pour l'agglutination.

Il se retourne. Bon, quoi ? Mais où sont-ils tous passés ? Il semble qu'il ne les voit plus. Il fait des pas, d'autres pas dans la direction où ils devraient être normalement, mais rien. Personne. Ils ne sont plus là. Il y a bien des gens qui passent près de lui, des gens qui le regardent, d'autres qui ne le regardent pas, mais personne de chez les agglutinés. Ils sont bien partis. Ils l'ont laissé tout seul. Il respire. Il n'en est pas particulièrement fâché. Il voit toute cette liberté imprévue qui s'étire à perte de vue devant lui. Si c'est comme ça, autant y goûter tout de suite à cette liberté. Car cette gare, elle est bien jolie sur les cartes postales, mais dix minutes à ne rien faire dans une gare, à faire le tour, c'est bien le maximum qu'on peut exiger de lui. Voyons, il cherche d'abord à s'orienter. Deux sorties possibles. Nord et sud. Il les appellera ainsi pour mieux se comprendre. Toutes deux opposées l'une à l'autre et faisant de cette gare, avec sa double ouverture sur la vie, un vaste caravansérail. Il croit que c'est plutôt le nord, car s'il a bonne mémoire c'est par là qu'ils sont entrés ce matin. Ce doit être la bonne direction.

Il prend son pas allègre, dégagé. Un air de chanson lui vient aux lèvres. La vie est belle, même dans une gare où l'on n'a rien à faire. Les voici enfin, les percepteurs. Au dehors, c'est l'air libre, le soleil encore haut. Bon, il va s'engager dans le tourniquet. Un bras l'arrête rudement. Quoi ? Qu'est-ce qu'il y a ? Votre billet. Et comme si le percepteur croyait qu'il est de l'autre langue, il le répète dans cette autre langue. Un étrange bariolage de *d*, de *k* et de *r*. Billet ? Mais il n'en a pas ! Comment il n'en a pas ? Mais alors il ne peut pas sortir ! Car pour sortir, il faut remettre le billet. Mais puisqu'il répète qu'il n'en a pas. Alors tous mes regrets, mais il ne peut pas le laisser sortir.

D'où vient-il ? Il vient bien de quelque part ? Mais oui, de Verlaken. Donc s'il vient de Verlaken, il doit bien avoir son billet ? Puisqu'il lui répète qu'il n'en a pas ! Le percepteur commence visiblement à s'impatienter. Il reprend. Il est bien allé à Verlaken ? Oui. Par le train ? Oui. Alors on a dû lui remettre son billet ? On ne lui a pas fait de cadeau, il a bien payé son billet ? Oui. Il l'a payé. Et on ne lui a pas remis de billet ? Non, on ne lui a pas remis de billet à lui. Il a payé, mais au chef de groupe et c'est le chef de groupe qui a acheté les billets. Et il les a gardés sur lui. Alors où est-ce qu'il est ce groupe, et ce chef de groupe, qu'on lui parle ? Partis. Ils sont tous partis. Il les a laissés un moment pour aller aux w.-c. et quand il est revenu dans la salle des pas perdus, ils étaient partis.

Alors il ne fallait pas. Il ne fallait pas aller aux w.-c. Tout ce qu'il sait, lui, en tant que percepteur de la société ferroviaire, c'est qu'il ne peut pas le laisser sortir sans billet. Il se rapproche du percepteur. Allons, un bon mouvement. Il voit bien qu'il est de bonne foi. Qu'il le laisse passer quand même ! Le percepteur a dit non une fois et c'est non. Ce qu'il lui demande là est impossible. Qu'il n'insiste pas, il finirait par le mettre en colère. Et le percepteur commence à le repousser un peu plus rudement. Car il y a des gens qui passent à tour de rôle dans le tourniquet. Ils ont tous leur billet que le percepteur poinçonne méticuleusement, en vérifiant même chaque billet. Lui commence à se sentir mal à l'aise. Il se fait regarder, car il bloque un peu le chemin. Dévisager même par certains, qui ronchonnent. Le boulevard est là à deux pas. Avec son

animation plus frénétique encore que tantôt. Son extrava-
gant défilé d'autos et de tramways. Son chassé-croisé de
piétons lâchés en complète liberté. Alors qu'est-ce qu'il
fait, lui, à attendre derrière un tourniquet ?

Le percepteur vient à son secours, enfin. Voici : il
peut toujours aller au comptoir des renseignements. Le
percepteur se détourne légèrement, surveillant de très
près le tourniquet, et indique vaguement une direction sur
la gauche. Là-bas. Un grand type blond avec des lunettes.
Il ressemble à leur roi, c'est facile. Il arrangera peut-être
cela, lui. Pour sa part, le percepteur ne peut rien faire s'il
n'a pas de billet. Et le grand type blond qui ressemble à
leur roi, il lui en remettra un billet ? Le percepteur le
regarde bien droit dans les yeux. Le grand type blond ? Il
ne sait pas. Peut-être, il ne sait pas. Cela dépend. S'il suit
s'y prendre, s'il sait bien expliquer son cas, peut-être. Il
ne pourrait pas venir avec lui ? Le percepteur se met à
rire. Il en a de bonnes, ce monsieur. Mais c'est impossible ! Cela lui est formellement interdit. S'il quittait son
tourniquet, ne serait-ce que pour une minute, ce serait du
joli. Tous ces gens qui en profiteraient pour sortir sans
remettre leur billet et qui l'utiliseraient une deuxième
fois. Il y a des choses qu'un percepteur ne peut se permettre. Alors va pour le grand type blond.

Il tourne les talons. Il est presque désespéré. Prend
de guerre lasse la direction indiquée. Il marche lentement
car il sent maintenant qu'il a tout le temps. Il s'immobi-
lise bientôt, à mi-chemin, pour tenter de dominer sa nervosité, pour essayer de ranger ses phrases en bon ordre,
pour donner à ce grand type blond une explication qui
paraisse franche et pas le moins du monde embrouillée.
Le grand type blond est penché sur un indicateur ; il
donne des explications à une jeune dame. Cela est long et
se passe dans cette autre langue pleine de *d*, de *k* et de *r*.

Il est maintenant à côté de la jeune dame. Cela est très long. Il va s'impatienter. Il sent que bientôt il ne va pas pouvoir dominer sa nervosité. Il se sent le goût d'abîmer d'injures ce grand type blond qui ressemble à leur roi. Qui ne se presse manifestement pas. Qui donne à la jeune dame tous les renseignements nécessaires. Lui regarde autour, pour voir s'il n'y aurait pas quelqu'un d'autre qui pourrait lui répondre. Mais le jeune homme blond est seul au comptoir des renseignements. Il lui faudra passer par lui, malgré le désir qu'il a de lui sauter à la gorge. Il se sent défaillir. Jamais plus maintenant il ne pourra. Jamais plus il ne pourra expliquer cela convenablement à un personnage qui lui paraît de glace et dépourvu de toute sympathie humaine.

Il tapote le comptoir d'une main nerveuse. Il joue du piano avec ses doigts. Le grand type blond lève la tête et le regarde fixement, un moment, l'œil absent. Puis il se penche de nouveau sur l'indicateur dont il feuillette lentement les pages, donnant sans doute de nouvelles explications. La jeune dame se détourne et lui sourit, d'un sourire de gens de l'autre langue. Il n'a aucun goût pour sourire à une jeune dame de l'autre langue. Ce qu'il veut, c'est avoir son billet. C'est sortir de cette gare. C'est se libérer.

Tout à coup, sans avertissement préalable, la musique forcenée des *d*, des *k* et des *r* s'interrompt. Le jeune homme blond est devant lui, interrogateur. La jeune femme est partie. Il ne l'avait pas vue partir. Alors monsieur ? Il commence à expliquer sur le ton le plus posé qu'il peut trouver. Voilà. Il revient d'une excursion de groupe à Verlaken, mais c'est le chef de groupe qui avait acheté les billets au nom de tous, et il les a gardés sur lui. Au retour, lui-même a laissé temporairement le groupe pour aller aux w.-c. Quand il en est sorti, il a constaté que le groupe était parti sans l'attendre. Lorsqu'il est venu à son tour pour quitter la gare, le percepteur a refusé de le laisser sortir parce qu'il n'avait pas de billet. Mais le percepteur lui a dit qu'ici au comptoir des renseignements il pourrait peut-être...

Il s'arrête et regarde le préposé qui va sans doute l'aider. Le préposé le regarde toujours sans broncher, sans proférer une parole, avec un air absent. Il ne dit rien tout d'abord, puis il prononce d'une voix très lente cette phrase étonnante : pardon, monsieur, je ne vous ai pas très bien compris ; auriez-vous s'il vous plaît l'obligeance de recommencer ? Cela avait été dit dans un français guttural, que l'on imaginait à son tour composé uniquement de *d*, de *k* et de *r*. Il pousse un soupir et recommence. Il s'embrouille en cours de route. Revient sur ce qu'il a dit. Refait son récit en ajoutant les détails qui lui paraissent propres à accentuer la crédibilité de son explication. Il bafouille, s'interrompt, sent la sueur inonder son front. Il tire son mouchoir de sa poche et s'éponge. Quand il a terminé, le préposé ne dit toujours rien.

Alors en définitive, qu'attend-il de lui ? Mais qu'il lui donne un billet ! Le préposé lève les bras au ciel. Il n'a pas l'autorité nécessaire pour lui donner ce billet. Surtout un billet que ce monsieur ne paie pas. Mais il le paiera, s'il n'en tient qu'à cela, ce billet. Il le paiera. Il ne va pas refuser de lui vendre un billet ? Le préposé pâlit. Il y a à ce moment une lueur d'intelligence dans son regard. Mais il ne vend pas de billets, lui, il n'est pas un vendeur de billets. Lui, il est préposé aux renseignements. Ce n'est pas du tout la même chose. Les billets, c'est un service absolument distinct.

Lui devient de plus en plus exaspéré. Où est-il ce fameux autre service ? Puisqu'il est aux renseignements, il peut au moins lui indiquer cela ? Le préposé ne semble pas de la meilleure humeur possible. C'est de l'autre côté, fait-il, en étendant la main droite dans une direction vague. Mais attention, il ne peut pas y aller d'ici. Comment? Il ne peut pas y aller? Non, ils ne le laisseront pas passer. Pourquoi? Parce qu'il n'a pas de billet. Comprenez: de ce côté-ci, monsieur, ce sont les arrivées. De l'autre, les départs. Et il y a aussi un percepteur pour veiller à ce que les gens qui n'ont pas de billet, les gens comme lui, ne passent pas d'une salle à l'autre.

Alors que va-t-il faire, lui? Il n'est tout de même pas pour passer la soirée, la nuit, toute sa vie dans leur sacrée gare d'Axelles? Cela ne l'intéresse pas. Il a autre chose à faire. Et il les a tous assez vus, s'ils veulent le savoir, tous leurs percepteurs, tous leurs préposés. Le préposé sourit faiblement. Il ne perd pas son flegme. Qu'est-ce qu'il fera de sa soirée, de sa nuit? Mais il ne le sait pas. Cela ne le concerne pas. Il est ici pour donner des renseignements, c'est tout. Pas des conseils, mais des renseignements. Et il ne veut rien savoir d'autre. Et puis, hein, quant à y être, pourquoi lui vendrait-il un billet pour Verlaken, en admettant qu'il pût être autorisé à le faire? Qu'est-ce qui lui prouve qu'il vient de Verlaken? Qu'il ne vient pas plutôt de Maerlaken, de Fabraeken ou de Hemlacken? Qu'il ne vient pas d'un autre pays, d'une autre contrée, d'un autre monde? Non rien ne lui prouve qu'il arrive de Verlaken.

L'autre se penche très en avant sur le comptoir. Voilà. Il va lui prouver qu'effectivement il rentre de Verlaken. Tenez, il s'est promené presque tout l'après-midi en barque sur les canaux. Il a vu le beffroi de la maison communale. Il a visité le château, la cathédrale. Pour lui, c'est-à-dire pour eux, on a tiré le rideau rouge qui cache d'ordinaire la Vierge au Lys d'or. Tous les Memling du Musée municipal, il les a vus. Le préposé fait non de la tête. Non et non. Il ne veut rien savoir de tout cela. Est-ce

qu'il les a jamais vus, lui, les Memling du Musée municipal de Verlaken ? Est-ce qu'il sait même s'il y a des Memling au Musée municipal de Verlaken ? Et même s'il le
savait, il ne pourrait faire ici état de ses connaissances car
lui il est préposé aux renseignements. Il est ici pour dire
aux voyageurs qui le demandent que le premier train de
Verlaken entre en gare d'Axelles à sept heures quarante-
six le matin et le dernier à vingt-trois heures trente le soir.
Qu'il y a douze trains qui arrivent tous les jours de Verlaken, dimanche excepté où c'est un tout autre horaire, lui
ne travaille pas le dimanche, c'est son jour de congé,
c'est un autre préposé qui répond alors aux demandes du
public. Ainsi pour les trains qui partent, c'est de l'autre
côté, du côté des départs qu'ils le renseigneront. Pas ici.
Ici c'est uniquement les arrivées.

     Mais il est fou, ce préposé ! Il ne veut pas retourner à
Verlaken ! Qui lui parle de retourner à Verlaken ? Il y est
allé une fois à Verlaken, aujourd'hui, et c'est pour longtemps, il le prie de le croire. Les canaux de Verlaken, il
les a vus pour toute sa vie. Comme il lui plaira, reprend le
préposé. S'il ne veut pas retourner à Verlaken, c'est son
affaire. Mais il ne lui vendra pas de billet retour de Verlaken. Cela, non, jamais. Une autre dame s'approche du
comptoir et demande à quelle heure arrive le prochain
train de Maerlaken ? Elle attend quelqu'un de très cher
qui arrive par ce train. Oh qu'elle ne s'inquiète pas. C'est
à huit heures sept. Madame a tout le temps. La dame
remercie et s'en va.

     Quelle heure est-il donc ? Le préposé indique d'un
mouvement de tête la grosse horloge de la salle des arrivées. Lui n'est pas là pour donner l'heure. Il est là uniquement pour les renseignements. De l'ordre de ceux
qu'il vient de fournir à cette dame. Sept heures trente !
Voilà une heure trente qu'il perd dans cette gare. Et il n'a

pas l'heur de devoir en sortir. Il se voit seul, prisonnier, incapable de se débarrasser de la gare d'Axelles, couchant, mangeant, dormant, finissant ses jours dans la gare d'Axelles, dont il ne semble pas y avoir moyen de sortir. Car il lui manque le petit carton rouge ou jaune ou vert de deux centimètres sur quatre que personne n'est autorisé à lui donner et qui pourrait le libérer sur l'heure.

À l'extérieur, le soleil a presque entièrement disparu. L'activité est au ralenti sur le boulevard. La gare même est presque déserte. Mais du côté sud comme du côté nord, les percepteurs montent la garde, une garde qui semble devoir n'avoir plus de fin. Alors ils ne vont même pas manger, ces gens-là! Ils ne vont même pas aux w.-c. ces cerbères du rail? Tiens, on dirait qu'effectivement ils sont moins nombreux. Oui, c'est vrai, il y en a moins que tantôt. Mais là où les percepteurs ont quitté leur poste, le tourniquet a été doublé d'un portillon refermé et mis sous clef, avec un énorme cadenas. Alors qu'arrivera-t-il quand le dernier percepteur sera parti et qu'on aura verrouillé le dernier portillon?

Il ne s'en est pas aperçu, mais il s'est passablement éloigné du comptoir. Il a pris ses distances avec le préposé. Mais celui-ci ne fait plus attention à lui. Il s'affaire, tripote des papiers et paraît l'avoir complètement oublié. Lui cherche toujours dans sa tête une issue. Ses yeux lisent machinalement une enseigne écrite en gros caractères. L'espoir d'en sortir lui saute immédiatement à la figure. Son cœur bat plus vite. C'était écrit, et il ne l'avait pas encore vu. Cela peut le sauver. Il lit et se répète presque à haute voix: Service de Sécurité et de Police de la Gare d'Axelles. Il y a encore de la lumière. La porte est ouverte, accueillante. Il y court. Avec la police, ce sera vite fait. Il en est sûr. Ils ne lui feront pas d'histoire quand il aura expliqué son cas. Il entre. Rien. Il n'y a personne.

Il y a certes de la lumière, comme s'il y avait quelqu'un,
il y a trois ou quatre bureaux où il y a beaucoup de pape-
rasse, ce qui prouve que normalement il y a là quelqu'un,
il y a des imperméables accrochés à la patère, mais il n'y
a aucune présence humaine. Il attend quelques instants.
Personne ne venant, il sort.

Il est maintenant tout près du côté des départs. Le
percepteur qui monte la garde entre les arrivées et les
départs semble plus gentil que les autres, peut-être plus
humain aussi. Il a une bonne tête. Lui recommence sa
petite histoire. Il est si énervé que les phrases ne se pla-
cent plus en ordre, qu'à l'intérieur de ces phrases les mots
répugnent à prendre la place qui leur revient. Le percepteur ne comprend rien, c'est évident. De nouveau c'est
une cascade de *d*, de *k* et de *r*. Puis : il a son billet ? Mais
non, puisqu'il vient de tout lui raconter pourquoi il n'a
pas de billet. Le percepteur hausse les épaules. Puis
levant la main, il pointe du doigt une direction. Par là, dit-
il, dans un français rocailleux, à peine compréhensible.
On vous indiquera. Par là. Et il sourit aimablement. Lui
se retourne. Ce qu'on lui désigne si aimablement, c'est le
comptoir des renseignements.

Tout à coup, une idée. Et la police ? Où est-elle la
police ? L'autre fait un signe négatif de la tête. Police ?
Non, pas police ! Pas police ! Il n'a rien d'autre à faire
que de retourner au comptoir des renseignements.
Essayer de convaincre encore une fois ce préposé. Il
reprend la direction du comptoir d'un pas de condamné à
mort. Il faudra recommencer à tout expliquer à ce fonctionnaire qui a une tête de buse. En approchant, cependant, il tressaute. Le jeune homme blond n'est plus là.
C'est un jeune homme noir qui semble occuper sa place.
Celui-ci est court, râblé ; il a les yeux vifs, les cheveux
crépus, une petite tête intelligente d'Israélite. Il arrive au

comptoir quand il s'aperçoit que le jeune homme blond y est encore, mais de l'autre côté, du côté des départs. Il le voit de dos qui est penché sur le comptoir et qui donne des renseignements à un autre jeune homme blond, à lunettes comme lui et qui lui aussi ressemble à leur roi.

Il n'a pas de temps à perdre. Il s'adresse tout de suite au jeune homme noir, parlant vite et bas, afin que l'autre n'entende pas. Il s'embrouille de nouveau, s'empêtre dans ses phrases, recommence. Le jeune homme noir ne le laisse pas continuer. D'un geste bref de la main, il lui fait signe de se taire. Il prend sur le comptoir une petite tablette. Il griffonne trois ou quatre mots en vitesse, détache le feuillet, le lui remet sans une parole. Lui prend le feuillet et lit : autorisation de sortie. Le jeune homme noir a déjà le dos tourné. Il n'a pas la joie de le remercier. Il court vers le percepteur, le seul qui reste à présent de faction du côté nord. C'est celui qui lui avait refusé la sortie, deux heures plus tôt. Le percepteur ne dit pas un mot, lui non plus. Il prend l'autorisation, la poinçonne et la met dans sa poche. Le tourniquet fait son office en grinçant légèrement. Sur le boulevard, la circulation a repris avec plus d'intensité. Arrivé sur le trottoir, il s'arrête et prend une longue respiration.

La nuit commence déjà à tomber.

(*Nouvelles singulières*)

Roch Carrier

Roch Carrier est né en 1937, à Sainte-Justine de Dorchester. Études au Collège Saint-Louis d'Edmunston, à l'Université de Montréal et à la Sorbonne. Romancier, conteur, dramaturge et poète. Enseigne d'abord au Collège militaire royal de Saint-Jean, à l'Université de Montréal et revient après quelques années au CMR de Saint-Jean. Prix de la Province de Québec en 1965.

Jolis deuils (contes), Montréal, Éditions du Jour, 1964.

La guerre, yes sir! (roman), Montréal, Éditions du Jour, 1968.

Floralie, où es-tu? (roman), Montréal, Éditions du Jour, 1969.

Il est par là le soleil (roman), Montréal, Éditions du Jour, 1970.

Le jardin des délices (roman), Montréal, Éditions La Presse, 1975.

Il n'y a pas de pays sans grand'père (roman), Montréal, Éditions Stanké, 1977.

Les enfants du bonhomme dans la lune (contes), Montréal, Éditions Stanké, 1978.

La dame qui avait des chaînes aux chevilles (roman), Montréal, Éditions Stanké, 1981.

Le chandail de hockey (nouvelles), Montréal, Livres Toundra, 1984.

De l'amour dans la ferraille (roman), Montréal, Éditions Stanké, 1984.

Histoire d'amour

Oyez! Oyez! braves gens, l'épopée d'un valeureux pompier qui devint amoureux de la jeune fille qu'il sauva!

Sophie connaissait tous les bonheurs, sauf celui du sommeil. Des nuits entières à sa fenêtre, elle espérait qu'il vienne la prendre. Sophie pâlissait. Sophie s'étiolait.

Elle avait essayé la lecture des romans; hélas! les récits d'amour n'endorment pas les jeunes filles. On lui avait aussi suggéré de compter non pas des moutons — ils ne peuvent provoquer qu'un sommeil vulgaire — mais des voitures de luxe: inutile. On lui proposa finalement de s'épuiser à des exercices physiques. Religieusement, Sophie plia son corps à toutes les distorsions de la gymnastique. Hélas! ce remède l'accablait de malaises.

Le désespoir la conduisit chez le célèbre Swâmi Vrahnadana:

Chère et douce comme le miel demoiselle, déclamat-il, voici un secret qui chassera de vous les démons insomniaques. Vous ne dormez pas parce que vous êtes trop lourde, moralement s'entend. Le sommeil est impuissant à vous enlever. Il faut devenir fumée, vous convertir en fumée.

Sophie était tout étonnée.

— Sous les draps blancs de votre lit, poursuivit le Swâmi Vrahnadana, n'ayez en tête qu'une seule idée, qu'une seule image: la fumée. Ne pensez qu'à la fumée.

Répétez-vous que vous êtes de la fumée, et ne croyez à rien d'autre. Alors le vent du sommeil gonflera vos voiles et vous voguerez sur les mers du ciel.

Le soir même, en mettant son pied dans son lit, Sophie commença à se chanter qu'elle était de la fumée. De la fumée bleue. De la fumée légère. De la fumée dansante. De la fumée qui s'élevait au ciel. Qu'elle sentait le parfum délicat de la fumée. Que la fumée montait de son lit. Que la fumée remplissait sa chambre. Que la fumée se répandait dans les autres pièces. Que la maison était remplie de fumée bleue, légère, douce.

Alors un coup de hache fendit la fenêtre, les vitres éclatèrent et bondissant de son échelle, un pompier surgit dans la chambre de Sophie, l'arracha de son lit, et la voyant si belle dans ses bras, il la baisa au front. Puis se déroula dans cette chambre une scène d'amour si belle que Sophie croyait rêver.

Ils se marièrent quelques jours plus tard. Ainsi le voulaient les mœurs d'une jeune fille honnête et la bravoure sans tache d'un pompier.

Depuis leur rencontre, Sophie avait tant de bonheur que le soir, elle en était épuisée, et ses beaux yeux se fermaient sur un amour indéfinissable.

Mais depuis le même moment, le courageux pompier n'avait pas fermé l'œil.

— Songe à de la fumée, lui conseilla Sophie, de la fumée de soie, bleue. Persuade-toi que tu es de la fumée, que tes jambes, tes bras, ton corps entier est de la fumée qui se perd dans la nuit.

Le remède fut inefficace. Sophie proposa alors à son époux d'aller ouvrir sa conscience au célèbre et saint Swâmi Vrahnadana.

— Si le sommeil vous est refusé, dit le savant homme, c'est parce que vous êtes trop lourd. Le sommeil refuse de vous prendre. Il n'aime pas l'effort. Faites-vous léger comme la fumée...

— J'ai déjà épuisé votre remède sans que ne se produise le miracle. Dès que je songe à de la fumée, j'entends une sonnerie d'alarme, et je ne peux plus dormir : l'habitude, la déformation professionnelle...

— Le sommeil, dit le maître, ne souffre pas l'effort. Il ne souffre pas la contrainte. Ne résistez pas à l'alarme. Persuadez-vous qu'un camion vous emporte à travers la ville. Persuadez-vous que vous grimpez dans votre échelle. Il vous faut oublier votre état d'homme étendu dans votre lit pour y dormir.

Ce soir-là, après avoir embrassé Sophie, le pompier mit son imagination en branle : il entendit une sonnerie d'alarme, il sauta dans un camion rouge, il traversa la ville et tous les obstacles s'écartaient devant son passage, il oscilla au bout d'une échelle, il enfonça une fenêtre.

À l'aube, dans une chambre aux fenêtres éclatées, aux murs roussis, dormaient du sommeil de l'amour heureux un pompier et la jeune fille qu'il avait sauvée, Annie.

Le pain

Il n'était pas un homme d'ici. Sa langue était d'ailleurs.. La couleur de sa peau n'était pas d'ici. Sa démarche n'était pas d'ici, ni sa douceur.

On lui mit un balai entre les mains, on lui prêta un uniforme, et lui fut confiée la mission de chasser les saletés de la ville. En échange de son labeur, on lui donnerait du pain. C'est le seul mot qu'il comprenait.

Un camion le conduisit aux limites de la ville, le déposa dans une rue qui appartenait à peine à la ville. Passant dans les beaux quartiers, on lui avait expliqué qu'il balaierait peut-être un jour ces rues parfumées d'arbres, de gazon et de fleurs. L'étranger n'avait rien compris et s'était tu.

Le soir, le camion retourna pour cueillir l'étranger. La ville était un gigantesque mots-croisés. On ne retrouva pas la rue. On convint qu'il y avait erreur quelque part. On chercha un peu au hasard des rues voisines. Et l'on abandonna; l'homme trouverait bien le chemin du retour.

L'homme avait balayé toute la journée. Il balaya toute la soirée. Comme personne ne venait, il balaya toute la nuit. Il balaya sans s'inquiéter toute la journée suivante. Il balaya une deuxième nuit. Il travaillait avec un rythme qui n'était pas d'ici et une patience qu'on ignorait. Il balaya des jours et des nuits. Il balaya des semaines sans que personne ne lui apportât son pain.

L'on vint des mois après. On lui arracha son balai, on le poussa dans une voiture aux fenêtres grillagées. Non seulement l'étranger ne ressemblait pas à un homme d'ici, il ne ressemblait plus à un homme. Il pensait, en ses mots étrangers, que l'heure du pain avait sonné et il souriait. On l'enferma entre des murs de brique qui sentaient l'urine. On verrouilla une porte de fer.

Pesait sur lui une accusation de sabotage. Il avait détruit un quartier entier de la ville. Touchés par son balai, l'asphalte, le béton, le fer des structures, des voitures et des bicyclettes, les pierres des maisons, les habitants, même les enfants, les chiens s'évanouissaient sans laisser plus de traces que s'ils n'eussent jamais existé. Sous le balai, tout crevait comme bulle de savon, tout s'effaçait.

Dans sa cellule, il attendit son pain. Après des jours d'espérance, la porte de fer ne s'était pas encore ouverte sur le pain. Il eut envie de crier mais il savait qu'il ne serait pas compris puisque sa langue n'était pas d'ici. Il se tint coi.

Des enfants qui n'étaient pas nés à son entrée en prison avaient des enfants quand il sortit gracié, avec d'autres criminels, par un Général attendri. Comment aurait-il pu savoir que tant d'années avaient passé puisqu'il ignorait la langue et les chiffres d'ici ?

Il commença par marcher craintivement autour de l'édifice où une partie de sa vie s'était confondue avec une longue nuit. Il s'en éloigna peu à peu, agrandissant son cercle à travers les rues en quadrilatères. Il oublia tout à fait cet édifice et ses années noyées dans la nuit.

Il marcha des heures. Il marcha des jours. Il erra des semaines, espérant toujours rencontrer la personne qui lui devait du pain.

Quelques mois plus tard, une main toucha son épaule : on lui offrait un balai et un uniforme ; on lui confiait la mission de défendre la ville contre les saletés, en échange de quoi on lui donnerait du pain.

L'étranger accepta.

Il se mit à la tache avec un sourire dont la méchanceté n'était pas d'ici.

(*Jolis deuils*)

Jacques Renaud

Jacques Renaud est né en 1943 à Montréal où il fait ses études primaires et secondaires. Entre ensuite à l'École normale Ville-Marie et à l'École nationale de théâtre. Romancier, poète, nouvelliste et essayiste, il publie des articles dans plusieurs revues dont *Vie des Arts* et *Perspectives*.

Électrodes (poèmes), Montréal, Éditions Atys, 1962.

Le cassé (nouvelles), Montréal, Éditions Parti Pris, 1964.

En d'autres paysages (roman), Montréal, Parti Pris, 1970.

La colombe et la brisure éternité (roman), Montréal, Le Biocreux, 1979.

Clandestine(s) ou la tradition du couchant (roman), Montréal, Le Biocreux, 1980.

Arcane seize (poèmes), Montréal, Éditions de la lune occidentale, 1980.

La nuit des temps (récit), Montréal, Éditions de la lune occidentale et du Transplutonien, 1981.

Les cycles du scorpion (poème), Montréal, l'Hexagone, 1989.

… and on earth peace

L'aube. La soupape blafarde. La viscosité de l'humidité. Le froid. Une odeur de ciment gelé s'est figée dans mes sinus. L'odeur a disparu. J'ai beau me dilater les narines, je n'arrive pas à la renifler de nouveau. Odeur de ciment gelé! oua! Pis après. M'en sacre. Odeur de quèqchose. Ça puait. Chus jamais allé m'placer l'nez au-dessus du ciment gelé, comme ça, pour le fonne. Pourrais ben dire que ça sent gris. Ah! Pis après. M'en sacre. Pas pour me mettre à recherche des puanteurs. Chus pas imprésario. Me retrouver à dump. Nez dans marde. Pour trouver des puanteurs. Non, non. Hey! Pas si cave.

Il frissonne. Il n'aime pas ça. Il sait qu'une stupide absence de chapeau ou de bottes fourrées, plus la fatigue — il est fatigué — et c'est une pleurésie « légère ». Ça lui arrive tous les hivers. Le frissonnement. Ouerch! maudite marde! Bromo quinine — pilule verte. À chaque frissonnement, y répète la même chose. Un vrai chien de Pavlov. Une fringale lance un sang nerveux à ses tempes. Par saccades. D'un coup, sans crier gare, ses mâchoires se décrochent. Ses nerfs cèdent quelque part. L'épaule croule vers la droite. La tête vers la gauche. Puis vrang, la mâchoire. Frissonnement. Des phrases et des mots s'entrechoquent dans sa tête.

«Brassées par bandes, brassées par bandes ». Une écharde de poème. « Un-brin-d'scie-fait-la-planche ». Six pieds. Celui-là, c'est de moi. Comique en barnac, han, Baudelaire? Mon enfant, ma sœur, songe à la partie de fonne d'éparpiller des confetti de poèmes à tous les coins de rues. Un policier au bout de chaque doigt, astiquer rageusement les écuries d'Augias. Je t'aime. Un beau mot — allons — un beau geste. Un beau fumier toute cette anthropophagie. Songe à la douceur d'aller là-bas. Non, non. Pas dans les écuries d'Augias. Tu connais pas Augias? Un beau malpropre. T'en parlerai. Songe à là-bas pis pose pas de questions. Les guerlots sonnent (pause) dans la vallée (demi-pause). C'est une trôlée de morveux dans ma tête grosse comme un orphelinat. Mon enfant, ma sœur, songe un peu, c'est douze dollars pour des bonnes bottes— ben non, voyons, des bottes qu'on se met d'in pieds, cochonne. On est fourré. Là tout n'est qu'ordre et marché, marche par là mon poulet que ch'te pleume, luxe calme et volupté.

La veille, il est allé louer une chambre pour Loulou. Elle a dix-huit ans. Elle est enceinte de lui. Il a trouvé la chambre vers neuf heures. Loulou est venue s'étendre sur le lit. Elle a souri. Ch'suis fatiguée. Sourire triste, pensa-t-il. Triste… non. Je dis ça parce que je sais, moi, qu'elle est lasse et sans doute triste… ça se voit dans les yeux. Lasse et écœurée. Je sais. Si un autre l'avait vue sourire, un inconnu, aurait-il pu deviner ses sentiments réels? Peut-être. Sourire triste… Ça se sent. Ce sourire, ce visage, sont explicites. Ce sourire n'est pas artificiel. Ne laisse rien sous-entendre. Ne cache pas l'écœurement. Il le transforme. Toute la douceur du monde vient se résorber dans un mouvement des lèvres. Loulou sourit.

Être envoûté par le simple contact du regard avec le sourire d'une écœurée. Comprends pas. Veux-tu me dire.

Ces sourires-là, on s'en rappelle toujours. Loulou sourit.
Loulou sans emploi, sans amis, cassée, fatiguée, à bout.
Loulou palpable, aussi, passionnée. Loulou enceinte.
Loulou dans marde comme beaucoup d'autres. Loulou
sourit. Écœurée, chaleureusement vraie.

Il est allé acheter des hot-dogs et des patates frites,
rue Amherst. Loulou s'est endormie après avoir mangé.
Pâle. Belle. Ailleurs. Ailleurs. Ayeur. 'Yeur… le mot se
retournait sur lui-même dans sa tête, lentement coulait le
long de ses tempes… ayeur… yeur… Tout semblait être
ailleurs dans cette chambre. La chaise, la table, le lavabo.
Les deux ampoules fixées au mur. L'une, pendante —
oblique et raide, plutôt. L'autre, horizontale, plus jeune,
sans doute. « Plus jeune », pensa-t-il; c'est stupide. Ampoule « jeune». Oua! Et d'abord, pourquoi plus jeune?
Parce qu'elle est horizontale et que l'autre est penchée,
oblique? Un mort peut être horizontal ou oblique…
aucun rapport avec le dilemme, il y a de vieux morts et de
jeunes morts. D'ailleurs, un pendu est perpendiculaire…
aucun rapport avec les ampoules, aucune d'elles n'est
perpendiculaire… complexe tout ça. Ampoule jeune.
Waingne! Parce qu'elle semble résister avec plus de ténacité que l'autre à l'attraction terrestre, voilà… mais il y a
des jeunesses molles et des vieillards énergiques. Waingne! C'est pas l'ampoule qui résiste à l'attraction terrestre, c'est la prise de courant…

Il passa peut-être par Lagrange, Newton ou Einstein.
Le libertinage de ses spéculations semblait se faire d'une
façon de plus en plus autonome et de moins en moins
conscient.

Il écoutait le silence: c'était l'assourdissant tic-tac tic-
tac tic-tac d'un petit réveille-matin. Lui, il se sentait de
plus en plus immobilisé près de la porte. Il parcourut discrètement, du coin de l'œil, le cadran de sa montre. Les

aiguilles indiquaient une heure trente-deux, l'aiguille des
secondes tournait, plus explicite que jamais. Les secondes
passaient, passaient, trépassaient. Un léger pivotement de
la tête et surtout des yeux. Loulou dormait. Retour au
cadran: l'aiguille tournait. Le silence: tic-tac tic-tac tic-tac.
Il dirigea lentement sa main vers le commutateur. ne pas
éveiller Loulou. Tic-tac tic-tac tic-tac tic-tac. L'index
appuya sur le bouton du commutateur. Clap! Le silence
sembla se taire. La noirceur l'acheva. Il n'entendit plus
rien. La pénombre l'éveilla un peu. Il osa brusquement la
main vers la poignée de porte. Le silence reprenait son tic-
tac. Pas de répit. La poignée. Un grinchement.

   Il marche depuis environ une heure. Par moments, il
frissonne. Loulou: une image qui émerge dans sa tête,
persistante et floue, qui émerge entre deux grouillements
d'images et de réminiscences imprécises, persistantes.
Loulou. La chaise, la table, le lavabo. Les ampoules. La
Catherine. Le soir même, vers sept heures, il était allé
marcher sur la Catherine, après les bines de l'Eldorado.
Catherine rotait déjà son White Christmas, le vessait, le
barguinait, le cantiquait, elle pissait partout son rimmel
de néon. Les cash pis le p'tit change sonnaient à toute
volée, etc., etc., etc.

   Il marche depuis longtemps. Par moments, il frissonne. Son corps tressaille un court instant. Une avalanche d'images se déclenche dans sa tête. Le frisson cesse;
le délire dure et s'apaise. Puis ça recommence. Sueurs de
pieds refroidies. Frissonnements.

   « L'aube tarde à venir, et dans le bouge étroit
   Des ombres crucifiées agonisent aux parois. »

   Par ici, Cendrars, c'est Noël à Montréal. Ça pette, ça
braille, ça râle. T'aurais dû voir la Catherine hier soir. À

jouissait. Une vraie guidoune. Y manquait rien que les
dentelles au cul. Mon vieux Cendrars, faudrait vraiment
pas qu'elle chante durant l'éternité. «… L'aube a glissé
froide comme un suaire… »

Il marche sur le ventre refroidi de la Catherine. Elle
s'étale, morne et démaquillée, de l'est à l'ouest, dans sa
sueur figée. Tiquée, han, ma grosse? Aigres en bile, chers
en sperme tes petits Noëls aux films cochons. Tes saintes
réjouissances, tu peux t'les renvaginer. Pis l'Jésus d'cire.
Le sauveur du monde y pisse au lit, y pisse partout. Par
ici, bain d'pipi, douche de pipi, chapelets, missels sauce
pipi: 20 % de rabais, avec la taxe ça fait — attends un peu
— ça fait… pipi au lit pipi partout avec garantie pour
quarante jours et quarante nuits déluge de pipi sauve qui
peut chacun pour soi choit sur l'autre.

       zing zing one two
       a dit woup Farnantine
       la bizoune à Raspoutine
       barguine-moé ton violon
       l'pays marche à reculons
       zing zing two three

Un poignard valse dans mon crâne. C'est un glaçon
de joie qui perce mon rhume de cerveau. C'est une croix.
Elle se déforme. Elle fond. Elle rétrécit. Elle se fige.
C'est un serpent emprisonné. Un signe de piastre. And on
earth peace. Minuit chrétien c'est l'heure du crime:
l'homme le dollar à la main, touiste et dérape sur l'esca-
lator de son destin, etc. And on earth peace, à rabais, beau
bon pas cher. Ils ont l'air cave. Non, ils ont l'air tragique.
Ils ont l'air comique. Ils ont les pieds meurtris. Ils sont
hypnotisés. Ils sont harassés. Ils suent. Ils s'écorchent
l'œil partout. Ils ont mal à l'âme. Elle barbote dans

l'alcool. Dans l'estomac. Dans les talons. Avec la taxe, ça fait...

C'est pas un moulage de cire, un pipi de l'esprit saint, un leurre solennel que Loulou couve dans son sein. C'est le fruit de la synthèse d'un ovule et d'un spermatozoïde. Waingne. Ça n'attend ni l'opération du saint-esprit, ni le plein-emploi. Ça n'attend pas sagement l'autobus en rang d'oignons gelés. Ça fonce tête première l'un dans l'autre, ça s'étreint, ça s'aime, c'est bohème à s'en faire la morale. Neuf mois plus tard, ça s'est concerté pour demander à manger. Des vrais gavions. Y faut l'vouâr pour le crouâre — comme pour les grandes ventes d'écoulement.

Minuit chrétien. Décompte. Le chiffre d'affaires d'Eaton's, de Morgan's, de Dupuis, De Patente et compagnie, de Bébelle incorporé. La messe de minuit — envouèye, marche. Perds pas ton ticket. Les malengueuleries familiales. Les ruelles du bas de la ville où aucun sapin ne viendra traîner après le premier janvier. Y a des bonnes âmes qui se font appeler les amis des pauvres. Une fois par année, y rapaillent une gagne de cassés pis y leû payent un festin-de-jouâ. O sâ-înte nuit. Y les aiment-tu donc. Y les aiment comme y sont. Y les aiment cassés. Faibles. Pitoyables. Y les aiment ignorants. Carencés. Aliénés. Y les aiment étouffés. Viciés. Vicieux. Y les aiment comme ça. La pauvreté est une nécessité sociale. Une fois par année, ça nous permet de nous retaper la conscience.

Les cassés. Culpabilisés. Conditionnés à la petitesse morale. Aimez-les comme y sont, y resteront comme y sont. La tactique, c'est d'leû calfeutrer l'estomac à intervalles réguliers. Le bourrage de crâne fait le reste. Crânes bourrés, dindes farcies, joyeux Noël.

Ils ont besoin d'amour? Non. Ils ont besoin d'aimer. Et ils haïssent. Ils se haïssent eux-mêmes. S'aimer eux-mêmes comme ils sont c'est du masochisme. Quand ils s'aimeront eux-mêmes pour de vrai, ils auront honte. Ils feront la révolution. Ils se voudront autres.

Les cassés. Même pas l'instinct sûr des bêtes.

Incarcérés pour vols et viols. Remis dans le droit chemin de Saint-Vincent-de-Paul. Mets-toé à genoux. Baise-moé a main. Baise-moé le cul. Plaide coupable, ça coûte pas une cenne. T'as péché par ivrognerie. T'as péché par impureté. T'as péché par icitte pis t'a péché par là. Mon frère en Crisse. Le bonyeu vâ t'pardonner tes zaveuglements. Nouzô't on vâ t'les conserver. Mange pis fârme ta yeule.

Dernière cène, brochée sur tapis, latest style: $9.95; avec la taxe, ça fait… éponge au pipi.

Hypnotisés. Donne in bôbec pis va t'coucher pitou prie le p'tit Jésus d'réchauffer l'père noël y pourrait avouèr frette à souèr dors goudou goudou. Y faut qu'tu souèyes fin fin sans ça le p'tit Jésus va dire au père noël de pas v'nir te ouèr. T'à l'heure y va descend' par la cheminée pis pa pi po pi, etc., etc., etc.

—C'est pas une cheminée qu'on a c'est un tuyau d'poêle.

— le père noël y peut tout faire. Y est magicien.

— comme le bon Dieu?

— comme le bon Dieu. Dors, goudou gou…

— comme ça, y a deux bon Dieu?

— ben non, vouèyons! Dors, g…

— t'as dit que…

— tais-toé pis dors! goudou goudou!

C't'enfant-là y a ben trop d'imagination. Y pose toujours des questions nounounes.

Avec la taxe, ça fait…

Sur la Catherine, un panneau-réclame attire l'attention. À droite d'une colombe blanche et majestueuse, en

exergue: ...and on earth peace. À droite, en bas, c'est
signé: Royal Bank. Et pendant ce temps, comme dit la
chanson, le pathos éjacule dans les cash.

Lui, c'est l'aube, et il marche sur la Catherine. Par
moments, il frissonne. Bromo quinine — pilule verte. Il
est n'importe quoi. Moi, toi, lui. Une obstination fortuite,
insolite, incohérente. Il serait risible de dire qu'il n'est
plus rien. Mais qu'est-il? Fringale, fatigue, douleurs,
sueurs de pieds refroidies, envies de tuer, envies. Une
charade fantasque.

Une charade d'envies, d'impulsions irrationnelles.
Un animal blessé qui désespère de trouver exactement où
se situe la blessure. Quelle en est la provenance. C'est le
récit de l'homme blessé à l'esprit et au corps qu'il faut
écrire. Sans arrière-pensées littéraires, sans visées esthéti-
ques. La révolte c'est la réaction scabreuse de l'homme
quand il prend conscience de sa situation de cobaye, sans
même l'attention qu'on prête à ce dernier. On ne néglige
pas et on ne mutile pas impunément l'humain. Un jour ou
l'autre, il nous recrache nos verbiages en plein visage. En
attendant...

La Royal Bank. Il s'est arrêté devant. Il ne la voit
peut-être pas mais il la sent. Tout le fragile humain s'est
broyé dans sa tête.

Sur un lit, une fille enceinte. Les toits et les murs se
sont effondrés. Il neige. Le lit avec la fille dedans est en
plein milieu de la Catherine. La fille y dort. Il est sept
heures du soir. Les autos klaxonnent, foncent dans les rui-
nes. Les hypnotisés se ruent sur les vitrines, les défon-
cent, pillent, massacrent. La hideur se donne des ailes
d'anges de carton. C'est le rite, l'incantation du dollar, la
masturbation collective, la joie vicieuse des cantiques, les
cloches du û hameau, du nanane, du libertinage des chapelets.

L'imagination multiplie le mal à l'infini; d'abord elle semble couver les impressions. La coquille du crâne se brise. Une écaille entame la cervelle. Les phantasmes germent comme des champignons. On patauge en pleine omelette. Plus l'omelette tremble, plus les pensées glissent et butent, saoules et incohérentes, les phantasmes épuisent. La volonté est inutilisable, infirme.

L'imagination attendait, passive. Un coup dur. Un autre. On s'énerve. On se fatigue. L'avenir devient rebutant, menaçant. Des phobies nous triturent le ventre. Tout l'être se crispe. La conscience est submergée.

Une courte accalmie, parfois... demain, tout à l'heure, dans un instant, déjà tout recommence. Casser des vitrines, des yeules, n'importe quoi. Pire que de tout haïr, tout nous ahurit. Tout le mal est là. La réalité ne nous façonne plus, elle nous défigure.

Alléluia Royal Bank pour tes colombes de Claude Néon, pour tes saintes images d'Elizabeth, vertes, roses, bleues, cananéennes; alléluia pour tes hommes de bonne volonté, ceux de Brink's, ceux-là aussi qui calculent derrière tes guichets, qui ternissent leur œil et leur propre richesse; alléluia pour la caisse de noël, pour les chômeurs toast and beans and vomissures de rage à taverne, and bonjour monsieur l'curé, and toujours pas d'travail, and c'est du sentimentalisme ton affaire, and mon vieux tu perds ton temps, and on écrit pas comme ça, and on attend pour écrire, and on attend la permission, and vous m'faites chier pis j'continue, gagne d'égossés, alléluia Royal Bank pour tes coffres-forts viragos vierges sans joie ni foi, pour ta confrérie instruite, ceux qui savent compter plus loin que 100,000, ceux qui disent moâ, ceux qui disent we, me, I and So what, ceux qui mettent des *S* à salaire, ceux qui mettent des *H* à amour, ceux qui ont mis la hache dedans, ceux qui m'ont fait charrier, ceux

qui m'ont fait sacrer; alléluia White Christmas en Floride
avec la secrétaire she's so french, plante-la pour la plus
grande gloire du Canada, de sa goderie et de nos bonyeu-
series, des trusts, des vices à cinq cennes, de nos perversi-
tés à rabais; alléluia pour les indulgences salvatrices de
nos frustrations d'invertis, alléluia pour la fraternité humaine in the life insurance company, and on earth peace
— tu veux dire: alléluia pour nos hernies, nos conscrits,
nos pendus, nos prisonniers, nos aliénés, nos curés, nos
imbéciles, nos stoûles, peace. At any price. Avec la taxe,
ça fait…

(*Le cassé*)

Madeleine Ferron

Madeleine Ferron est née en 1922 à Louiseville, Maskinongé. Études secondaires à Lachine. Études supérieures à l'Université de Montréal et à l'Université Laval. Elle a écrit des textes pour la radio et collaboré à *L'Information médicale* et à *Châtelaine*. A publié des contes, des nouvelles, des romans et quelques essais.

Cœur de sucre (contes), Montréal, H.M.H., 1966.
La fin des loups-garous (roman), Montréal, H.M.H., 1967.
Le baron écarlate (roman), Montréal, H.M.H., 1971.
Le chemin des dames (nouvelles), Montréal, Éditions La Presse, 1977.
Histoires édifiantes (nouvelles), Montréal, Éditions La Presse, 1981.
Sur le chemin Craig (roman), Montréal, Éditions Stanké, 1983.
Un singulier amour (nouvelles), Montréal, Boréal, 1987.

Le don de Dieu

L'audience était ouverte. Le rideau allait se lever. Le juge se drapait de majesté, les avocats piaffaient d'impatience et agitaient les manches noires et pendantes de leurs toges, comme des ailes cassées. Victor Langelier, l'accusé, promenait sur la foule un regard hautain et méprisant. C'était un homme très haut de stature, avec de grandes mains larges, carrées. Il les tenait immobiles, appuyées sur l'accoudoir de bois de la boîte aux témoins. La vigueur et la puissance dont on les sentait capables, donnaient à leur repos une force troublante. Il était laid sans doute mais si calme et si puissant que les critères de la beauté pour lui ne servaient pas.

L'interrogatoire commença. Les avocats lançaient des questions selon un plan qui semblait établi d'avance. Les réponses rebondissaient différemment, certaines brèves, réticentes, d'autres très explicites. Toutes avaient un point commun : quand elles étaient satisfaisantes pour un avocat, elles rendaient furieux l'autre qui relançait alors la balle avec une ferveur accrue. La femme témoin à charge faillit mourir de confusion. L'assistance, le souffle suspendu, ne bougeait plus. Les témoignages se succédèrent longtemps et, se rattachant l'un à l'autre, tracèrent les lignes d'une histoire prodigieuse : celle du don que Victor avait, à sa naissance, reçu de Dieu.

C'est à Saint-Aimé et Saint-Jean-Chrysostome qu'il opérait, depuis plusieurs années sans doute, dans ces villages pauvres de la Beauce, ouverts par erreur à la colonisation. On avait rasé des forêts drues d'épinettes pour découvrir une terre ingrate et rocheuse qui n'arrivait pas à nourrir son maître. À l'automne, moins chanceux que les merles, les hommes se formaient en bandes eux aussi mais c'était pour monter dans les chantiers. Ils vidaient les rangs, y abandonnant une besogne pesante et journalière. La femme résiste mal à un surcroît d'ouvrage s'il lui faut l'accomplir dans la solitude. Elle devient languissante, taciturne et elle a tôt fait de se découvrir une petite maladie qu'elle entretient, dorlote, qui lui tient bientôt lieu de distraction.

Victor savait ça par cœur et par instinct. Quand les hommes entraient dans le bois, lui en sortait. Et dans les rangs gris et boueux de Saint-Aimé et de Saint-Jean-Chrysostome, il apparaissait, silhouette imposante. Il allait de maison en maison, repérant les femmes faibles, discutant de la maladie de chacune, l'aggravant au besoin, lui inventant des conséquences funestes et prochaines. C'était un travail lent, sérieux, délicat. Une fois la maladie bien installée, il lui fallait enlever à ces femmes le goût de s'y complaire en éveillant chez elles l'inquiétude. Toutes les maladies devenaient mortelles. Les femmes effrayées glissaient bientôt dans un complet désarroi. Elles étaient prêtes. Magnanimement, il leur offrait la guérison. Il guérissait tout. Satisfaction et résultat garantis puisqu'il avait le don. Qu'il fût marqué de la fleur de lys n'était pas surprenant; quand on est le septième fils consécutif d'une même mère, c'est une chose due ! L'extraordinaire dans son cas, c'est la manifestation plutôt particulière de son don, qu'une providence généreuse avait déposée au bout de son sexe. Comment Victor avait-il découvert cette présence plutôt insolite et dans quelles circonstances, il n'en fut pas question.

Dans la cour, entre chaque parole, le silence était tel qu'on entendait fonctionner les rouages d'une horloge sur la vitre de laquelle était inscrit en lettres dorées : « Dieu et mon droit ». Quelques femmes, troublées, jetaient en coulisse un regard interrogateur aux joues de leur voisine qui auraient pu en se colorant servir d'indication. Sauf quelques-uns qui se sentirent frustrés, les hommes, s'ils n'étaient pas de Saint-Aimé ni de Saint-Jean, étaient bien épatés. Imposant, Langelier avait pour eux, de son haut de forme, tiré un fort gros lapin. C'était un grand numéro. Seule la majesté des lieux, je pense, les empêcha d'applaudir. Malheureusement Langelier ne pouvait pas saluer et sortir. Au contraire, humblement, la voix doucereuse, il essayait, en les partageant, de diminuer ses mérites. En fait, c'était Dieu le responsable, ce dieu dont les secrets sont insondables. Comment pouvait-il expliquer autrement que par une bonté spéciale de la providence, la situation géographique particulière de son don, qu'il pouvait ainsi placer au plus profond des êtres avant de le mettre en opération. Dieu, étant de la fête, avait beaucoup facilité les scènes de séduction. Dire des prières est plus facile que soutenir une conversation dans des moments aussi difficiles. Langelier et sa malade récitaient beaucoup d'aves et multipliaient les invocations avant de passer religieusement dans la chambre à coucher. Dans le silence, le mystère et le calme ainsi obtenus, il pouvait enfin soigner avec ardeur sa patiente attendrie. Son tarif était modeste et se réduisait à presque rien quand les aptitudes de la malade à se faire soigner autorisaient un traitement répété. S'il acceptait quelques argents, c'était, mon dieu, pour sauver les formes. Certaines en valaient la peine, tant elles lui paraissaient parfaites.

Sa formule de travail, dûment éprouvée, lui semblant de tout repos, Victor relâcha sa vigilance et devint quelque peu téméraire. Le succès découvre toujours son homme. Se présentant un jour chez une patiente particulièrement «soignable», il eut la surprise d'y trouver le mari qui, pour une foulure au pied, avait écourté son séjour au chantier. Au lieu de déclarer tout simplement qu'il venait constater la guérison ou présenter des salutations, Victor imprudemment s'obstina. C'est qu'il y tenait, à son traitement! Et la conversation s'engagea entre les deux hommes en des détours savants et mille subtilités. Victor en funambule posait un pied devant l'autre avec souplesse, les yeux fixés sur son désir en équilibre au bout du fil.

Le mari évidemment fut tenu dans l'ignorance quant à la nature des soins que sa femme recevait. On lui parla du don, de formules magiques et de la valeur de leur thérapeutique. Le mari dut convenir que sa femme avait aux joues des couleurs toutes roses et toutes nouvelles. De là à lui faire admettre les hautes vertus curatives du don, ce fut pour Langelier un jeu d'enfant. Ce mari-là était vraiment exceptionnel, il accepta même d'apporter sa collaboration. Il fut louangé, félicité. «Ce qu'elle était chanceuse, la petite madame, d'être si bien mariée.» C'est ainsi que couvert d'honneur, il fut envoyé avec sa foulure au pied et l'air idiot, cueillir à l'orée du bois, au bout de la terre, un bouquet de saccaccomi. Telle fut sa contribution. Langelier apporta la sienne avec un peu trop de précipitation. On a beau être nerveux, on ne monte tout de même pas dans un lit avec sa paire de «claques». Pour avoir méconnu ce principe élémentaire de bienséance, Langelier fut perdu. Il avait imprimé, sur le pied en cuivre de la couchette, l'empreinte renversée de ses traîtres «good year».

C'était en somme pour une paire de «claques», une malheureuse paire de «claques» qu'il passa de son royaume éphémère au pénitencier avec station intermédiaire devant un juge et douze jurés, solidaires, il va de soi, des maris offensés. Il reçut «cinq ans» d'un air toujours méprisant sans éteindre dans ses yeux la lueur malicieuse. Cinq ans à l'ombre, ce n'était réellement pas cher et pas tellement long; le temps de revivre les ivresses accumulées trop vite et de refaire ses forces. C'est épuisant, à la longue, «soigner» à ce rythme-là, certains médecins l'admettront.

La porte conduisant aux cellules se referma sur Langelier comme une trappe. La salle d'audience fut à nouveau agitée de remous, les hommes riaient très haut, relevant à nouveau le jabot. Forts de leur souveraineté retrouvée, ils s'en allèrent fanfarons, donnant le bras à des épouses rêveuses.

(*Cœur de sucre*)

Suzanne Paradis

Suzanne Paradis est née en 1936 à Québec. Études à l'École normale de Lévis. Après quelques années d'enseignement, elle décide de se consacrer à l'écriture. Romancière, nouvelliste, poète, essayiste, critique littéraire. Prix Camille-Roy, 1961; Prix de la Province de Québec, 1963. Prix France-Québec, 1965. Prix Du Maurier, 1966. Prix du Gouverneur général, 1983. Membre de l'Académie canadienne-française.

Les enfants continuels (poèmes), à compte d'auteur, 1959.

Les hauts cris (roman), Paris, La Diaspora française, 1960.

Il ne faut pas sauver les hommes (roman), Québec, Librairie Garneau, 1961.

Pour les enfants des morts (poèmes), Québec, Librairie Garneau, 1964.

François-les-oiseaux (nouvelles), Québec, Librairie Garneau, 1967.

Les cormorans (roman), Québec, Librairie Garneau, 1968.

Émmanuelle en noir (roman), Québec, Éditions Garneau, 1971.

Il y eut un matin (poèmes), Québec, Éditions Garneau, 1972.

Quand la terre était toujours jeune (roman), Québec, Éditions Garneau, 1974.

L'été sera chaud (roman), Québec, Éditions Garneau, 1975.

Miss Charlie (roman), Éditions Leméac, Montréal, 1979.

Les Ferdinand (roman), Éditions Leméac, Montréal, 1984.

Un aigle dans la basse-cour (mémoires), Éditions Leméac, Montréal, 1984.

Stan

Je suis la femme de Flavien. Je me le répète, depuis quatre mois, avec l'immense et naïf orgueil d'une débutante anonyme, mais jolie, qui aurait réussi, pour un soir, à éclipser un laideron de la haute société.

J'étais la secrétaire de Flavien. Oh! pur hasard: un concours présenté aux finissantes du cours commercial, précisément cette année où je devais prendre un emploi. J'avais triomphé: sténographie, dactylographie impeccables, maîtrise des deux langues. Je pouvais espérer devenir en quelques mois la secrétaire idéale, et apprendre (mon plus secret et tenace désir), l'art de me bien coiffer, maquiller et habiller, apprendre en somme à reculer jusqu'à d'invisibles limites ce qui avait constitué mes débuts dans la vie, à mi-chemin entre misère et pauvreté.

Flavien est beau, je veux dire qu'il possède un ton de visage (je ne puis m'exprimer autrement) remarquable d'intelligence et d'équilibre. Il devait avoir l'étoffe d'un bon avocat puisque, après deux années d'exercice de sa profession, il a déjà acquis beaucoup de prestige, et que sa clientèle, élégante et généreuse, nous permet de vivre dans un luxe de rêve. Les gens avisés diraient que Flavien était un bon parti pour une jeune fille de bonne famille. Pour moi, on disait des choses beaucoup moins agréables. On parlait de mésalliance, d'aveuglement, de corruption.

Après vingt mois de cette vie quasi commune qui associe le patron et sa secrétaire, et quatre mois de vie conjugale, je crois connaître Flavien. Il a été assez bon et suffisamment attentif pour m'adoucir les contacts avec son monde familial et social, et assez tendre pour amortir les rebuffades parfois agressives des siens, à mon endroit.

De mon côté, ne lui ai-je pas épargné les rencontres avec mon propre milieu? Si cela m'a valu des reproches acerbes de la part de mes parents et des portes fermées pour un avenir illimité, cela a maintenu entre Flavien et moi la complicité initiale par laquelle il ne considérait en moi que sa très compétente collaboratrice, et sans doute une jolie femme agréable à côtoyer. Jusqu'à aujourd'hui, l'équilibre de nos relations m'importait plus que tout sentiment et endormait les frustrations affectives dont j'eusse pu souffrir.

Notre roman — est-ce bien un roman que cet enchaînement rapide des faits et des sentiments qui nous a amenés aux aveux, aux fréquentations, au mariage? — m'a éblouie, catapultée hors de mon passé. Je n'ai pas cherché l'amour de Flavien, je l'ai reçu, un peu comme un boni, une marque tangible d'appréciation. Je ne lui ai pas tendu le piège du dévouement, comme le prétend sa mère. Je ne lui ai pas caché mes origines, ainsi que le suppose mon beau-père, et sans doute quelque promise ulcérée du meilleur monde. N'ai-je pas été vingt mois à son emploi, période durant laquelle il a eu amplement le temps (et il ne s'en est pas privé) de méditer sur mon héritage personnel? Je n'ai pas eu le loisir de me composer un personnage. Pour mieux préciser mes positions, j'ajoute que je me serais plutôt attaquée à l'un ou l'autre des confrères de Flavien, moins bien défendus et plus ardents à la conquête que mon mari lui-même. La vérité, si difficile à admettre par ma belle-famille, c'est que la première fois qu'il m'a retenue à souper, Flavien avait déjà décidé de m'épouser et qu'il ne me semblait pas se soucier le moins du monde de mes objections possibles ni des intérêts familiaux qu'il provoquait. Je ne vois pas comment j'aurais pu, étant saine d'esprit, refuser une offre aussi alléchante. Ceux qui ont connu comme moi le monde de la pauvreté comprendront ce que je veux dire. J'aime Flavien : cela m'a sauvée du mariage de raison devant lequel je n'aurais certes pas reculé. Je porte le fruit de cet amour, depuis quelques semaines, mais j'attendrai le retour de Flavien (un congrès à Boston) pour le lui annoncer.

Il part ce soir. Je boucle ses malles. Trois jours et deux nuits. Flavien prononcera une causerie. J'ai tenu moi-même à la dactylographier. C'est un brillant exposé de son point de vue sur le problème de la peine de mort. J'admire la précision, la logique de sa pensée. Je ne suis pas une intellectuelle, mais on dirait que la force de son esprit draine les possibilités du mien, encore en friche. Il me plaît — il me fascine plutôt — tout autant par son intelligence que par l'harmonie de son corps.

Je m'attarde à considérer ses chemises fines, ses cravates élégantes, le luxe de ses boutons de manchette en les rangeant dans le beau sac de cuir. On dirait que ses vêtements — ces éléments détachables de sa personnalité — m'émeuvent davantage que mes fourrures et mes bijoux. Sans doute parce que mon imagination s'était longtemps attardée à me parer, et que les revues offrent à toute jeune-fille-qui-veut-savoir les images exactes de ses rêves vestimentaires — mais jamais je n'aurais pu me figurer l'extrême, la pathétique différence qui existe entre l'homme commun, l'homme pauvre, et l'homme raffiné. L'odeur même du tabac ou de l'alcool, si repoussante quand elle imprègne l'homme de la rue, devient relents

magiques à travers le linge soigné de Flavien. La séduction de Flavien ne tiendrait qu'à ses gilets et à ses vestons
parfumés que je la subirais totalement, sans exiger davantage. Je ne suis pas infidèle à moi-même, ainsi que mes
parents m'en accusent, puisque je n'ai jamais voulu
croire à moi, héroïne piteuse d'un quartier gris et laid, où
filles et garçons s'aiment sous les porches branlants ou
dans les embrasures étroites et sans lumière des porti-
ques. Si j'avais été attachée à une telle image de moi,
j'eusse suivi la marche fatale d'une existence accordée
aux mauvais trottoirs de bois, aux ruelles poussiéreuses
où béaient les poubelles quotidiennes, aux aventures que
filles et garçons soldaient dans une promiscuité de fond
de cour ou encore (ô luxe!) derrière la fenêtre blafarde,
au deuxième de préférence, de l'hôtel borgne du quartier.
Non, je n'ai jamais eu envie qu'on me fasse l'amour sur
les marches déchiquetées de l'épicerie du coin, ni de confier des gosses à l'Assistance publique. Pourquoi? Peut-
être Flavien le sait-il? Moi, je me satisfais de porter un
enfant qui naîtra dans la chaleur de la meilleure chambre
du meilleur hôpital de la ville…

❑

Le téléphone grésille: Flavien à l'autre bout du fil. Je
suis émue.

— J'emmène un confrère pour le souper. Paul
Moreau. Impossible de retarder l'entrevue, alors…
Préfères-tu que nous allions au restaurant?

Je ne préfère pas le restaurant. Je le dis à Flavien. Je
ne connais pas Paul Moreau, mais je suis habituée à ces
visites professionnelles à l'improviste. De plus, ma cuisinière est à toute épreuve.

— À tout à l'heure, Micheline.

Flavien raccroche… Mon nom me reste en musique dans l'oreille. Je vais prévenir tout de suite Madame Claudie de l'arrivée d'un invité, puis je retoucherai mon maquillage et endosserai une robe fraîche pour cette première soirée de «départ» que j'ai à vivre depuis mon mariage.

Puis, avec impatience, j'attendrai le grand rire de Flavien dans le vestibule pour courir me jeter dans ses bras…

❑

Je ne me suis pas jetée dans les bras de Flavien. D'étonnement, je suis restée clouée sous la porte d'arche du salon, les yeux agrandis, le geste interrompu. Il y avait là, riant d'un rire voisin du rire de Flavien, non pas un fantôme (ils ne sont pas aussi bien en chair), non une photographie dans quelques colonne de journal, mais en personne, il y avait Stan.

— Micheline, voici Paul Moreau.

Je tendais ma main que Stan touchait. Cette sensation tactile, et peut-être ce reflet vert qui bougea une seconde sous les paupières immobiles, confirma ma vision.

— Excusez cette visite malencontreuse, Madame…

— Vous êtes tout excusé, coupais-je, presque en rêve.

J'ai servi l'apéritif. Les deux hommes reprenaient déjà leur aride conversation. Je sentais que Flavien avait hâte que nous nous retrouvions seuls, lui et moi. Mais dès ce moment, je ne désirais plus qu'une chose et ce désir n'engageait ni mon amour pour Flavien, ni mon inquiétude devant ce premier intermède dans notre vie commune : je désirais rester seule avec Stan. Lui semblait complètement attentif au dialogue professionnel dont il tenait rigoureusement sa partie. Peu à peu, le débat triompha même de ma présence. Flavien a toujours aimé les clients indociles que ni la peur ni l'instinct de conservation n'acculent à la confidence totale, à l'abandon puéril.

J'avais hâte que s'achevât le repas. Plus le temps passait, plus mon trouble augmentait, devenait insupportable, physiquement douloureux. Stan affichait l'assurance de Paul Moreau, et cela me semblait injurieux. Paul Moreau était Stan, je le savais. Lui aussi avait reconnu la petite Micheline un peu pimbêche qui habitait à deux maisons de la sienne.

Instantanément, j'avais été retirée du cadre de ma vie luxueuse pour me retrouver face dans la poussière de notre quartier délabré... Mais lui, Stan ? Nous nous retrouvions ainsi, transformés, étrangers, et quasi frère et sœur. Je me rendais compte que je n'avais jamais réalisé la fusion complète entre le moi d'avant mon mariage et celui d'après. La scission entre mes deux personnages atteignait à son point culminant de sensibilité. Des lambeaux de mon cœur et de mon âme étaient-ils donc restés accrochés malgré tout à cette enfance un peu répugnante que j'avais reniée ? Des lambeaux de mon corps aussi, me sembla-t-il soudain, à cause de la présence physique, charnelle, de Stan dans ma maison. Cette présence subite, irréfutable à mes côtés soulevait une marée de souvenirs, la vision des petits ventres trop ronds d'enfants mal nourris, des ruelles bariolées de plantes pas chères, la ronde des amours misérables traînées derrière les hangars abandonnés. L'effort psychique que je faisais pour retenir un élan absolument impératif vers ce monde pétrifié, que ranimait la présence de Stan, me rendait amère l'impatience de Flavien à retrouver notre solitude, alors que je voulais — d'une volonté insensée, sans contrôle — écarter plus vite mon mari pour accaparer Stan.

Stan nous quitta durant la pause qui suivit le café, et nous n'avions même pas échangé un seul regard. J'espérais.

❑

Mon lit lui-même m'est étranger. Non pas à la femme de Flavien, mais à moi, Micheline Laîné, petite fille pauvre, crispée sur des rêves et des ambitions trop vastes pour elle, amoureuse un peu — avec dédain — de Stan Moreau, comme on l'est à onze ans. Lui en a seize.

Mais il disparaît, tout à coup, et par orgueil, je ne questionne personne pour connaître le but et le lieu de son exil. Mais soudain, le deuil et la poussière du quartier éclatent plus âprement à chaque porte de ma rue.

❑

— Stan, tu as tellement changé !
— Et toi ?

L'idée, le désir ont jailli en chacun de nous au même moment. Nous sommes là, main dans la main, à l'entrée de la rue Sainte-Claire, les yeux écarquillés de vieille tendresse. J'ai dépouillé si totalement la personnalité de la femme de Flavien que je n'éprouve pas la moindre gêne ni le plus infime remords à abandonner ma main à la main de Stan, sa main chaude et impérative d'homme… Nous nous regardons avant que de nous engager sur ce trottoir familier dont le bois, pourtant, a été remplacé par du ciment. Nous sommes liés par la même indicible émotion. L'épicerie du coin peut être devenue la loge multicolore d'une fleuriste ; les cours et les taudis ont pu céder en partie la place à des édifices modernes, Stan et moi savons bien que rien n'a changé, que tout est présent, que le passé reste inscrit tout entier dans l'odeur et l'atmosphère du quartier. La maison où Stan est né n'existe plus? Pourtant, nous nous arrêtons longuement devant elle pour la rebâtir dans ses moindres détails. Tous les deux, n'avons-nous pas subitement envie de faire l'amour sous le porche vieux, sali de coulisses de pluie, au sol creusé de rigoles visqueuses?

— Ta mère, Stan?

— Papa et Maman habitent toujours le faubourg, mais à quatre rues d'ici. Tu veux que nous allions les voir ensemble?

Monsieur et Madame Moreau ne m'aimaient guère. Je considérais de haut leur taudis de bois, parce que notre maison était de brique. Je veux aller visiter les parents de Stan, avec lui. Je me souviens qu'il avait aussi un frère et trois sœurs. On dirait que Stan pénètre ma pensée, ou peut-être poursuit-il tout simplement un souvenir.

— Marcel passe le plus clair de son temps en prison; Terrie a trois enfants et un mari chômeur. Marie est enceinte. Les miséreux sont condamnés à tourner en rond, à répéter indéfiniment la même sale histoire: taudis ignorance…

— Et Cathy?

— Elle étudie.

— Elle va suivre tes traces. Pour elle, le cercle infernal se brisera peut-être. Comme pour toi. Comme pour moi.

Stan hausse les épaules. «Toi, c'était différent». Il ne me dit pas qu'il apporte son aide pécuniaire à chacun d'eux. Il a la pudeur de la pauvreté, comme nous l'avons tous, parce que nous avons été pauvres.

On a repeint la façade éteinte de l'hôtel, mais il irradie toujours notre poussière… Je demande doucement:

— Tu y as emmené beaucoup de filles?

Il rit. Je le regarde droit dans les yeux. «Moi, je n'y suis jamais entrée.» Lit-il le regret mêlé de curiosité qui obscurcit mon regard? Il sourit et ses yeux changent de couleur. Sa paume tiédit contre mes doigts. Mais nous ne songeons toujours qu'à reconstituer notre décor enfoui. Ma maison natale, depuis longtemps, a été divisée, subdivisée en petits logements, vendue, revendue. Je la verrais les yeux fermés, sur le coin nu de la rue, avec sa brique rude, ses escaliers, ses fenêtres mal drapées, ses portes sans couleur.

— Elle n'était pas si mal, commente Stan.

Je sais qu'il la compare au taudis qu'il habitait, à son épouvantable et malodorante promiscuité d'enfants et d'insectes. Elle n'était pas si mal, en effet! Stan oublie son pantalon élégant, son gilet de qualité, ses souliers confortables, bien cirés, son allure d'avocat, quoi! Mais, au fait, comment est-il devenu avocat?

— À seize ans, quand j'ai quitté les ruelles, on m'adressait au Séminaire des Vocations Tardives...

— Je me le rappelle.

— ... et les faits se sont enchaînés. J'étais assez brillant et mes «bienfaiteurs» assez généreux pour accepter que je devienne avocat plutôt que monseigneur. Voilà.

Ce voilà est un point final, je le sais. Nous ne sommes pas ici pour le présent, mais pour consommer le Passé, l'étrange et lointaine enfance...

Le restaurant, enclavé entre deux portes cochères, est toujours aussi minable, à peine retouché par de maladroits coups de pinceau. Nous entrons. Sans nous consulter, sauf peut-être par la pression de nos doigts, entremêlés. Sans nous consulter davantage, nous commandons frites et hot-dogs, (Depuis combien d'années n'avions-nous plus goûté ce festin de nos douze ans?) accompagnés de la traditionnelle liqueur gazeuse. Je suis de plus en plus détendue, de plus en plus légère. Ce poids que j'ai ressenti hier, en apercevant Stan — et qui m'écrasait le corps et l'âme — je le sais maintenant, il s'appelait Flavien, mon mariage riche, aveugle et sourd. Mais je l'ai si loin rejeté de mon cœur que le soleil peut enfin m'inspirer ces rires clairs que Stan accueille avec une sorte de gratitude.

— Oh! Stan, c'est bon.

Je ne pense même plus: c'était bon. Tout cela, décor, musique discordante du phono, couples mal assortis des tables voisines, nappes douteuses, tout cela est présence immédiate, entière. Mais je regarde Stan avec joie et sa lumière me répond. Je le regarde avec la tendresse que je lui refusais à onze ans: mon dédain, mes rêves d'alors muent sous le sortilège d'une grâce indescriptible. Et Stan dépouille ce mutisme, cet air renfrogné qui lui composaient un masque de cire, un masque d'indigent humilié par la vie.

J'ai faim, malgré les détails de cuisine et d'ambiance qui devraient paralyser mon appétit, malgré les couples sans beauté qui nous dévisagent avec sans-gêne, l'œil mi-aride, mi-envieux. Notre œil, à Stan et à moi, tel qu'il devait briller alors pour observer les étrangers un peu trop bien mis, trop bien coiffés, comme égarés sur notre planète miniature... Même si, d'un commun accord, nous avons revêtu des vêtements très simples, je me méfie des jeunes filles. Elles ne se tromperont pas sur la qualité de la simplicité payée cher.

❏

Il fait nuit lorsque nous quittons Monsieur et Madame Moreau, une nuit toute en étoiles, ces nuits d'août qui ne varient point d'une étape à l'autre de l'existence. Stan ne parlera pas de ses parents, de la médiocrité dans laquelle ils se sont enracinés pour l'éternité, de leur vieillissement tout en grisaille. Ni de la nuit allumée sur nos souvenirs et dans nos yeux. Il n'existe plus de frontières ni intellectuelles ni physiques entre ce que nous étions et ce que nous sommes. Nous sommes rendus à notre identité. Il n'existe plus ni misère ni misérables, seulement deux enfants appartenant à un quartier précis de leur ville, emportés par la logique de leur découverte mutuelle de l'amour. C'est pourquoi là-bas, au creux lunaire de la rue, les lumières feutrées de l'hôtel nous dirigent comme un éclat de phares. Et cette fois, le rythme inéluctable du temps ne nous permettra pas d'échapper à son exigence. Nous sommes de ce quartier médiocre, à peine moins nu sous la clarté rare des réverbères que sous l'éclat intransigeant du soleil. Qu'ai-je donc de commun, à cet instant où le Passé m'entoure de sa bénéfique plénitude, avec la femme de Flavien Lefrançois ?

❑

C'est l'aurore. Stan Moreau, doucement, a repris l'identité de Paul Moreau. Et cet homme m'est absolument indifférent. Je redeviens Madame Flavien Lefrançois. Et cette femme est absolument indifférente à Paul Moreau. Nous nous séparons devant le miroir dépoli, dans un sourire, une accolade décharnée.

Flavien, me voici enfin, complète, unifiée, lavée.

Me voici la mère de TON enfant.

(*François-les-Oiseaux*)

Table

Cet ouvrage composé en Times corps 10
a été achevé d'imprimer
le vingt-quatre juin mil neuf cent quatre-vingt-quinze
sur les presses de

«L'IMPRIMEUR»

Cap-Saint-Ignace (Québec).